何玲华　著

新教育·新女性

北京女高师研究（1919—1924）

（修订版）

ZHEJIANG UNIVERSITY PRESS
浙江大学出版社
·杭州·

图书在版编目(CIP)数据

新教育·新女性：北京女高师研究：1919—1924 /
何玲华著. —修订本. —杭州：浙江大学出版社，
2022.12
ISBN 978-7-308-22187-0

Ⅰ.①新… Ⅱ.①何… Ⅲ.①妇女教育－教育史－
研究－北京－1919－1924 Ⅳ.①G776-092

中国版本图书馆 CIP 数据核字(2021)第 274126 号

新教育·新女性：北京女高师研究(1919—1924)(修订本)
何玲华　著

责任编辑	王荣鑫　牟琳琳
责任校对	韦丽娟
封面设计	项梦怡
出版发行	浙江大学出版社
	(杭州市天目山路 148 号　邮政编码 310007)
	(网址：http://www.zjupress.com)
排　版	浙江大千时代文化传媒有限公司
印　刷	广东虎彩云印刷有限公司绍兴分公司
开　本	880mm×1230mm　1/32
印　张	12
字　数	290 千
版 印 次	2022 年 12 月第 1 版　2022 年 12 月第 1 次印刷
书　号	ISBN 978-7-308-22187-0
定　价	68.00 元

目　录

引　言

一　立论缘起

　　强调"女子无才便是德"的中国封建社会,女子文化知识的获得,主要借助家庭教育的形式,女子真正成为学校教育对象始于近代;然而,如此内涵的"女子教育",被正式纳入"新教育"的制度体系,则始于1907年3月《奏定女子师范学堂章程》的颁布。也就是说,近代女子教育由萌发到勃兴,直至成为近代"新教育"的重要组成部分,经历了一个遭拒斥、被容纳直至迅猛发展的历史演进过程。在晚清先进知识分子自强图存呐喊声中,女子教育侧重于"女德教育",以培养"贤妻良母"为圭臬;辛亥革命之后,则转向以男女平等为出发点。虽然它也曾为袁世凯的复辟困扰过,但随着新文化运动的兴起,教育平权理念的伸张,中国女子教育发生了根本性变化,异质于传统的五四知识女性应运而生。

　　北京女子高师,即北京女子高等师范学校,其前身可溯及清末1908年成立的"京师女子师范学堂";其于1912年5月更名为"北京女子师范学校";1919 年 4 月改制为"北京女子高等师范学校",简称"北京女高师"或"女高师",是当时唯一的国立女子高等学府;1924 年 6 月改为"国立北京女子师范大学",简称"女师大";1931 年,并入"北平师范大学"。从"由简易科办到完全科","由完全科办到高等师范",直至"师范大学",北京女高师的来龙去脉,展现出国立女子教育的发展轨迹,也可谓中国近代女学发展的缩影。

如果说,中国近代女子教育的发生,不免受到教会学校的影响,并直接"受惠"于戊戌维新、辛亥革命的话,那么,以"人的解放""个性的解放""女子的解放"为重要内容的新文化运动,则给近代女子教育的发展注入了崭新而强劲的活力,使之面貌焕然一新。北京女高师时期,正值新文化运动激荡之际,作为最早的国立女子最高学府,不仅学者名流荟萃一堂,并得全国各地女学菁华而育之;最为得天独厚的,是它位于新文化运动腹地,与北京大学毗邻,得领时代风气之先,有关女子教育理念、教学科目、课程设置、教育管理和校园文化等方面,都发生了深刻的变化。如此背景造就之下的女高师学生,积极致力于爱国与女权、努力于学术与文化、倾力于社会参与服务社会,独领风骚于女校界,由此产生的意义及影响,绝不仅仅限于教育史,妇女史、思想史、文化艺术史等领域均有其一席位。北京女高师自身的特点与特殊的历史际遇,使之富含五四时代元素,以其作为研究个案,来揭示五四时期"新教育"与"新女性"的深刻联系,有着充分自足的空间。

本书以"新教育·新女性:北京女高师研究"为题,旨在通过相关史料的梳理,以个案研究的形式,揭示五四新文化运动背景之下,女子教育的发展与新一代知识女性的成长。这里所要讨论的"新教育",指萌动于洋务运动、雏形于晚清新政发展至民国初时的富于变革性的教育样态。显然,就语义范围而言,论题中的"新教育",指一定历史时期一定内容的教育,是狭义的;这里的"新女性",与论题中"新教育"相对应,指五四时期经历"新教育"淘洗,以其鲜明的主体自觉人格独立的精神特质迥异于传统女性的新知识女性。相对于所谓"知识女性"主要指"创造、传播和使用文化的女性"、[①]"新女性"为接受了近代学校教育系统训练的女性等类似界定而言,本书中的"新女性",指接受一定历史时期的教育,并富含一定时代精神特质的知识女性,其概念内涵也应是狭义的。但是,同样需要指出的是,如此意义内涵的"新女性"的出现,是近代女学发展演进的结果,更是五四新文化运动对女子教育深刻影响的结果;随着五四运动的落潮,"新教育"的面貌有所改观,然而孕育于其时的"新女性"的精神特质,却驻留了下来,并成为20世纪中国女性的发展方向以及妇女解放运动的重要精神资源,这也是该主题历久弥新的魅力所在。

二　文献综述

有关北京女高师的研究,尚未充分展开,见诸各种公共检索系统的资料十分稀少。为撰写本书,笔者曾先后到国家图书馆、北京大学图书馆、北京师范大学档案馆、上海图书馆、复旦大学图书馆和浙江图书馆寻访,所获材料情况综述如下。

---

① 史静寰、杨立新著:《基督教教育与中国知识分子》,福建教育出版社1998年版,第12—17页。

（一）原始文献举隅

据《全国图书馆文献馆藏联合目录》记载,有关北京女高师的原始资料主要集中在国家图书馆、北师大档案馆、北大图书馆和上海图书馆。综观这些资料馆藏,各有侧重,归整综合尚较完整。此外,近代教育资料史汇编、校友回忆录、纪念文集等也提供了许多生动的一手资料。

1.有关北京女高师历史沿革情况,所搜集到的材料,以行政、教务类材料为主。

这些史料主要见诸《北京女子师范学校一览》(1918年)、《北京女子师范学校十周年纪念册》(1917年)、《国立北京师范大学校女子第一部一览》(1927年)、《北京女子师范大学概略》(1927年)。材料大体由三部分组成:一是规章类,包括学校各发展阶段的政务、学务、职务与各集会若干规则。二是图表类,包括各个时期教职员和学生基本情况的统计,如教员的字号、年龄、籍贯、住址、学历及课任情况,以及学生的平均年龄、生源分布、家长职业、毕业人数及其志向去向、历年经费比较表、入学愿书与入学保证书、操行考察簿、体格检查表等等。三是图片类,包括校舍图、教职员、学生学习运动与生活起居的摄影等。如此翔实丰富的原始资料,分别藏于京、沪、杭的图书馆,其中不乏孤本,极为罕见。

2.有关北京女高师时期的情况,资料较多,具体如下:

（1）档案文献。北京女高师的原始档案文献因学校几经并转,散失不少,现存档案资料十分有限,仅存部分有关行政、学务、财务、学生与教职员方面的颇为零散的原始材料。教职员方面,仅留存含有姓名、字号、籍贯、职称、职务、住址、薪俸、税额的名册和一些有关课时、课目情况的记载。学生方面,只存有民国十一年六月至民国十五年六月间毕业生的简单信息;校政方面,则留有杨荫榆掌校时期的经费申请与决算、女高师改建女师大筹备委员会的一些文字材料。

(2)北京女高师自编刊物。一是《北京女子高等师范文艺会刊》。该刊是北京女高师时期的重要校刊,也是研究北京女高师前期不可或缺的重要史料之一。这不仅因为其刊行于1919—1924年,与女高师相伴始终;更重要的是,它是北京女高师文艺研究会和学生自治会"全体会员商量学术,发表思想的机关",并自始至终得到来自新文化精英们的悉心关怀与指导。它主要刊载本会会员有关文学、哲学、教育、学术和妇女等问题的撰述,及当时颇具影响的中外学者的言论;此外还刊载本会会员自己创作的小说、诗词等,同时还注意报道国内外各界消息以及记载本校大事等等。因此,透过该刊可以了解到有关女高师方方面面的历史情态。不过,因为1922年10月《北京女子高等师范周刊》的创刊,自第五期始,《会刊》成为纯粹的文艺性刊物。就史料价值而言,第一至第四期内容最为丰富和重要。该刊原定为季刊,因种种原因出版延期,实际是不定期刊,共刊行6期。二是《北京女子高等师范周刊》。这是北京女高师时期另一校刊,该刊创始于1922年10月,即许寿裳就任女高师校长之际,实际上也是在许寿裳的积极主张下创办的。该刊创立的目的是"发表教职员与学生研究心得",使"校务公开"。许寿裳认为,作为全国女子最高教育机关,北京女高师负有造成女子文化中心的使命,学校教职员与学生无论是社会科学还是自然科学专业,平时都应注重研究与交流,将学习心得及时刊布发表,从而营造出浓郁的校园独有的文化氛围;他还认为,通过校务公开充分彰显

"民治"精神，使师生得到更多有关团体生活的训练与熏陶。相比较《北京女子高等师范文艺会刊》，《周刊》以讨论各项问题、记载或批评各项时事，注重报告调查，公告学校日常生活中的各种要事要闻为主；或者说客观事务性文字占绝大篇幅，校政、教务活动为记述主体，故是考察北京女高师后半时期最为直接的重要史料。该刊物发行不久更名为"北京女子高等师范周镌"，1924年6月29日终刊，共发行73期。该刊北大图书馆藏较为齐整，虽中间缺失16期之多，但有关北京女高师那一特定历史时期的发展概貌尚为清晰，不失为考察女高师最为珍贵的文献资料。

（3）《北京女学界联合会汇刊》（1922）。北京女学界联合会，是五四这一历史变革时代很有影响的女学生团体。它们联络了协和大学、协和女医学校、协和看护妇学校、培华女校、中央女校、贝满女校、培远女校、培德女校、笃志女校、第一女子中学等女校。至1922年初，会员已达697人。陶玄、钱中慧、胡学恒、孙继绪、卫学兰、孙淑贞、孙桂丹、杨秀芳、钱用和都曾担任过该会主席，谢冰心、缪伯英、庐隐也是其会员。1919年6月4日，该会所属女校学生参加了五四以来在女学界影响最大的一次爱国请愿。该会以"提倡社会服务，振发爱国精神"为宗旨，筹建北京平民职业女校。是年8月，山东发生"马良祸鲁"惨案，该会联合天津、山东、北京各界妇女团体共同行动，向北洋政府请愿，要求惩办祸首，释放被捕学生，随后积极投身"福州惨案"、"珲春惨案"的声援运动中。五四后的一段时间里，由于社会的舆论和家庭的阻力以及学校当局的防范，该会只有8校仍在联系中，活动也渐渐零落。1921年底至次年初，华盛顿会议签订了旨在瓜分中国的《九国公约》。消息传来，该会再次活跃起来，联系各校团体共 2 万名学生举行示威游行,又一次掀起反帝浪潮。该刊出版于 1922 年 2 月,记录了"北京女学界联合会"自 1919 年 5—6 月成立以来的重要活动。北京女高师为该会发起者,骨干皆为女高师学生,其诸多文字出自女高师学生之手,可谓为女高师"社会服务"和"振发爱国精神"的历史记载。

(4)五四时期有关报刊(1919—1926)。五四时期,妇女解放运动成为新文化运动反封建的重要突破口,有关情况大量报章及期刊皆有记述与阐发。有关北京女高师的活动情况及其相关问题也常见诸报端或期刊。《京报》《晨报》《晨报副刊》《时事新报》《申报》《益世报》《新青年》《新潮》《妇女周刊》《现代评论》《语丝》等刊物,对北京女高师的相关情况都有较为及时的报道,或较为集中的申论。从李超之死、苏梅论战到校长易人,从校园文化生活到学生社会活动,再到教潮、学潮等,凡是有关北京女高师的大事要事,上述报刊均会作出相应反应。北京女高师备受社会关注,与其为全国女子最高学府,及其在新文化运动中自觉肩负起"造成女子文化中心的使命"有着密切的联系。

(5)其他相关资料。一是史料汇编类。诸如 1961 年舒新城编辑出版的《中国近代教育史资料》,该书下册专列"女子教育"一节,收集整理近代女子教育史的基本资料;1987—1993 年出版的朱有瓛主编的《中国近代学制史料》和 1990—1993 年出版的陈元晖主编的《中国近代教育史资料汇编》,均辑录了大量女子教育史料,为全面了解近代女学提供了便利;再有中华全国妇联妇女运动研究室编辑出版的《中国妇女运动历史资料》、中国妇女管理干部学院编辑出版的《中国妇女运动文献资料汇编》、北京大学校史办编辑出版的《北京大学史料》,等等。这些史料汇编,无疑有助于将"北京女高师"的研究置于宏阔而又具体的近代社会发展背景之中加以考察。二是相关回忆录、纪念文集、传记。以往文章多集中在三个层面:有关北京女高师在若干学生运动中的情况;有关英烈生平事迹;五四女作家自传或评传。随着相关学术研究活动的深入展开,越来越多的历史史实和历史人物正日渐凸现,譬如:对于北京女高师发展产生过重要影响的诸多教职员的情况最近多有揭橥,其中有中等师范时期的姚华与高等师范时代的陈中凡、许寿裳、杨荫榆、胡小石,等等。

(二)研究文献评述

本书所讨论的问题,有着较强的学科交叉性质,即关涉着近代女子教育、五四妇女解放运动和五四女性书写等学术研究领域;而当下相关领域的学术研究活动十分活跃。

1. 有关近代女子教育问题的研究,继 20 世纪二三十年代"热"过沉寂之后,当下再度成为"热点"。主要观点:(1)近代女子教育,是近代思想启蒙的产物,从一开始它便蕴含了民族自强和妇女解放的精神特质;(2)近代女学的勃兴与社会变迁和西学东渐联系紧密,且深受西方女学和日本近代女学的影响;(3)近代女子教育始终处在不断发展及嬗变之中,戊戌维新、辛亥革命和五四新文化运动对其发生发展影响深刻;(4)教会学校对中国近代女校有着极为重要的促生与推进作用;(5)教育之于女性主体自觉有着重要的影响,知识女性群体的出现,是中国教育近代化的产物。

2. 有关五四妇女解放问题,是历久不衰的研究命题。主要观点:(1)五四妇女解放思潮是与当时探索如何改造社会紧密结合在一起的,并始终受到形形色色的西方思潮的渗透和影响,且呈异常活跃驳杂的多元并进的格局;(2)五四妇女解放思潮具有社会基础的广泛性和思想理论的深刻性,马克思主义妇女理论的初步传播,使这一时期的妇女解放思潮跃进到一个新的境界和层次;(3)五四新一代知识女性的特质,是以高扬"人格独立意识为核心的个性解放",也是五四时期有关"人"的解放的重要思想内核;(4)五四知识女性的觉醒与发展,与五四精英们的努力有着水乳般的联系,尽管在其主体意识的建构中,女性以从未有过的积极主动姿态参与着、实践着,但毕竟是在五四思想先驱引导下的亦步亦趋,如此格局不曾变动。

3.对有着北京女高师背景的五四女作家及其作品的研究。主要观点:五四女性书写是女权思想的产物。五四女作家与妇女解放的时代要求相呼应,一方面以崭新的精神姿态立身于社会,自觉成为社会活动的参与者;一方面以现代科学民主精神观察思考生活,用文学作品表达参与社会和关心政治的热情。外向性、社会性、自传性以及强烈的参与意识与批判意识,是五四女子写作所呈现出来的突出特征。由于觉醒"人"的主体意识的注入,五四女子写作因而显示出了古代女子书写从未有过的新视野、新气象和新精神,故而成为具有深远意义的历史性文学存在,对于此后的女性书写及女性意识的发展,都有着极其深刻的影响。

综上所述,可以得出这样两个基本结论:其一,上述有关文献资料的搜寻、发掘及整理,为本研究的切实开展提供了坚实必要的材料基础;通过对"北京女高师"的考察,来揭示五四新文化运动激荡之下的教育与女性问题,既可能又有必要。其二,本书所关涉的种种论域,各自皆不乏一定的积累与建树,但彼此贯通不够,由此而造成了一定层面解读的偏差,或浮于表面、或疏于宏阔、或拘于一隅,等等。对于此类问题,不少论者皆有同感。

由于学科的限制或资料的制约,以往的研究更多以单一学科性质的立论面貌出现,即"单方面的探讨较多,综合研究不够"①,虽不乏颇具影响的成果问世,终不免有所遗憾。对此,有关论者指出:"女子教育与近代知识女性关系密切,从某种意义上说,中国女性的启蒙应该归功于新式女子教育的发展",认为以往的研究"对近代女子教育与知识女性成长的互动关系缺乏深刻认识,未对教育在男女平等历程中的重要意义进行系统研究"②。从事女性文学研究的论者也提出了类似问题,指出"从深受礼教熏陶的封建大家庭的女儿到现代校园中的女大学生,对于新文学第一代作家而言,北京女子高等师范学校不仅为她们准备了接受现代知识和'五四'精神熏陶的文化摇篮,也为她们提供了进行文学创作的试验场地和选择文学之路的历史机缘。也正是在这一意义上,这所中国历史上第一所由国人自办的女子教育高等学府与现代女性文学之间有了千丝万缕的内在联系"③。总之,"关于整个近代女子教育与妇女运动及妇女生活的关系,本是极为重要的问题,可惜这方面的研究成果相对较少"①。如此情形,对于本研究而言,既有拓展之难的意味,也潜隐着某种突破的可能。该论题的价值及意义,也许正在于此。

---

① 乔素玲:《教育与女性——近代中国女子教育与知识女性的觉醒(1848—1921)》,天津古籍出版社,2005年版,第6页。
② 乔素玲:《教育与女性——近代中国女子教育与知识女性的觉醒(1848—1921)》,天津古籍出版社,2005年版,第14页。
③ 王翠艳:《女高师校园活动与现代女性文学的发生》,《中国现代文学研究丛刊》,2005年第5期。
④ 曾业英主编:《五十年来的中国近代史研究》,上海书店出版社2000年版,第397页。

三 框架结构及其他

本书主要由五个部分组成。第一章历史沿革：着力于考察北京女高师的历史沿革情况，揭示其作为全国最高女子教育机构的历史生成过程。第二章学校改革的推进：着力于考察陈中凡和许寿裳师法北大在北京女高师厉行教改的相关活动，揭示北京女高师与北大之间的深刻联系，及其富于变革性质的制度环境。第三章《新青年》同人与女高师：着力于考察蔡元培、胡适、李大钊、周氏兄弟等在北京女高师的教育活动及其相关思想和主张，揭示五四精英对北京女高师学生思想成长的影响。第四章"独立人格的生活"：着力考察女高师学生在五四新思潮激荡中的相关讨论与社会参与情况，揭示五四时期校园"新女性"精神风貌。第五章言说"自我"的开始：着力考察女高师"校园书写"的变化情况及其所折射出的五四知识女性独具的精神特质。

本着"论从史出"的立场和原则，立足史料梳理及相关领域研究的追踪，本书从多角度多方位多层面重点考察五四新文化运动背景之下，北京女高师如何作为与发展，以及在新思潮激荡下女高师的"学生"们又表现出什么样的精神特质，从而对于五四时期女子教育与女子觉醒及其解放的深刻意义和深远影响加以进一步的揭示与审视。

第一章 历史沿革：从"学堂"到"学校"

中国近代新教育发生时，将教育机关统称为"学堂"；民国建立后，则将其改称为"学校"。当然，这不仅仅是教育机构名称的变更，更寓意着教育现代内涵的进一步发展与提升。民国初期，稍具历史渊源的国立教育机构，都经历了由"学堂"到"学校"的历史演进，北京女高师也不例外。需要指出的是，前者为"初级师范"阶段，后者则发生了由"初级师范"到"高等师范"的变化；更确切地说，1908—1919 年为其"初级师范"时代，1919—1924 年则为其"高等师范"时代。若对北京女高师的历史沿革情况加以考察，不难发现，其最终得以成为"全国唯一的最高女子学府"，并造就出一批引领时代风气之先、对现代女性发展影响深刻的五四知识女性，近代女子学校教育的发生发展是极其重要的因素。

图 1-1　北京女师范学校正门①

一　"初级师范"时代（1908—1919）

北京女高师建立于 1919 年 4 月，其前身是 1908 年 8 月由晚清学部鼎力举办的"京师女子师范学堂"，民国更名为"北京女子师范学校"。从"女子师范学堂"到"女子师范学校"，前后经历十年，虽然"中等师范"性质未变，但因"共和"国体的确立，男女平等观念的建立，有关女子教育的理念及其与之关联密切的系列制度皆相应发生了变化。尽管社会转型过程中不乏种种掣肘，然而在除旧布新时代精神推动下，新"学校"的面貌，终究异于旧式"学堂"。

（一）"京师女子师范学堂"时期（1908—1912）

"京师女子师范学堂"，作为后来被誉为"全国女子最高教育

---

① 《北京女子高等师范周镌》，1923 年 6 月 30 日第 39 期。

机关"的北京女高师前身,其涉世之初,并没有后来那么"风光"。早在1907年清政府《奏定女子师范学堂章程》颁布之前,京师之外已有若干女子师范学堂先后问世。如表1-1所示。

表1-1　清末女师章程颁布前之女子师范学堂情况①

名　称	备　考
宁垣女子师范学堂	光绪三十年闽人沈琬庆等创办旅宁第一女学,设初高两等小学及师范班,校址在南京斜巷,后改归省立,迁大全福巷改名如上
竞仁女子师范学堂	光绪三十年设于上海,为私立性质
浙江女子师范学堂	光绪三十年邵敬章、孙智敏等创办,校址在杭州
福建女子初级师范学堂	光绪三十年创设于福州
安徽全省公立女子师范学堂	光绪三十二年阮强、李德膏创设于芜湖,宣统二年因军事停办
湖北省立女子师范学堂	光绪三十二年创设于武昌紫阳湖畔
天津北洋女子师范学堂	光绪三十二年创设于天津
奉天省立女子师范学堂	光绪三十二年创设于盛京

其中,创设于光绪三十二年(1906)的"北洋女子师范学堂"尤为著世。光绪三十四年(1908)二月其首届师范简易科学生78人毕业。典礼上,军界首领、政府闻要及地方显达齐聚一堂,盛况空前,影响非常。对此,1908年2月13日的《顺天时报》,曾有详细披露。占得先机的北洋女子师范学堂在许多方面对后起者均产生过相当影响。京师女子师范学堂首任总理傅增湘,就因

---

① 陈谪凡:《中国现代女子教育史》,中华书局1936年版,第73—74页。

"办理北洋女子师范学堂成效昭著,众议翕然",而由"军机处存记补用道北洋学习翰林编修"为清学部亲点履新。① 当时女学规章,大多仿东西各国成法,而有"女子教育始基"之称的《奏定女子师范学堂章程》的框架和基本内容,与《北洋女子师范学堂章程》则如出一辙;此外,其师资中也不乏北洋女子师范学堂的背景。然而,毕竟"京师"重地,兼得清学部鼎力支持,一经轨道,京师女子师范学堂脱颖而出,且为女学"模范"。

1. "模范女学"——"学堂"的设立

京师女子师范学堂,为清"御史黄瑞麟之奏请",②由清学部主持,设立于清光绪三十四年七月十五日,即1908年8月11日。该学堂的出现,既是近代女学发展的结果,也是清政府对于日益兴盛的女学,加以规范"样板"的重要举措。该学堂后来居上迅速"权重"于女学界的要因也在于此。

如果将女子教育的内涵界定为"女子学校教育"的话,那么世界各国的女子教育常常发生在男子教育之后。如不是"数千年未有之变局"的发生和致力于民族自强竞存的仁人志士的力倡,以及西方教会女校的影响,中国"女子教育"的出现将还会有所迟缓。教育家陈谪凡在《中国现代女子教育史》一书中指出:"女子教育是变法维新的产物,变法维新乃是女子教育的导线。有变法维新,才有效法异国,才改科举、设学堂,由设男子学堂才提到女子教育,更进而开设女子学堂;这种演变,都发动于维新

---

① 璩鑫圭等编:《中国近代教育史资料汇编料——实业教育 师范教育》,上海教育出版社1994年版,第766页。

② 璩鑫圭等编:《中国近代教育史资料汇编料——实业教育 师范教育》,上海教育出版社1994年版,第765页。

运动,并不是偶然的事!"①对于女子师范教育的出现,1923年夏,欧阳祖经先生在为美洲万国教育展览会所撰述的文章中,曾有非常精当的揭示:"前清末年颁布《奏定学堂章程》,上自通儒院起下至蒙养园止,纲举目张,条分缕析,规定得其为周密,但是对于女子教育,只字不提。当时大家的意见,仍不免重男轻女,以为女学小事,只要在家教授,已足了事。不知大势所趋,譬彼悬宕转石。非将从前深闺固拒的陋习,完全打破,决不能中途停止。果然到了光绪三十三年,当局也幡然悔悟,定了女子师范学堂及女子小学堂章程颁布全国,虽然不完不备,也可以算得女子教育在法规上占有相当地位了。自从女子师范学堂女子小学堂章程颁布以后,各处遵照定章,陆续开办。此类章程,终清世无所修改。民国肇兴,南京教育部布告学堂改称学校。"②欧阳先生这番言辞,既指出了中国女子教育发生的背景,同时也揭示晚清有关女学章程的特点和意义及其民国女学的渊源。

于1904年颁布的我国近代意义上第一个教育法——《奏定学堂章程》(史称"癸卯学制")认为:"惟中国男女之辨其谨,少年女子断不宜令其结队入学,游行街市,且不宜多读西书,误学外国习俗,致开自行择偶配之渐,长蔑视父母夫婿之风。故女子只可于家庭教之,或受父母教,或受保姆教之教,令其能识应用之文字,通解家庭应用之书算物理,及妇职应尽之道、女工应为之事,足以持家教子而已。其无益文词概不必教,其干预外事、妄发关系重大之议论,更不可教"③,进而只将学前阶段的"蒙养园"

①　陈谛凡:《中国现代女子教育史》,中华书局1936年版,第34页。

②　《北京女子高等师范周镌》,1923年4月8日第27期。

③　璩鑫圭等编:《中国近代教育史资料汇编——学制演变》,上海教育出版社1994年版,第369页。

向女子开放。虽然癸卯学制有关"女子只可于家庭教之"的禁令，排除了女子学校教育的可能性；但是，受维新思想影响和外国人在中国兴办女学的刺激以及急剧转型中的社会发展需要，19世纪末国人就开始自办女学。江苏是国人创办女学最早的地区。1905年以前，江苏女学堂居全国第一，占总数的1/3，主要集中在上海地区，著名的有务本女塾、爱国女学、城东女学、宗孟女学、私立上海女子蚕桑学堂、中国女子体操学堂。1906年直隶官办女学堂跃居全国首位，占1/4。1907年，位居全国女学堂数前三名的是：直隶，为25.6%；四川，为16.4%；江苏，为15.6%。三省合计占全国女学堂数的57.6%。[①] 至清政府颁布中国第一个女学章程之际，国人自办女学已颇具规模。1907年清学部总务司所编《第一次教育统计图表》显示，全国共有女学堂428所，女学生15496人，其中直隶、江苏、浙江、四川就有319所，占总数的75%；女学生9962人，占总数的64%。[②] 详情如表1-2所示。

表 1-2 1907 年女学堂分布状况一览[③]

所在地区	学堂数（所）	职员数（人）	教员数（人）	学生数（人）
京师	12	22	59	661
直隶	121	127	168	2523
奉天	12	17	60	694
吉林	—	—	—	—

---

① 乔素玲《中国近代女学地域分布探析》，《中国历史地理论丛》，2003年第6期。
② 乔素玲《中国近代女学地域分布探析》，《中国历史地理论丛》，2003年第6期。
③ 乔素玲《中国近代女学地域分布探析》，《中国历史地理论丛》，2003年第6期。

续表

所在地区	学堂数(所)	职员数(人)	教员数(人)	学生数(人)
黑龙江	2	1	4	90
山东	1	5	6	54
山西	5	7	15	149
陕西	10	10	20	154
河南	3	4	4	84
江苏	96	258	644	4198
安徽	2	8	12	86
浙江	32	64	138	995
江西	6	15	13	155
湖北	?	12	21	477
湖南	7	13	36	412
四川	70	?	157	2246
广东	6	22	39	391
广西	17	9	26	589
云南	18	19	34	1027
贵州	5	5	24	267
福建	3	4	21	244
甘肃	—	—	—	—
新疆	—	—	—	—
总计	428	622	1501	15496

上述女学,皆是在女子教育尚未取得合法地位之前由民或官所创办,具有一定的民间性和不同的倾向性,有的甚至在教育

宗旨和教育内容等问题上与晚清政府形成某种紧张。譬如，一些女校的办学宗旨有着十分鲜明的革命倾向，政治色彩较重，像上海宗孟女学，即取孟子"民为贵"之意，并以"辨种族，尚气节"为宗旨，这显然难见容于清政府。还有一些女校，主要以"开通女子学识，普及女子教育"为要旨。可以说，开发女智是彼时民间女校更为注重的一个方面。[①] 如此情形，对于强调"中国女学，本于经训"，并期望赖之振兴日益颓唐国势的晚清政府来说，是难以坐视的。

"癸卯学制"有关女学的限制性法规，与当时女子学堂纷纷成立的社会现实严重脱节，使清政府在女学问题上一度陷入两难境地。光绪三十二年（1906），清工部主事刘珣要求适度开放女学，以付幼稚园及家庭教育师资之缺的上书被采纳[②]；光绪三十三年正月二十四日（1907 年 3 月 8 日）《学部奏详议女子师范学堂章程折（附章程）》出台，可谓癸卯学制的积极补充，中国近代女学由此正式纳入国家教育体系。随着光绪三十四年六月初六日（1908 年 7 月 4 日）《学部奏遵议设立女子师范学堂折》的面世，同年七月十五日（1908 年 8 月 11 日）"京师女子师范学堂"浮出水面。

由于清政府设立京师女子师范学堂的同时，一并要求各省府县根据地方情形一体遵照办理。因此，继 1907 年《女子学堂章程》颁布之后，社会再度兴起创办女学热潮。详情如表 1-3、表1-4 所示。

---

① 顾晓红：《论晚清女学的新特质》，《淮阴师范学院学报》，2002 年第 5 期。

② 陈祖怀：《中国近代女子教育述论》，《史林》，1996 年第 1 期。

表1-3　清末女师章程颁布后女子范学堂兴办情况①

京师女子师范学堂	光绪三十三年学部设立
江西官立女子师范学堂	光绪三十四创设于南昌
云南省立女子师范学堂	光绪三十四年就中医学堂改办
四川省城女子师范学堂	宣统元年就私立淑行中学改办
吉林女子师范学堂	宣统元年创办
山东官立女子师范学堂	宣统二年创设于济南
山西官立女子师范学堂	宣统二年创设于太原

表1-4　中国自办女子学校学生情况②

时间	学生数(人)	占全国学生总数比例(%)	四年间递增率(%)
1906 年	306	0.674	
1907 年	1853	2.100	312
1908 年	2679	2.341	111
1909 年	12164	7.915	338

　　可以说,女学《章程》的颁布和京师女子师范学堂的设立,对于近代女子教育有着积极推进意义。

　　2."启发知识,保存礼教"——"学堂"宗旨

　　"总以启发知识、保存礼教两不相妨为宗旨,以期仰副圣朝端本正俗之至意"③,是京师女子师范学堂创设的缘起与目的,也

　　①　陈谪凡:《中国现代女子教育史》,中华书局 1936 年版,第 71 页。
　　②　陈景磐编:《中国近代教育史》,人民教育出版社 1983 年版,第 271-272 页。
　　③　璩鑫圭等编:《中国近代教育史资料汇编——实业教育 师范教育》,上海教育出版社 1994 年版,第 574 页。

是晚清政府在社会由传统向近代转型之际不乏应对性的举措之一。从《奏定女子师范学堂章程》的基本内容来看，其教育宗旨存在互为呼应的两个层面，即办学要义与训育目标。

关于"办学要义"。《奏定女子师范学堂章程》明令："女子师范学堂，以养成女子小学堂教习，并讲习保育幼儿方法，期于裨补家计，有益家庭教育为宗旨。"[1]也就是说，女子师范学堂办学目的有三：（1）培养女子小学堂的教习和保姆。这是首要目的也是主要目的，为近代女学发展现实所需要并决定。（2）"裨补家计。"这是近代女子教育经济功能的反映，也是清政府对于振兴女学继政治之外的经济期待，与清末经济秩序混乱、社会普遍陷入贫困相关联。晚清社会经济是二元结构的经济，即通商口岸发展起来的带有资本主义性质的经济以及广大农村的封建农业经济，这充分体现了半殖民地半封建社会经济的特点。以社会化生产构筑起来的经济形式是由外国资本首先引入的，并且成为近代中国资本主义商品生产形式中的主导性力量，而同时中国的民族资本主义经济亦在崛起，而与此相对的中国传统农业、手工业经济日益衰败。[2]为摆脱如此困境，人们急于思谋着解决问题的办法："夫财何以足？民皆有业则财足；国何以富？业无不盛则国富。使妇女人人有学有业，非特通国之学艺兴作，倍增其盛，而男子亦无家累失学之苦，人人可以学专门职业，造有用之材，立国之本在是。"[3]挽回已失之利权，发展以社会生产为基础的资本主义经济，是晚清士人对振兴女子教育所寄予的期望，

---

[1]　璩鑫圭等编：《中国近代教育史资料汇编——实业教育 师范教育》，上海教育出版社1994年版，第574页。

[2]　俞宏标：《晚清女子教育多边关系探略》，《浙江学刊》，2000年第4期。

[3]　董寿：《兴会女学议》，《女报》，1902年第5期。

也是提倡女子教育的晚清士人的共识。候补道程垿认为:"今日而言女子教育,又当注重于职业,而女学之课程除普通学外,尤以家事、裁缝、手艺与修身并重。"日本正是这样做的,"故毕业出校,皆可自营生意,足以自立,收效至为远大"①。《女子世界》也曾著文:"现在的世界,要占着优胜的位置",就"定要从实业上着手",工艺界的女同胞即树立了很好的榜样,她们"辛辛苦苦,一日到夜,缫成绝美的丝,织成绝美的布,不知不觉,就把已失的利权,争回一部分,使本国的利源少溢一部分"②。对于女子教育的经济功能的强调,显然为紧迫的社会情势所决定,而为清末政府所关注,并熔铸于女子教育法规之中,这对于女子立身职业以及能够自立于社会,提供了一定意义的制度保证。(3)"有益家庭教育。"此条文,既是对女子"贤妻良母"这一传统家庭地位及其身份的强调,也是对女子教育之于"贤妻良母"关联意义的揭示,是清末政府对近代女子教育发展的基本导向及其传统封建文化观与清末女子社会地位的一种揭示。

与上述"办学要义"相较,有关"训育目标"内容相对繁复:(1)注重"女德"修养,尤其强调以传统女训为范,对外来新说主张严加摒弃。如《章程》所示:"中国女德,历代崇重。凡为女为妇为母之道,征诸经典史册、先儒著述、历历可据。今教女子师范生,首宜注重于此,务时勉以贞静、顺良、慈淑、端俭诸美德,总期不背中国向来之礼教与懿媺之风俗。其一切放纵自由之僻说(如不谨男女之辨,及自行择配,或为政治上之集会演说等等),务须严切屏除,以维风化(中国男子间有视女子太卑贱,或待之

---

① 《清末筹备立宪档案史料》(上),第280页;转引《晚清女子教育多边关系探略》,《浙江学刊》,2004年第4期。

② 《恭贺新年》,《女子世界》第11期。

失平允者，此亦一弊风。但须于男子教育中注意矫正改良之。至于女子对于父母夫婿，总以服从为主）。"①(2)强调国民意识，立足家国关系，伸张女学。如《章程》所示："家国关系至为密切，故家政修明，国风自然昌盛。而修明家政，首在女子普受教育，知守礼法。又女子教育，为国民教育之根基，故凡学堂教育，必有最良善之家庭教育为补助，始臻完美。而欲家庭教育之良善，端赖贤母，欲求贤母，须有完全之学。凡为女子师范教习者，务于辞旨体认真切，教导不息。"②(3)着意培养女子有学有业"裨助家庭"意识："无论男女，均须各有职业，家计始裕。凡各种学科之有关日用生计及女子技艺者，务注意讲授练习，力袪坐食交谪之弊风。"③(4)主张女子强身健体，摒弃传统陋习："女子必身体强健，斯勉学持家，能耐劳瘁。凡司女子教育者，须常使留意卫生，勉习体操，以强固其精力。至女子缠足，尤为残害肢体，有乖体育之道，务劝令逐渐解除，一洗积习。"④

这一时期女子师范学堂课程设置情况，也充分反映了以上要求。《奏定女子师范学堂章程》对女子师范教学内容及其教学时数，都有着十分具体明确的阐释与要求。详见表1-5、表1-6。

---

① 璩鑫圭等编：《中国近代教育史资料汇编——实业教育 师范教育》，上海教育出版社1994年版，第575页。

② 同上书，第575页。

③ 同上书，第575页。

④ 同上书，第575页。

表1-5　晚清女子师范学堂教学内容与要求①

学科	内容要求
修身	其要旨在涵养女子之德性,期于实践躬行。其教课程度,首宜征引嘉言懿行,就生徒日用常习之故,示以道德之要领;次教以言容动作诸礼仪;次教以修己治家及对于人类国家当尽之责任;次授以教授修身之次序法则。凡修身之课本,务根据经训,并荟萃《列女传》(汉刘向撰)、《女诫》(汉曹大家撰)、《女训》(汉蔡邕撰)、《女儿经》(唐侯莫陈邈妻郑氏撰)、《家范》(宋司马光撰)、《内训》(明仁孝文皇后撰)、《闺范》(明吕坤撰)、《温氏母训》(明温璜孝其母陆氏训语)、《女教经转通纂》(任启运撰)、《教女遗规》(陈宏谋撰)、《女学》(蓝鼎元撰)、《归学》(章学诚撰)等书,及外国女子修身之不悖中国风教者,撷其精要,融会编成;且须分别浅深次序,附图解说,令其易于明晓
教育	其要旨在使理会女子小学堂教育、蒙养院保育及家庭教育之旨趣法则,并修养为教育者之精神。其授教课程度,先教以教育原理,使知心理学之大要,及男性女性之别,并使明了德育、智育、体育之理;次教以家庭教育之法,次教以蒙养院保育之法;次教以小学堂一切教授管理训练之法,并使知家庭教育与学堂教育之关系,及家庭教育与国家之关系;次使于附属女子小学堂及蒙养院实地实习教授生徒及保育幼儿之法则
国文	其要旨在使能解普通之言语及文字,更能以文字自达其意,期于涵养趣味,有裨身心。其教课程度,先讲读近时平易之文,再进讲读经史子集中雅驯之文,又时作简易而有实用之文,兼授文法之大要及习字,并授以教授国文之次序法则
历史	其要旨在使知历史上重要之事迹、省悟群治之变迁、文化之由来,及强弱兴亡之故、正邪忠佞之分。其教课程度,授中国各代至本朝之大事及外国历史之大要,并授以教授历史之次序法则

---

① 璩鑫圭等编:《中国近代教育史资料汇编——实业教育 师范教育》,上海教育出版社1994年版,第576-578页。

学科	内容要求
地理	其要旨在使知地球形状、运动，并地球表面及人类生存之情状，且使理会本国及外国之国势。其教课程度，授地理总论、中国地理及中国有重要关系之外国地理，兼授地文学大意，并授以教授地理之次序法则
算学	其要旨在使习熟计算，适于日用生计，且练习其心思，使进于细密精确。其教课程度，授算术，兼授珠算，次授代数初步及平面几何初步，并授以教授算学之次序法则
格致	其要旨在使知各种物质天然之形状、交互之关系，及物质对于人生之关系，俾适于日用生计，有益于技艺职业。其教课程度，授以普通动植物之知识及生理卫生之大要。次授以普通物理、化学，并授以教授格致之次序法则
图画	其要旨在使精密观察物体，能肖其形象神情，兼养成尚美之心性。其教课程度，授写生画，随加授临本图，且使时以己意画之，更进授几何画之初步，并授以教授图画之次序法则
家事	其要旨在使能得整理家事之要领，兼养成其尚勤勉、务节俭、重秩序，喜周密、爱清洁之德性。其教课程度，授衣食、居处、看病、育儿、家计、簿记及关于整理家政之一切事项，并授以教授家事之次序法则
裁缝	其要旨在使习得关于裁缝之知识技能，兼使之节约利用。其教课程度，授普通衣类之裁法、缝法及修缮之法，并授以教授裁缝之次序法则
手艺	其要旨在使学习适切于女子之艺，并使其手指习于巧致，性情于勤勉，得补助家庭生计。其教课程度，可就编制、组丝、襄盒、刺绣、造花等项，酌择其一项或数项授之。此外各种图样，凡有适于女子之技艺者，均可酌量授之，并授以教授手艺之次序法则
音乐	其要旨在使感发其心志，涵养其德性，凡选用或编制歌词，必择其有裨风教者。其教课程度，授单音歌、复音歌及乐器之用法，并授以教授音乐之次序法则

续表

学科	内容要求
体操	其要旨在使身体各部均齐发育,动作机敏,举止严肃,使知尚协同、守规律之有益。其教课程度,授普通体操及游戏,并授以教授体操之次序法则

表1-6 晚清女子师范学堂课时安排 ①

学科	第一学年周钟点	第二学年周钟点	第三学年周钟点	第四学年周钟点
修身	2	2	2	2
教育	3	3	3	15
国文	4	4	4	
历史	2	2	2	
地理	2	2	2	
算学	4	4	3	2
格致	2	2	2	2
图画	2	2	2	1
家事	2	2	2	2
裁缝	4	4	4	3
手艺	4	4	4	3
音乐	2	2	2	2
体育	2	2	2	2
合计	34	34	34	34

综上可见,女子师范学堂区别于女子传统教育之处,除了使学生由接受家庭教育到接受学校教育外,最重要的一点便是教育内容上发生了根本的变化,即:一方面在课程设置上兼顾德、智、体、美四育和家事课的范围;另一方面,与其宗旨一样,呈现

---

① 璩鑫圭等编:《中国近代教育史资料汇编——实业教育 师范教育》,上海教育出版社1994年版,第578页。

出极为鲜明的倾向性。具言之：(1)德育方面。从其有关修身须
以"女四书"、《家范》《内训》等古训为教材的规定来看，女子师范
学堂强调的是女子的传统道德培养，力图将传统的东西移植到
新式教育中来，赋予传统以新的生命力，此种主张在晚清社会有
一定的代表性。(2)智育方面。从其有关课程设置看，向学生传
授知识，进行智能训练是女子师范学堂教学内容的主要部分。
有关女学生应受何种教育，当时主要有两种意见：一种意见认为
"女学以能解应用之文字、算术，及应用之职妇、应习之女工为
度，原不必与男子受同等之教育"①；另有一种观点是提倡女子应
与男子一样受普通教育，给予女子与男子同等权利。前者是大
部分晚清女子学堂智育内容的实际情形，后者则只停留于理论。
(3)体育及美育。在晚清女学堂中，体操、图画、音乐是很受重视
的课程，对于历来为传统教育所摒弃的体育，尤为重视。力倡者
认为："今日女子之教育，断以体育为第一义，不特养成今日有数
之女国民，且以养成将来无数之男国民。"②体育课的开设，对于
革除缠足陋习、健全女子身心、改造社会恶俗有着极大的积极推
动。图画、音乐等课的开设，反映了晚清对于学校美育教育的重
视。早在 1906 年，王国维就曾提出只有德、智、体、美并重的教
育才是完全教育。基于利于发挥女子的艺术天性和陶冶女性优
美的心性与情操，美育思想在此之前就贯彻于女学课程中。倘
若追溯起来，对女子施之于美育的思想，本土文化中也有着积极
可鉴的资源。(4)劳动技艺教育。从课目和课时安排来看，这一
方面的内容占了相当比重，且实用性很强，这和晚清对职业教育

---

① 朱有瓛编：《中国近代学制史料》(第二辑)下册，华东师范大学出版社 1987
年版，第 588 页。
② 《女子世界》，1908 年第 1 号。

的大力提倡以及学堂宗旨紧密相关。晚清女学堂都程度不同地以培养贤妻良母为目的,因此女学堂中教授各科知识都强调切于实用,这也是女子学堂"普通之学"大行其道的原故。晚清女学这一实用性特点,一方面使女学一定程度上摆脱了传统教育空疏无用的弊端,培养出适应社会实际需要的人才,并较快地在全国推广;另一方面也难免带有急功近利的倾向,影响近代科学知识系统、全面地传授,而有碍于女子教育水平的提高。[①]

总而言之,从上述德、智、体、美、劳技教育并举的教育内容看,晚清女子师范教育带有鲜明的近代性质,而其课目设置及教学程度则呈现出鲜明的实用性,同时因兼顾了女子特性,又表现出一定的特殊性。当然,晚清政府所力倡女子师范学堂的教育,封建礼教占据了中心地位,被纳入教学体系的近代科学教学内容被置于副科地位,但毕竟对培育和启迪女智有着不可忽略的影响和意义。

3."本于经训",竭力经营——"学堂"校政

选贤与能者为"总理"。"兹查有军机处存记补用道北洋学习翰林编修傅增湘,品端学粹,才识优良,办理北洋女子师范学堂成效昭著,众议佥然。拟责成该编修妥筹办理。其有应行斟酌变通之处,仍随时禀承臣部,以期妥协。"[②]这段录自光绪三十四年《学部奏遵议事设女子师范学堂折》的文字,一方面反映了清政府对京师女子师范学堂的重视,在总理人选问题上沿袭"德才兼备"的准则;另一方面也揭示了清学部与京师女子师范学堂的直辖关系。从京师女子师范学堂历任总理的情形来看,清政

---

① 顾晓红:《论晚清女学的新特质》,《淮阴师范学院学报》,2002年第5期。

② 璩鑫圭等编:《中国近代教育史资料汇编——实业教育 师范教育》,上海教育出版社1994年版,第765页。

府的这种态度是一以贯之的。其历任总理情况，如表 1-7 所示。

表 1-7　京师女子师范学堂历任总理(1908—1911)[①]

姓名	到校时间	离校时间	任期	备考
傅增湘(字润元)	光绪三十四年七月	宣统二年四月	二年零十个月	首任总理
江　瀚(字叔海)	宣统二年四月	宣统二年五月	一个月	代理总理
喻长霖(字志韶)	宣统二年五月	宣统三年九月	二年零五个月	先代总理至九月后实任总理

　　傅增湘(1872—1949)，字润元，又字沉叔。别号双鉴楼主人，藏园老人。笔名有姜弆、书潜、清泉逸叟、长春室主人等。四川广安县城东正街人。祖父名诚，曾任河北通判。父名世榕，曾任河北藁城及怀安知县。增湘幼年过继给叔父，童年随生父出川，赴河北天津受学。光绪十四年(1888)，在河北顺天府应乡试，中举人。十九岁(1891)入保定莲池书院受业，学业精进。光绪二十四年(1898)会试，中二甲第六名进士，选翰林院庶吉士。其长兄增淯于光绪十八年(1892)中进士，亦选翰林院庶吉士。次兄增渭于光绪三十年(1904)中进士。成"一门三进士两翰林"，世称"江安三傅"。增湘中选后，请假回四川故里。旋因义和团事起，八国联军入侵，京师动乱，遂留川四年。光绪二十八年(1902)春，袁世凯在保定训练新军，从莲池书院高材生中选择幕僚。吴彭秋推荐增湘应选，傅束装赴保定就职。同年秋，袁升任直隶总督，又随入直隶幕府。光绪二十九年(1903)，在散馆考试中，任顺天乡试同考官。光绪二十八年(1902)，清廷颁布了"壬寅学制"，各地纷纷筹办新学。光绪三十

---

　　① 《北京女子师范学校十周年纪念册》，1918 年。

一年(1905),增湘在天津创设"女子公学"及"高等女学"等,开中国女子学校教育的先河。后又开办"北洋女子师范学堂",向东南各省招生,都由增湘与其妻凌夫人主其成。此后辞去袁氏幕僚职务,专办教育,成效卓著。光绪三十四年(1908)开办"京师女子师范学堂",张之洞奏请调傅增湘为总理,傅遂偕夫人到职,制定课程和规章制度。三月后,规模大备,并亲赴苏、鄂等省招生和筹集资金,开学授课。其后在任直隶提学使的三年里,大力推广小学,认为"欲教化之普行,惟小学实为先务。而小学之推展,则乡僻尤为要图"。连年不避寒暑,亲赴全省各县,遍及荒村野寺,视察学校,旁听讲课,评定优劣,申以奖惩,并亲自授课,以作示范。又在保定、天津、邢台、滦州四县创设初级师范学堂,为全省充实和储备师资,竭尽心力。清宣统三年(1911),参加唐绍仪为首的北方议和代表团。议和未成,辞职到天津。辛亥革命后,留居上海,与著名校勘学家杨守敬、沈曾植、缪荃荪往还,益感校勘于学术研究之重要。"期以毕生之力,校雠古籍,剪伐榛楛,除尘扫叶,为后人创造条件。""于是有得即校,日竟一二卷,悬为课程",渐成癖好。①

　　江瀚(1853—1935),清末民初著名学者。字叔海,号石翁,福建长汀人。光绪十九年(1893)主持重庆东川书院。光绪二十三年(1897)受聘于长沙校经堂。光绪三十年(1904)赴日本考察教育。光绪三十一年(1905)任江苏高等学堂监督,翌年任清政府学部总务司行走。光绪三十三年(1907)升学部参事官。宣统二年(1910)任京师大学堂教授,兼女子师范学

堂总理。1912年任京师图书馆馆长。1915年任参政院参政。1916年任总统府顾问。1928年任故宫维持会理事长。1935年12月在北京逝世，享年82岁。据史籍记载，江瀚秉质聪慧，敏而好学，4岁能联句。光绪十九年（1893）主讲重庆东川书院，时以布衣掌教者，海内仅二人。著作有名列《中国文学家大辞典》《慎所立斋文集》《慎所立斋诗集》《孔学发微》《诗经四家异文考补》《石翁山房札记》等。[①]

喻长霖（1857—1940），字志韶，浙江黄岩人，一说焦坑仙浦喻人，少时与王舟瑶等就读于其舅王棻执教的九峰书院，致力研究汉史、古文辞、训诂、经史及义理之学。清光绪二十一年（1895）榜眼，授翰林院编修，国史馆协修，武英殿和功臣馆纂修。戊戌变法前与康有为论变法，两人争辩不让。康有为对喻说，非变法不能自强，有法斯有人，法为人之祖父，人为法之子孙；喻长霖答，法非人不能自变，有人斯有法，人为法之祖父。光绪二十二年（1896），为宁海县筹款，围筑六敖里塘（今三门县榜眼塘）。光绪二十七年四月（1901），为台州农民武装周坚忠说情投诚。后任清宗室觉罗八旗第三学堂提调、八旗高等师范学堂国文教习、译学馆伦理教习。光绪三十三年八月（1907），任两浙师范学堂监督。十二月，受翰林院派遣，赴日本考察学务，次年五月返国。宣统元年（1909），任实录馆纂修。次年六月，任京师女子师范总理。资政院成立，选为硕学通儒议员，授四品衔，任资政院宪政会咨询。辛亥革命后，袁世凯多次请喻出任要职，喻

---

① 徐友春主编：《民国人物大辞典》（增订版·上），河北人民出版社2007年版，第396页。

均谢绝归里。1914年,受聘任浙江通志局提调,参与通志编修。孙传芳盘据浙江,三次到杭州吴山请其出仕,喻以终身不事二君辞谢。1926年,主修《台州府志》,成书140卷。晚年客寓上海卖文鬻字,1940年逝于沪寓。著有《清儒学案》《古今中外交涉考》《清大事记》《九通会纂》《经义骈枝》《两浙文徵》等18部经史著作,并整理王棻《台学统》。[①]

　　"京师女子师范学堂"时期的三位"总理",除江瀚匆匆而过无以建树外,皆有所作为并留下政声。首任"总理"傅增湘,因其深谙新教育,更兼具"北洋女子师范学堂"与"京师女子师范学堂"始创人背景,声誉最著,以致升迁他处,一时难寻继任,而兼领"总理"职年余。喻长霖"总理"时期,正值辛亥革命前夕,社会情势复杂激荡,革命党人所鼓吹的人权思想和"女国民"意识,也在"学堂"有所流布。因时任"总理"的喻长霖,顽固不化,专断跋扈,而引发轩然大波,最终在傅增湘的调停及督斥下才得以平息。[②]

　　在对学生的选拔与管理方面,有关规定极其明细。(1)关于学生入学"学历与年龄"。《章程》规定:"学生入学,以毕业女子高等小学堂第四年级,年十五岁以上者为合格。其毕业女子高等小学堂第二年级、年十三以上者,亦可入学,惟当令其先入预备科补习一年,再升入女子师范科。至现时创办,可暂以与毕业高等小学堂学力相等者充之。"[③](2)关于入学学生家世与品行。《章程》规定:"选女子师范生入学之定格,须取身家清白、品行端

————————

　　① 《浙江古今人物大辞典》,江西人民出版社1998年版,第1857—1940页。

　　② 杜学元:《中国女子教育通史》,贵州教育出版社1995年版,第355页。

　　③ 璩鑫圭等编:《中国近代教育史资料汇编——实业教育 师范教育》,上海教育出版社1994年版,第573—578页。

淑、身体健康,且有切实公正绅民及家族为之保证,方收入学。"①
(3)关于入学学生毕业服务。《章程》规定:"女子师范学堂毕业
生,自领毕业文照之日起,三年以内,有充当女子小学堂教习或
蒙养院保姆之义务";"女子师范学堂毕业生,如有不得已事故,
实不能尽教职义务者,由地方官查明,禀奉提学使允准,量缴学
费,可豁除其教职义务";"女子师范学堂毕业生,如有不肯尽教
职之义务,或因事撤销教习凭照者,当勒缴在学时所给学费。其
数多少,临时酌定"②。(4)关于学制设置情况。由于京师女子师
范学堂设立之际,为缓解"女教习缺乏"压力,应急之需而暂先拟
设两年学制的简易科,四年完全制班则拟嗣后再办,故其学生入
学规定与《章程》有所不同或更为具体,即:"其入学年龄,擅照臣
部前订四年师范章程增加五岁,凡年在二十岁以上、三十岁以
下,德行纯淑、文字清顺者,均属合格。"③

　　在"男女之大防"观念主导下,有关教学师资方面的规定和
相关制度具有鲜明的性别色彩。《女子师范学堂章程》明确提
出:女学堂教员"均以品端学优、于教育确有经验妇人充之";"学
堂教习,许聘用外国女教习充之,惟须选聘在女子高等师范毕
业、品学优良者且须明定应与中国女教习研究教法"④。同时,对
学堂女教习的妆容也有规定:"学堂教员及学生,当一律布素(用
天青色或蓝色长布褂最宜),不御纨绮,不近脂粉,尤不宜规抚西

---

① 同上书,第 579 页。
② 璩鑫圭等编:《中国近代教育史资料汇编——实业教育 师范教育》,上海教育出版社 1994 年版,第 580—581 页。
③ 璩鑫圭等编:《中国近代教育史资料汇编——实业教育 师范教育》,上海教育出版社 1994 年版,第 766 页。
④ 璩鑫圭等编:《中国近代教育史资料汇编——实业教育 师范教育》,上海教育出版社 1994 年版,第 580 页。

装,徒存形式,贻讥大雅。女子小学堂亦当一律遵。"①在《学部奏遵议事设女子师范学堂折》对女学堂教习还有更为具体的要求:"各科教习皆以妇人充当,亟应广为延访。但国文一科,尤为主要。理当创办之初,如国文程度较高之女教习一时实难得其人,应由该堂精选年在五十以上、品学俱优之男教习,暂资教授,俟五年以后,妇女中深通国文者渐多,此项国文教习即一律全用妇女充当,以归划一而谨防闲。"②由于中国女学兴办历史不长,又受着诸多"先天不足"的制约,致使在"教习"问题上,不可能完全照章办理。实际情况是,晚清女学堂师资主要由三部分组成:中国女教师、外国女教师和少量男教师。中国女教员程度很不一致,有的女学堂即以创办人的夫人为教习,或聘用地方上有声誉的名门贵媛担任教职。这批女教员虽未受过专门师范训练,但于旧学有一定根基。外籍女教员方面,主要是聘用日本或欧美女教习担任算术、理科、外语、音乐、体操等课程的教职。男教习相对学历较高,根基较深,但晚清男女界限其严,为风气所阻不能大量为女学所聘。由此女学师资不仅水准参差不齐,而且来源十分有限,远远不能满足女子教育发展的需要。鉴于此,"女学堂不必限用女教员"的呼声日隆。因种种不得已,清学部主持的京师女子学堂,在师资问题上也难以脱"俗"。在具体日常事务性的管理环节上,更是以恪守《章程》著称于世。譬如:"不得任意外出,其星期及因事请假者,必须家人来接方令其行","令其住堂肄业,内外有别,严立门禁,所以必使住堂者,放假有定

---

① 璩鑫圭等编:《中国近代教育史资料汇编——实业教育 师范教育》,上海教育出版社1994年版,第580页。

② 璩鑫圭等编:《中国近代教育史资料汇编——实业教育 师范教育》,上海教育出版社1994年版,第766页。

期,不使招摇过市,沾染恶习。至学堂衣装式样,定为一律,以朴
素为主,概行用布,不服罗绮。其钗环须一律,不准华丽"①,
等等。

相关经费方面,则得到来自清学部的鼎力支持。关于女学
堂的经费问题,《女子师范学堂章程》明文规定:女子师范学堂,
由官设立者,其经费当各地筹款备用,女子师范生无须缴纳学
费。京师女子师范学堂由清政府筹办,其经费当由清学部拨款。
在经费筹措问题上,清学部是一直鼎力的,单就京师女学堂的筹
办,清学部就拟:"统计建筑开办经费约需五万金,常年经费约需
三万金,均由臣部设法筹拨"②,此后基本援此例行。宣统三年
(1911)因京师女子师范学堂扩大办学规模,清学部还适时加大
了拨款额度。如此情形,在晚清女学历史上绝无仅有。详情如
表1-8所示。

表1-8　京师女子师范学堂拨款情况(1908—1911)③

年　　度	经常费	临时费
光绪三十四年 八月至宣统元年六月	37088 两	85834 两
宣统元年七月至二年六月	32902 两	
宣统二年七月至三年六月	25931 两	
宣统三年七月至壬子正月	9213　两	

总计:经常费 105134 两,临时费 85834 两;合计:190966 两

---

① 璩鑫圭等编:《中国近代教育史资料汇编——实业教育 师范教育》,上海教
育出版社 1994 年版,第 766 页。

② 璩鑫圭等编:《中国近代教育史资料汇编——实业教育 师范教育》,上海教
育出版社 1994 年版,第 766 页。

③ 《北京女子师范学校十周年纪念册》,1918 年。

　　根据清学部总务司编制的《第一次教育统计图表》,晚清女学堂经费的来源主要来自产业租入、存款利息、官款拨给、公款提充、学生缴纳、乐捐、杂入这几部分,也就是包括官款、公款、私人捐款、学费等。因为女学经费由多渠道筹集而来,这导致了不同女学在经费上差距甚大,多则每年数千元,少则不超过一百元。20世纪初始10年间,女学经费紧张是普遍存在的问题,不少女学因经费告罄只得宣布停办。清末女学旋兴旋废也含有这方面的原因。京师女子师范学堂,在经费筹拨方面上显然不存在如此棘手的问题。

　　4. 重德崇实——"学堂"学生

　　《女子师范学堂章程》规定:女子师范学堂应修业年限为四年。鉴于女学教习缺乏的情势,清学部拟定京师女子师范学堂开办之初,先拟设简易科,即:选择重要科目,分门教授,毕业年限暂定为两年,以备各省开办女子小学充当教习之用,"嗣后仍当照章接办四年完全科,俾教育渐增完备"[①]。后来情形也正是如此演绎。也就是说,"京师女子师范学堂"时期,发展较快,四年之间,学制方面完成了由"简易科""完全科"直至"本科"的建制。虽然在校生总数情况变化不大,但办学层次及其水准渐趋丰富与提升,如表1-9所示。

表1-9　京师女子师范学堂学级编制(1908—1911)[②]　　单位:人

年/科	简易科	完全科	本科	总计
光绪三十四年	153			153

　　① 璩鑫圭等编:《中国近代教育史资料汇编——实业教育 师范教育》,上海教育出版社1994年版,第767页。
　　② 《北京女子师范学校十周年纪念册》,1918年。

年/科	简易科	完全科	本科	总计
宣统元年				0
宣统二年	7	43(初级)		50
宣统三年	30(因国变散去)	44(乙班)	43(由完全初级改为甲班)	117
总计	190	87	43	320

从光绪三十四年（1908）到宣统三年（1911），京师女子师范学堂，先后录取学生三批，共 320 人，其中简易科 190 人，完全科 87 人，本科 43 人。因种种变故，"学堂"时期，如期毕业者约 137 人。不过，有关"学堂"时期简易科毕业生人数，至少有三种说法：一是按照《北京女子师范学校十周年纪念会册》中的"十年教务概况"介绍应是 132 人；二是按《北京女子师范学校一览》编制的有关详情来看，则为 137 人；三是后来"女高师"时期的相关统计则以 138 人为计。相对而言，《一览》相关信息更为翔实，故本研究倾向采用其说。若将"国变散去"30 人忽略不计，其"学堂"时期简易科学生毕业生 137 人。

从有关毕业生籍贯统计情况来看，"学堂"时期生源的多寡依序为：江苏、浙江、湖北、直隶、京兆、湖南、福建、广东、广西、安徽、江西、四川、贵州、云南、河南、山东等地。平均年龄由高而低的态势，是"学堂"时期毕业生又一明显特征，即：毕业于宣统三年六月（1911）的第一批简易科甲、乙、丙三班学生，平均年龄分别为 30.3 岁、29.6 岁和 30.3 岁；而毕业于宣统三年十月（1911）的简易科丁班学生平均年龄则为 26.28 岁。从有关招生及毕业人数等数据来看，丁班成员极有可能由两部分人员组成，即：少量的新入学者与上届降级人员。如表 1-10 所示。

表 1-10　"京师女子师范学堂"毕业生籍贯情况①　　　　单位:人

时间	简易科	江苏	湖北	湖南	河南	江西	浙江	福建	贵州	云南	广东	广西	旗人	直隶	安徽	四川	山东	京兆	总计
宣统三年六月	甲班	20	7	1	1	1	2	1						1					35
	乙班	11	1	3			8				1			3	1	2	1		37
	丙班	7	3				3	4			2	2	2	3	1			2	33
宣统三年十月	丁班	8	1			2	3				2	1		3	1	1	2		32
总计	4班	46	13	7	2	4	16	6	3	2	5	4	6	9	5	3	2	2	137

按有关规定毕业服务教育情况,甲、乙、丙、丁四班分别为28人、20人、17人和7人,所占比例依次为80%、54%、51.5%及22%。甲乙丙三班的学生,年龄偏大,多有女学工作经历,有的甚至任职地方女学校长,深造诉求显然超乎一般,不仅学业精进,而且服务社会率也颇高。尽管"学堂"时期简易科诸班有差异性,但其毕业服务教育率仍占51.8%,其中在各类教育机关担任教员者64人,占就业的88.8%;任女学校长者8人,占就业的11.1 %。如表1-11所示。

表 1-11　"京师女子师范学堂"学生毕业及服务教育情况②

时间	简易科	人数(人)	平均年龄(岁)	服务教育人数(人)	任教员(人)	任校长(人)	不详(人)
宣统三年六月	甲班	35	30.3	28(80%)	24	4	7
	乙班	37	29.6	20(54%)	19	1	17
	丙班	33	30.3	17 (51.5%)	16	1	16
宣统三年十月	丁班	32	26.28	7 (22%)	5	2	25
总　计		137	29.12	72(52.6%)	64(88.8%)	11.1%	65

---

① 《北京女子师范学校一览》(1918年),第125—138页。

② 《北京女子师范学校一览》(1918年),第125—138页。

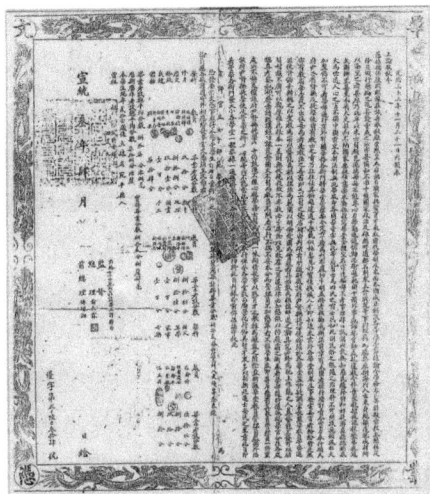

图 1-2　"京师女子师范学堂毕业文凭"（复印件）[①]

　　"学堂"毕业生服务教育率高低不均的情况，与该时期的女子教育理念、生源的身份的差异、女子就业途径及其社会动荡的情势皆有着密切的联系。在"学堂"教育的训育之下，重修养、崇实用、除陋习，成为北京女子师范学堂学生致力的要务。高胡宛，宣统三年（1911）三月简易科毕业生曾感慨道："平日教授别无良法，惟训练则出之于诚恳，以身作则使之感化，教授则详细讲解，使之明悟切于实用，兼以养成勤勉诚实之习惯而已。"[②]周正谊，宣统三年（1911）四月本科毕业，一边提倡女子职业"校中置办染织编务缝纫刺绣蚕桑田园等项，以资生徒之实习，均获效"；一边筹办天足会，她道："本县风气蔽塞，缠足之风未除，因是联络官绅组织天足会，四处讲演，竭力提倡，年来已得大多数

---

　　① 北京师范大学档案馆藏（复印件）。

　　② 《北京女子师范学校十周年纪念册》，1918 年。

天足矣","凡在本校肄业之生徒,自得各科之实习略具自立之能力,而伏处深闺之积习渐除"。① 陶蕴玉,宣统三年(1911)三月简易科毕业也曾说:"频年奔波愧无所得,十数年来,学风日趋浮华,教育者不可于此注意焉。民国以前女学晦昧,光复后少觉昌明,然大率持开发主义,今宜注重实用崇实拙华,务实不染时下习气,余虽不才,每于此等范围学生,俟他日改良家庭社会之效也。"②黄绍兰,宣统三年(1911)三月简易科甲班毕业,原名学梅,字梅生,早年酷爱《木兰辞》,为花木兰替父从军所感,遂别取字绍兰。毕业时任开封女子师范学堂教员,武昌起义爆发后,她即南下武昌,投笔从戎,亦是国学大师章太炎唯一的女弟子,作有《易经注疏》。后与黄兴夫人徐宗汉、章太炎夫人汤国梨等在上海法租界贝勒路(今黄陂南路)民房创办博文女校,担任校长。她也是五四女权运动的积极支持者与参与人。

(二)"北京女子师范学校"时期(1912—1919)

图 1-3　北京女子师范学校校舍正面摄影③

---

① 《北京女子师范学校十周年纪念册》,1918 年。
② 同上。
③ 《北京女子师范学校:教育一斑》,1917 年。

"北京女子师范学校"时期，起止于辛亥革命成功之后与五四运动爆发之前，即1912年5月至1919年4月。这一期间，中国社会始终处于大矛盾大动荡中，女子教育也由此进入了一个新的复杂的历史时期。民国成立后，立即对清末制定的师范制度进行了改革：民国元年九月二十八日，教育部颁布了《师范教育令》，紧接着又相继制定并颁布了《师范学校规程》《高等师范学校规程》，新的师范教育制度因此而建立。"学堂"更名为"学校"，便是此系列改革举措之一。一方面是国体的变更，确保了蕴含资产阶级"教育平权"思想内核的新教育制度的颁布与推进；另一方面是复辟的政治力量一度嚣张，社会保守势力没有停止过对女子教育的影响。辛亥革命之后的女子教育受到了严重干扰，作为教育部直辖的"北京女子师范学校"，在所谓"贤妻良母主义"与"超贤妻良母主义"的角力中发展，终以其面貌的极大改观而有别于"学堂"时期。

1. 亦新亦旧——"学校"宗旨的嬗变

由晚清而民国，由南京政府而北京政府，中国女子教育的发展与新生的共和政权一样，为种种社会惯性势力所困扰，于新旧交战中穿行，经历了考验，迎来了转机。

"本学校以造就小学校教员及蒙养园保姆为宗旨"[①]，北京女子师范学校"立学规则"第一章第一条如是道。与晚清"学堂"时期相关内容比较，北京女子师范的教育目的，已演进为纯粹的"师资"意义，而不再及于"家计"或"家庭教育"，由此也昭示着女子教育因国体的变更，其指导思想也随之发生了变化，即由晚清时期的"良母贤妻主义"演变为民国时期的"超良母贤妻主义"。

① 《北京女子师范学校一览》，1918年。

由此而来,其"训育"目标,也因教育宗旨的改变而改变。据民初所颁布实施的《师范学校规程》,其有关"训育"规定共计五条:一是"谨于摄生,劝子体育",以培养健全的身体和健全的精神;二是"富于美感,勇于德行",以陶冶性情,锻炼意志;三是"明建国之本原,践国民之职分",以养成爱国遵法之素质;四是"尊品格而重自治,爱人道而尚大公",以养成独立与博爱之人格;五是"明现今之大势,察社会之情状,实事求是",以培养趋重实际,为生利之人,而勿为分利之人。① 这种对师范生的人格、志趣、道德、意志、能力等德、智、体诸方面的要求,一方面,反映了资产阶级革命派对未来师资的期望和对未来国民素质的要求;另一方面,也意味着辛亥革命之后的女子师范教育,开始全力以造就优质女性师资为鹄的而异质于以往。但是,袁世凯时期,汤化龙掌教育部之际,则对上述女子教育方针大加调整,主张回到"良母贤妻主义"的老路:"余对于女子教育方针,则务在使其将来足为贤妻良母,可以维持家庭而已"②;其时所颁布的《教育宗旨》竟宣称:"女子则勉为贤妻良母,以竞争于家庭——至女子,更舍家政而谈国政,徒示纷扰,无补治安。"③1914 年 12 月教育部在颁布的《整理教育方案草案》中,还特别提出了"严格训育主义",即:"师范生采取严格训育主义,俾将来克尽教师之天职,所谓师范者,必具可为人师之模范也;自教育学发达,乃知即为人师亦有必须之学与术,最要者莫过于教师人格之养成;学科讲授尤偏于

① 璩鑫圭等编:《中国近代教育史资料汇编——实业教育 师范教育》,上海教育出版社 1994 年,第 1063 页。

② 《教育杂志》,第 6 卷第 4 号。

③ 《袁世凯颁定教育宗旨令》,中国第二历史档案馆编《中国民国史档案资料汇编》,第 3 辑。

知的方面,必也修恩养情,甄陶品性,俾对己有自治力,对人有责任心,然后出任教师,恪尽天职,此严格训育之要也。"①1916 年 9月通令各省女学,严定 5 条惩戒规则:(1)不准剪发,违者斥退;(2)不准缠足,违者斥退;(3)不准无故请假、结伴游行,违者记过两次;(4)通校女生,不得过十四岁,如有隐匿冒混者,记过;(5)不准自由结婚,违者斥退,罪及校长。② 从当时北京女子师范学校的"立学规程"来看,"严格主义"无不渗透于其教育管理环节之中,并著称于世。所幸的是,毕竟在"共和"体制背景之下,袁世凯的倒行逆施终究未能苟且太久,随着五四新文化运动的兴起,女子教育很快得以回归"超贤妻良母主义"的发展轨道。

北京女子师范学校的课程设置情况,充分反映了该时期女子教育的基本特征:一是男、女师范的课程设置,除个别科目不同之外,几无区别。二是"德、智、体、美"并举的同时,"读经"仍为"修身"教育的重要内容,"家政"性质的科目也仍有所保留。三是强调"师范"性质,重视"实习"环节。四是如此课程设置理念,贯之于北京女子师范学校的本科、专修科及其讲习科。详情如以下诸表所示。

① 宋荐戈编:《中华近世通鉴》(教育专卷),中国广播电视出版社 2000 年版,第143－144 页。
② 张海梅:《论五四运动前后的女子教育》,《历史档案》,2001 年第 1 期。

表1-12　北京女子师范学校本科课程①

学科	程　　度
修身	道德要领 伦理学大要 演习礼仪法 教授法
教育	普通心理学 伦理学大要 教育理论 教授法 保育法 近世教育史 教育制度 学校管理法 学校卫生 教育实习
国文	近世文 古文 文字源流 文法要略 中国文学史 作文 教授法
习字	楷书 篆书 草书 黑板写法 教授法
历史	本国史 外国史 教授法
地理	地理概论 本国地理 外国地理 地文学 教授法
数学	算术 代数 几何 教授法
博物	植物 动物 矿物 生理卫生 教授法
物理化学	物理 无机化学 有机化学大要 教授法
法制经济	法制大要 货殖大要
图画	写生画 临画 想象画 用器画 美术史大要 黑板书练习 教授法
手工	小学各种细工:纸豆线竹粘土石膏及简易之木金各细工。编物 刺绣 教授法
家事园艺	衣食住 侍病 育儿 经理家庭 家计簿记 栽培莳养法 庭院构造法 实习
缝纫	普通布类之裁缝法 补缀法 教授法
乐歌	单音 复音 乐器用法 教授法
体操	普通体操 游戏 教授法
英语	发音 拼字 读法 书法 解释 默写 文法 会话 作文 教授法

---

①　《北京女子师范学校一览》(1918年),第9—11页。

表1-13 北京女子师范学校教授时数(周时)[1]

单位：每周时数

学科/学年	预科	本科一年	本科二年	本科三年	本科四年
修身	2	1	1	1	1
教育			4	4	2(实习29)
国文	10	6	3	3	2
习字	2	2	1		
历史		2	2	2	
地理		2	2	2	
数学	5	3	3	2	2
博物		3	2	2	
物理化学			2	3	3
法制经济					2
图画	2	2	2	3	
手工		2	2		4
家事园艺				3	3
缝纫	4	4	4	4	2
乐歌	2	2	2	1	1
体操	(3)	(3)	(3)	(3)	(2)
英语	3	3	3	3	3
总计	30(33)	32(35)	33(36)	33(36)	33(36)

---

① 《北京女子师范学校一览》(1918年)，第12—13页。

表 1-14　北京女子师范学校讲习科课程①

科目/学年	每周时数	第一学年	每周时数	第二学年
修身	2	道德要领 演习礼仪法	1	道德要领 教授法
教育	4	普通心理学之大要 教育理论 教授法	6	保育法 近世教育史之大要 学校管理 教育实习
国文	甲6乙4	近世文 古文 作文 文字源流	甲6乙4	近世文 古文 作文 文法要略 教授法
习字	1	楷书 行书 草书	1	楷书 行书 草书 黑板写法教授法
历史	甲3	本国史	3	本国史 外国史大要 教授法
地理	甲2	本国地理	3	外国地理大要 地文学大要教授法
算术	甲3乙5	算数 几何	甲3乙5	算数 代数 教授法
博物	乙3	植物 动物	乙3	矿物 生理卫生 教授法
物理化学	乙3	化学 物理	乙3	物理 教授法
图画	12	写生画 临画 想象画 用器画	12	写生画 临画
手工	1	小学校各种细工编物	1	小学校各种细工编物 刺绣 教授法
家事园艺	2	衣食住 侍病 育儿	2	经理家产 家计簿记 园艺大要 实习
缝纫	3	普通布衣类之缝法 裁法补缀法	2	同前,教授法

---

① 《北京女子师范学校一览》(1918 年),第16—17 页。

科目/学年	每周时数	第一学年	每周时数	第二学年
乐歌	2	单音 乐器用法	2	单音 复音 乐器用法 教授法
体操	3	普通体操 游戏	3	同前 教授法
合计	34		35	

备注：1. 为推广小学及蒙养园起见，别设讲习科，讲习科二年毕业；

2. 其入学之资格：年在 20 岁以上 28 岁以下者，有中学程度或曾任小学教员一二年者；

3. 讲习科之费用与本科同。

表 1-15　北京女子师范学校家事技艺专修科课程①

学科/学年	每周时数	第一学年	每周时数	第二学年
修身	1	人伦道德之要旨 演习礼仪法	1	伦理学大要
教育	3	教育心理学 应用学	2	教授法 教育法令 管理法 保育法
家事	4	家事整理 家事卫生 饮食之调理 实习一回	3	侍病 育儿 经理家产 家计簿记 园艺 教授法 实习二回
缝纫	6	裁法 缝法 补缀法	8	裁法 缝法 补缀法 教授法
国文	6	讲读作文	4	同上
应用理科	2	应用物理大意 试验一回	2	应用化学大意 细菌学大意 试验一回
图画	2	自在画 用器画	2	用器画 图案 教授法
手艺及手工	4	编物造化 刺绣 纸竹土等细工	4	编物造化 刺绣 简单之木金细工 教授法

①　《北京女子师范学校一览》(1918 年)，第 18—19 页。

续表

学科/学年	每周时数	第一学年	每周时数	第二学年
乐歌	1	单音唱歌复音唱歌	1	单音唱歌 复音唱歌 乐器练习
体操	3	普通体操 体操理论游戏	3	普通体操 游戏 教授法
合计	32	实习一 试验一	30	实习二 试验一

备注:1. 为女子中学教员之预备及女子高等师范之基础,添设家事技艺专修科,二年毕业;

2. 家事技艺专修科免缴学费,余均自备;

3. 第二学年第三学期实地教授;

4. 入学资格:19岁以上28岁以下者,女子师范及女子中学校毕业者,有女子中学或师范毕业同等之学力者。

表 1-16　北京女子师范学校教育国文专修科课程①

学科	每周时数	第一学年	每周时数	第二学年	每周时数	第三学年
修身	2	伦理学	2	西洋伦理史	1	中国伦理史
教育	6	伦理学 心理学 教育学	8	实验心理学 教育学 西洋教育史 中国教育史 教授法	10	教授法 保育法 学校卫生 教育制度 哲学概论 社会学 美学 法制经济
国文	12	说文 经学大义 诸子源流 国文讲读作	10	说文 经学大义 国文源流 国文讲读练习 评点	10	练习各种应用文字 评点及评改方法
习字	2	楷书 行书	2	楷书 行书	1	篆隶兼行 书法源流 教授法
历史	2	本国史	3	本国史	3	世界史 历史研究法 教授法

---

① 《北京女子师范学校一览》(1918年).第20—21页。

学科	每周时数	第一学年	每周时数	第二学年	每周时数	第三学年
地理	2	本国总论 本国各论	3	本国各论世界各国	3	地文学 地史大要 制图学大意 研究法及教授法
图画	2	自在画	1	自在画 图案画	1	自在画 图案画 教授法
乐歌	2	单音唱歌 复音唱歌	1	单音 复音 乐器练习	1	单音 复音 乐器练习 教授法
体操	2	普通体操 游技 体操理论	2	普通体操 游技	2	普通体操 游技 教授法
合计	32		32		32	

备注：1. 教育国文专修科以养成女子师范学校中学之教员及管理员为宗旨；

2. 学生名额以 40 人为限，修业期限定为三年；

3. 入学资格以女子中学或师范毕业及有同等学力者为合格；

4. 第三学年第三学期实习教授。

表 1-17　北京女子师范学校本科学生实习安排①

项目/次数	第一次	第二次	第三次	第四次
人数	10	31	32	34
期限	半日（4 月 14 日—6 月 12 日）	半日（1 月 17 日—6 月 15 日）	全日（4 月 9 日—6 月 16 日）	全日（4 月 9 日—6 月 30 日）
人均担任时数	16	24	35	41
平均分数	82	80	83	81

讲习科实习

项目/次数	第一次	第二次	第三次
人数	32	30	34
期限	半日（4 月 10 日—6 月 15 日）	半日（5 月 1 日—6 月 20 日）	半日（5 月 10 日—6 月 30 日）

① 《北京女子师范学校十周年纪念册》，1918 年。

续表

讲习科实习			
项目/次数	第一次	第二次	第三次
每周教授时数	60	60	18
平均分数	80	83	65
家事技艺专修科实习			
人数	期限	每周时数	平均分数
21	全日(5月10日—6月20日)	60	84

上述情况表明民国初年的女子师范教育一方面,以学制多层化、训练专业化、课程设置趋同化的发展态势,区别于"学堂"时期;另一方面,对本土文化仍颇重视,在有关课程设置中还存留着不少封建主义因素,其中修身课的内容尤为突出。如此情形,为中国的政治和经济还相当落后,封建主义势力还有很大影响的基本国情所决定。教育改革的不彻底性及其矛盾性,也是上层建筑变革之际的惯有现象。总之,较之于"学堂"时期,德、智、体、美、劳技教育并举之下,"德"的方面,现代学理内容有所增加;"智"的方面,所关涉的自然科学的知识领域面更广。"德"与"智"内容的悄然变化,是北京女子师范教育面貌不同于前的重要表现。

2. 校长治校——"学校"校政

与"学堂"时期相较,在行政管理环节上,北京女子师范学校时期,学校一方自我决策的权力有所加强,民主管理机制也有所萌芽。但是,校长治校一言九鼎模式为其基本格局,即校长秉承教育部所制规章,全权处理一切校务。具言之,教务主任秉承校长意旨,综理全校教务、图书、教授、训练之统一;舍务部学监主任,承校长之意旨综理舍务训育之统一;事务部主任,承校长之意旨综理庶务会计书记等事,督率分任诸员。此外,设有"职员会",以会议校务联合进行为宗旨。校职员会于每学期开校第一周举行一次,以后每周六举行一次,有特别要事得开临时会。开会时全校职员须到会,有不得已事故不能到会者,必预先声明。职员会议决事,由庶务处记录保管并通知各职员。开会日期及所议事项,但需照定期前 3 日通知。庶务处收集议题截止日需于开会前 5 日揭示于会议室。[①] 该"会议"的职能,虽不同于后来的"评议会"等,但不失为校园民主管理的最早雏形。如此行政管理模式,权力集中,人事复杂,校长更替频繁,仅 6 年之中,北京女子师范学校校长就经历了 5 任。情况如表 1-18 所示:

表 1-18　北京女子师范学校历任校长情况表[②]

姓名	籍贯	简况	任期	历时	备注
吴鼎昌	直隶清苑	字蔼辰,晚清提学	1912 年 5 月—1913 年 3 月	11 个月	由此称校长
胡雨人	江苏无锡	留学日本弘文学院师范科,兴中会成员,曾任前"学堂"教务长,一生致力教育与水利	1913 年 4 月—1914 年 2 月	11 个月	校长
姚　华	贵州贵阳	字重光,晚清进士,著名学者诗人和画家,戊戌东渡日本就读政法大学,民初曾任参议,嗣因时局紊乱隐居,以诗词书画颖拓为生	1914 年 2 月—1917 年 1 月	3 年	校长
胡家祺	直隶天津	字玉荪,五四时期江苏省教育厅厅长	1917 年 1 月—1917 年 3 月	3 个月	代理校长
方　还	江苏昆山	字惟一,博学好古精诗词辞章之学,五四之后受清末状元张謇之聘任南通女子师范学校校长	1917 年 3 月—1919 年 7 月	2 年 5 个月	民国八年四月改组女子高等师范

---

① 《北京女子师范学校一览》(1918 年),第 41—59 页。
② 《北京女子师范学校十周年纪念册》,1918 年

图 1-4 "北洋女师"校长李家桐、傅增湘、吴鼎昌、张伯苓合影(自右至左)①

吴鼎昌(生卒年不详),字蔼辰,直隶清苑(今河北保定)人。光绪丁酉(1897)科举人。日本弘文学院师范科毕业,拣选知县。保升直隶知州。历充直隶省视学,直隶学务处科员,学务公所科员,天津北洋女子师范学堂提调监督,北京女子师范学校校长,东四盟宣慰使秘书,政事堂司务所主事、机要局佥事,直隶劝业协赞会检查员,南洋劝业会调查员,直隶咨议局议员,学部中央教育会议员,教育部临时教育会议议员,陕西省教育厅厅长和河南省教育厅厅长。② 其掌北京女子师范学校之际,正值辛亥革命之后"贤妻良母主义"回潮之时。女子师范学校的教育和管理,随着儒教思想的渗透越来越僵化迂腐,修身、国文、读经等课堂

---

① http://news. enorth. com. cn/system/2013/01/13/010517030. shtml,2022 年 6 月 17 日 14:08.
② 《天津史志丛刊天津近代人物录》,中国人民政治协议天津市委会文史资料研究会(1987),第 181 页。

无不充斥着浓厚的封建礼教气息，而对时任女子师范学校校长的吴鼎昌，时人曾作如此记载："吴课甲班修身必令学生一个一个站起，站起后吴斜视良久，上至头髻，下至裙履，览之殆遍，乃令坐下，点名毕已耗十五分钟（学生仅十余人）。盖吴所实行之政策，在于禁锢学生之言论，闭塞其智识，干涉其行动，使之脑中眼里皆含有校长之权威，而后操纵爱憎，惟一人所左右。"①

胡雨人（1867—1928），江苏无锡人，近代教育家，原名尔霖。其父胡和梅，曾任江苏省桃源县教谕，故自幼熟读儒家经典；因在兄弟中排行第二，好打不平，敢作敢为，故人称其"戆头二先生"。其光绪十五年（1889）中秀才，光绪二十四年（1898）考入南洋公学师范院，继又东渡留学日本弘文学院师范科，加入了孙中山的同盟会。光绪二十八年（1902），回国兴办新学。毕生致力于教育和水利事业，被尊为近代崇尚实践努力维新之先导。与北京女子师范渊源尤为深厚，宣统元年（1909）应聘为北京女子师范学堂教务长，1913年又出任北京女子师范学校校长。著有《江淮水利调查记》《淮沂泗实测蓝图》，晚年以太湖水利治理为己任，著治湖策调若干篇，1928年病逝。1935年门生为其铸像勒石，以志纪念。

姚华（1876—1930），字重光，号茫父。贵州贵筑（贵阳）人。光绪二十三年（1897）入严修改革的学古书院求学，同年中举。光绪三十年（1904）进士及第，授工部主事

---

① 北京女子师范学校最近大风潮闻见记[J].妇女时报，1913，(9)：50—54.

职。光绪三十三年(1907)从日本留学毕业回国,在邮传部任职。后兼北京女子师范学校校长,中华大学、北京高等师范、北京美专教授,教授国文、书法、绘画。民国十三年(1924)创办北京京华美术专科学校,自任校长。被称为旧京都的一代通人:以书法、绘画名扬全国,与陈师曾并称"姚陈",为民初北京画坛领袖;精于经史、文学、文字学、音韵学以及戏曲等,与王国维、吴梅并称"近代曲学三家";善刻铜,与陈寅生、张樾丞被后世誉之为"近代刻铜三大家";还与梁启超、陈师曾、鲁迅、余绍宋、齐白石、梅兰芳、程砚秋等交往密切,俱为当时学术界、文艺界极具名望的人物,并一同发起画会、画展及曲艺会等文人雅集,影响较大。让女师学生尤难以忘怀的,是姚华先生对女师的关怀与扶持。其在校长任上"亲笔奖品"已然佳话①;其在"三·一八"惨案发生之际,诗吊遇难女师大学生刘和珍君和杨德群君,见其风骨。②

　　胡家祺(1870—1929),字玉荪,天津人。清朝举人。1903年秋东渡日本留学,毕业于弘文学院速成师范科。转年任天津师范讲习所讲师、天津府中学堂(今天津三中)监督(校长)。1905年

---

　　①　1916年夏,时任北京女子师范学校校长的姚华,从同古堂订制了约百个素面墨盒,这些墨盒分别为边长约6厘米的正方形和直径约5厘米的圆形两种。闲暇之余,他便在校长室案头兴致盎然地在这些墨盒上摹写碑文石刻,无一雷同;并延请琉璃厂同古堂刻铜匠细心刻就,期末作为奖品分别颁发:正方形的赠给毕业生,圆形的奖给各年级的优秀生。

　　②　1926年北京发生"三·一八"惨案时,姚华(茫父)先生当时虽早已离开女师大,作诗书愤《二月六日雪》:"留得一冬雪,春来两度看。为因埋战血,较觉作花寒。未霁仍将积,施消者已残。不成惠施赋,愁思动长安。"同时又作《二女士》:"宣和不闻陈东死,南渡胡为死东市。千年夷夏祸犹存,碧血又溃绿窗史!呜呼,刘(和珍)、杨(德群)二女士!"

创办天津师范学堂并任监督，1906年出任天津教育会会长。1907年创立天津师范传习所，并当选为天津县议事会副会长。1909年当选顺直咨议局议员。1912年继任直隶省第一师范学校校长，亲作校歌词。1914年6月调往北京教育部任职，后任直隶省教育厅厅长、江苏省教育厅厅长等职。1917年1至3月其任北京女子师范学校校长一职仅仨月。1929年病逝。据统计，新中国成立前河北108个县中有三分之一的县教育局长皆为其弟子。1936年校友会集资为其铸像立碑，表达津门弟子对老校长的怀念。

方还（1867—1932），初名张方舟，后改名张方中，字惟一，晚号蝯庵，江苏昆山人，教育家、诗人、书法家。方还生于贫寒之家，幼年丧父，在张姓人家长大，成年后复姓归宗，更名为方还。秀才出身的方还博学多才，古文诗词，无一不工，尤精翰墨，书法颜真卿，自成一体，人称诗、书、文"三绝"，在江苏享有"南北两方"（江南为方还，江北为方地山）之美誉，是清末、民国时期昆山有名的士绅。他一生致力于教育事业，改革地方政治，先后创办樾阁学堂、西塘小学、昆山县立学校，组织亭林学会，成为江苏省教育会等新学会的发起人。1913年后历任北京师范学校、北京女子师范学校、南通女子师范学校、上海招商公学等校校长。其在1917年3月至1919年7月执掌北京女子师范学校，因固执秉承北洋政府办学旨意，而于五四运动之际遭该校学生驱逐。1932年4月病逝，乡里建一"方还亭"以感念。①

与"学堂"时期相较，"学校"时期的掌校者情况出现了较为

---

① http://www. 360doc. com/content/14/0825/19/5701732 _ 404576527. shtml,2022年6月17日14:08.

显著的变化:一是历任校长(方还之外)皆有以"举子"身份留学日本弘文学院师范科的经历;二是校长中单纯的学人身份比重加大。由此不仅隐含着民国初教育精英们的学养内涵与知识结构的变化,以及民初知识分子开始出现相对游离于传统"仕途经济"的现象;同时还意味着伴随着社会的转型,19世纪末20世纪初,脱胎于传统士人的"新式知识分子"应运而出。他们有思想开明、理性活跃的一面,但在"心态和行为上,也处处可见士的余荫"。[①] 由此对北京女子师范学校的发展有着不同程度的影响。

尽管这一时期的女子教育思想新旧尖锐对峙,但女子教育发展势头依然雄健。北京女子师范学校更是如此。民国元年《师范学校规程》有关学制方面的规定颇为详尽,而最值注意的,是有关女子师范学校教育程度的规定,与男子师范等同,即师范学校被一律规定修业年限5年,预科1年本科4年,并得设小学教员讲习所,及专收中学毕业生施以教育陶冶的二部,修业年限1年,取消事业教养所,但至民国四年,仍行恢复,并改小学教员讲习所为师范讲习所。北京女子师范学校时期的教务活动与学制演变,大抵如下进行:

> 民国元年八月试新生取三十三名编入本科;是年四月创办附属小学于本校两院也。

> 二年八月取新生七十三名,内四十人编为预科为入本科之预备始因分级,余三十三人编为讲习科承简易科之旧也,是为讲习科第一班。

> 三年六月,讲习科第一班卒业,共三十二名,八月新生

---

① 罗志田《权势的转移:近代中国的思想、社会与学术》,湖北人民出版社1999年版,第203页。

取八十三名，内四十人为预科，四十三人为讲习科，是为讲习科第二班，分组两以甲、乙序之。甲组以国文历史地理为主科，乙组以数学博物理化为主科，程度中学卒业，讲习科科目见学校一览。

四年六月，本科第一届卒业，共十名，八月新生取三十五名为预科生，由小学送免五名入预科三名插本科一年。

五年六月，本科第二届卒业共三十一名，讲习科第二班卒业共三十名；八月新生取四十名为预科，取三十五名曰保姆讲习科，为养成蒙养保姆而设，外设家事技艺专修科，前后共招生二十五名，程度中学毕业，为本校设专修科之始，所授科目以家事、手工、刺绣、图画为主科，科目见一览。

六年六月，本科第三届毕业，共三十二名。保姆讲习科毕业共三十四名；八月试新生九十八名，内八十人别编中学，本科二年级及预备科外十八名为教育国文专修科，后续招十名，凡二十八名，程度师范、中学毕业，科目详见一览。本校始拟改组高等女子师范，故初级本科停招，设专修科及附属中学校为高等至预备。

七年六月，本科第四届毕业共三十四名，家事技艺专修科毕业共二十一名；八月试新生，前后共取四十二名，分图书、手工，专修博物专科两班，程度与教育国文专修科等，科目详见一览。

迄今，十年前后招生十有一次，毕业九次，本科居四，简易讲习科居五，专修科居一，合计毕业生者三百六十一人。①

据此制表如表 1-19 所示：

---

① 《北京女子师范学校十周年纪念册》，1918 年。

表 1-19　北京女子师范学校学级编制[①]

年度/学级	简易科	讲习科	完全科	预科	本科	专修科
光绪三十四年	＊		＊			
宣统元年	＊		＊			
宣统二年	＊		＊			
宣统三年	＊				＊	
民国元年		＊			＊	
民国二年		＊		＊	＊	
民国三年		＊		＊	＊	
民国四年		＊		＊	＊	
民国五年		＊		＊	＊	＊
民国六年				＊	＊	＊
民国七年						＊

　　上述有关学制情况的变化,既表明国体变更之后,北京女子师范学校取得了较大的发展,也间接反映了民国时期女子教育的发展概貌。

图 1-5　北京女子师范学校职教员摄影[②]

---

①　《北京女子师范学校十周年纪念册》,1918 年。
②　《北京女子师范学校:教育一斑》,1917 年。

与此同时，"学校"时期的师资构成情况也出现了一些新的变化：一是教员的性别比例发生了一边倒的倾向，即男教员比重加大，并且基本控制了传统科目课程的教授，诸如国文、历史、地理、教育、博物、图画、理化等；女教员人数渐次减少，并更多地从事于手工、体操、乐歌、算学、习字、家事、数学、缝纫、烹饪、英语等技能性、实用性、家政性科目课程的教授。这固然与传统社会女学蒙昧不开导致男女教员积学程度不一有关，当然也反映了民国力举女学，不为所谓"男女大防"所囿的反封建思想，其中也含有男女教育平权的思想因素。二是这一时期的师资年龄构成中的性别差异，仍然存在。1918 年北京女子师范学校，在册师资人员平均年龄为 32.5 岁，其中男性教员的平均年龄为 38.7 岁，女性教员平均年龄为 26.4 岁。这固然与晚清学部相关规定所形成的既有历史状态有关，同时也进一步表明，因女学起步晚发展慢所带来的女性师资相对匮乏问题的严重性，非短时期内所能消解。三是学校专任教员数没有与学校发展同步，外来兼职教员在"学校"时期占有不小的比重。民国初年，北京各高校教员以及北京政府机关的公务人员，兼课各高校的现象颇为严重，为有所抑制，教育部与北大曾先后出台过有关限制性的规定。积极整合社会教育资源，对于尽可能最快最大限度地提升女学品质，不失为稳妥有效的途径或办法，尤其是对于启蒙伊始的中国女学来说，意义尤为重大。但是，如此做法，为主张女学自我完善者所批判，"学校"时期，始终没有走出这一困扰。相关不同时期情况统计如下所示：

表 1-20 北京女子师范学校历任教员性别情况(1908—1917)①

课目	国文	历史	地理	修身	教育	数学	理化	英文	习字	手工	体操	乐歌	算学	裁缝	图画	博物	格致	法制经济	家事	保姆	课外运动	刺绣
男	15	5	4	1	1	3		2	4	1								1	2			
女	4	2	3	4		5		3	1	7	6	5	5		4	1		1	2	1	1	1

表 1-21 北京女子师范时任教员性别情况(1918 年 4 月)②

课目	国文	历史	地理	修身	教育	博物	图画	理化	园艺	家事	数学	手工	缝纫	烹饪	习字	乐歌	英语	算学
男	4	3	3	1	3	2	2	1	1						1			
女										1	2	2	1	1		1	1	1

表 1-22 北京女子师范学校时任教员基本情况(1918 年 4 月)③

姓名	字	年龄	性别	职务	籍贯
方还	唯一	52	男	校长	江苏昆山
钮泽征	颂清	48	男	国文	浙江吴兴
梁栋选	文楼	41	男	国文历史	直隶井陉
潘树声	敦安	36	男	国文地理修身	江苏如皋
王英华	石青	32	男	教育	直隶南宫
沈颐	朵由	37	男	国文地理历史	江苏武进
汪鸾翔	巩安	57	男	国文	广西桂林
孙世庆	惠卿	36	男	教育	直隶行唐
邓萃英	芝园	33	男	教育	福建闽侯

① 《北京女子师范学校一览》(1918 年),第 95—106 页。
② 《北京女子师范学校一览》(1918 年),第 91—94 页。
③ 《北京女子师范学校一览》(1918 年),第 91—94 页。

姓名	字	年龄	性别	职务	籍贯
王家吉	凤鸣	30	男	地理历史	江苏丹徒
张仁辅	守文	36	男	博物	直隶南皮
陈衡恪	师曾	42	男	博物	江西修水
王雅南	哲乡	36	男	图画	江苏江阴
郑　锦	聚裳	35	男	图画	广东香山
项镇方	激云	32	男	理化	江苏上海
万勘忠	勉之	35	男	园艺	贵州贵阳
汤　涤	定之	40	男	习字	江苏武进
力嘉禾	叙南	31	男	校医	福建永福
焦占峰	希濂	33	男	事务主任	直隶衡水
刘兴炎	汉卿	35	男	事务员	江苏江宁
程闰生	又甫	71	男	事务员	安徽凤阳
钱肇鸿	恒斋	40	男	事务员	江苏武进
沈其璋	君特	22	男	事务员	浙江嘉兴
兰维璞	莹如	50	男	事务员	直隶沧县
祁尧焕	仲文	21	男	事务员	京兆大兴
佟双海	润泉	21	男	事务员	京兆宛
吴畹瑾	梦环	38	女	缝纫烹任	江苏无锡
沈葆德	君玉	28	女	乐歌	江苏上海
杨荫榆		34	女	学监主任监数学教员	江苏无锡
郭秋园	月清	26	女	事务员	京兆大兴

续表

姓 名	字	年龄	性别	职务	籍贯
夏联芳	次芬	23	女	学监	江苏吴县
曹 敏	慎余	31	女	家事	江苏无锡
陈 淑	允仪	27	女	数学	江苏无锡
鲍桂娥		30	女	手工	广东香山
李 果	立贞	27	女	算学手工缝纫	江西崇仁
曾 潇	季肃	27	女	英语	江苏常熟
黄志尊	静西	55	女	事务员	浙江山阴

表 1-23　北京女子师范学校时任教职员基本情况(1918 年 12 月)①

姓 名	字	年龄	性别	职务	籍贯
方 还	唯一	52	男	校长	江苏昆山
梁栋选	文楼	41	男	国文历史	直隶井陉
潘树声	敦安	36	男	国文地理修身	江苏如皋
王英华	石青	32	男	教育	直隶南宫
汪鸢翔	巩安	57	男	国文	广西桂林
陈衡恪	师曾	42	男	博物	江西修水
王雅南	哲乡	36	男	图画	江苏江阴
张仁辅	守文	36	男	博物	直隶南皮
王家吉	凤鸣	30	男	地理历史	江苏丹徒
万冒忠	勉之	35	男	园艺	贵州贵阳
陈钟凡	觉元	30	男	国文	江苏盐城

① 《北京女子师范学校十周年纪念册》,1918 年。

姓名	字	年龄	性别	职务	籍贯
韩定生			男		直隶高阳
唐尧臣			男		
杨损			男		
章鸿钊	演群	41	男	博物	浙江湖州
汪毅			男		
兰维璞	莹如	50	男	事务员	直隶沧县
力嘉禾	叙南	31	男	校医	福建永福
焦占峰	希濂	33	男	事务主任	直隶衡水
刘兴炎	汉卿	35	男	事务员	江苏江宁
程闰生	又甫	71	男	事务员	安徽凤阳
钱肇鸿	恒斋	40	男	事务员	江苏武进
沈其璋	君特	22	男	事务员	浙江嘉兴
兰维璞	莹如	50	男	事务员	直隶沧县
祁尧焕	仲文	21	男	事务员	京兆大兴
佟双海	润泉	21	男	事务员	京兆宛平
顾纯一			男		
白肇庆			男		
黄凤仪			女		
陈迪升			女		
孙淑英			女		
吴畹瑾	梦环	38	女	缝纫烹饪	江苏无锡
陶慰孙		23	女	理化	江苏无锡

续表

姓名	字	年龄	性别	职务	籍贯
彭清书			女		
沈葆德	君玉	28	女	乐歌	江苏上海
高君珊		25	女	数学、英语	福建长乐
潘轶			女	乐歌	
杨荫榆		34	女	学监主任数学教员	江苏无锡
沈彬贞			女		
郭秋园	月清	26	女	事务员	京兆大兴
夏联芳	次芬	23	女	学监	江苏吴县
欧阳晓澜		31	女	教育、附校	江西南城
葛婉玉			女		
诸希贤			女		

此外,经费保障问题在北京女子师范学校时期,基本没有遭遇"问题"。根据民国政府颁布的《师范学校规程》规定,师范学校虽以省立为原则,但根据地方需要酌设县立师范学校,私人或社团如有条件具备亦可申请办私立师范学校,师范学校经费的筹拨渠道也因此不同。北京女子师范学校仍为教育部统辖,其经费一并为教育部统筹,在时局较为稳定的情况下,经费问题基本有所保证,即北京女子师范学校的经费筹拨额度逐年递增,每年度经费的预、决算也基本持平。无论是与同时期的北京高等师范学校比较还是同各省同类教育机关比较,其所获得的经费支持,都有着相当的分量。应该说,北京女师的发生发展以至"模范"女学与早先晚清学部和后来民国初年教育部的经费支持

分不开，如下诸表所示：

表 1-24　北京女子师范学校历年经费简况①

年　度	经常费	临时费
光绪三十四年八月至宣统元年六月	37088 两	85834 两
宣统元年七月至二年六月	32902 两	
宣统二年七月至三年六月	25931 两	
宣统三年七月至壬子正月	9213 两	
民国元年	31064 元	
民国二年	44522 元	
民国三年	52903 元	
民国四年	55876 元	
民国五年	64613 元	
民国六年	75082 元	
民国七年	59586 元	
总　计	488780 两	85834 两

表 1-25　民国元年至民国五年（1912—1916）师范学校概况②

年度	校数	学生数	教职员数	经费数（元）
民国元年（1912 年）	253	28605	2894	2040387 元
民国二年（1913 年）	314	34826	3971	2533110 元
民国三年（1914 年）	231	26679	3401	2673632 元
民国四年（1915 年）	211	27975	3406	2731029 元
民国五年（1916 年）	195	24959	3256	3077746 元

①　《北京女子师范学校十周年纪念册》，1918 年。
②　璩鑫圭等编：《中国近代教育史资料汇编——实业教育 师范教育》，上海教育出版社 1994 年版，第 907 页。

表 1-26　北京女子师范学校与北京高等师范学校经费筹拨情况比较
(1918 年度)①

学校	教职员	在校生	毕业生	人均经费额	总额	立案年月
北京师范学校	35	234	34	198.45 元	53383 元	1912 年 7 月
北京女子师范学校	50	244	73	202.67 元	59586 元	1912 年 6 月

表 1-27　北京女子师范学校与各省立女子师范学校
经费筹拨情况比较(1918)②

校名	职教员	在校生	毕业生	人均(元)	总额(元)	立案
北京女子师范学校	50	244	73	202.67	59586	1912 年
直隶第一女子师范学校	45	116	53	242.83	39096	1916 年
直隶第二女子师范学校	26	80	20	240.25	25467	1916 年
奉天省立女子师范学校	24	268	41	100.86	29450	1915 年
吉林省立女子师范学校	15	251		102.74	27330	1915 年
黑龙江省立第一女子师范学校	7	100	40	142.34	15230	1914 年
山东省第一女子师范学校	18	214	56	73.28	17000	1914 年
山东省第二女子师范学校	16	123	81	100.72	14000	1914 年
山西省立第一女子师范学校	27	124	16	119.21	18000	1914 年
山西省立第二女子师范学校	17	58	17	160	12000	1914 年
甘肃第一女子师范学校	4	20		62.5	1500	1914 年
河南省立女子师范学校	22	66	23	150.78	13269	1913 年
陕西省立第一女子师范学校	22	52		202.38	14976	1914 年
江苏省立第一女子师范学校	39	225	29	118.48	31278	1913 年
江苏省立第二女子师范学校	36	235		105.28	28532	1913 年
浙江省立女子师范学校	35	159	21	144.33	28000	

　①　璩鑫圭等编:《中国近代教育史资料汇编——实业教育 师范教育》,上海教育出版社 1994 年版,第 899—907 页。
　②　璩鑫圭等编:《中国近代教育史资料汇编——实业教育 师范教育》,上海教育出版社 1994 年版,第 899—907 页。

续表

校名	职教员	在校生	毕业生	人均(元)	总额(元)	立案
安徽省立女子第一师范学校	19	54		164.38	12000	1916 年
安徽省立女子第二师范学校	14	74		100.6	8853	1915 年
江西省立女子师范学校	16	90	10	94。34	10000	1914 年
湖北省立女子师范学校	26	131		132.99	20880	1914 年
湖南省立第一女子师范学校	37	398	31	69.81	30370	1915 年
湖南省立第三女子师范学校	21	114		102.21	13798	
福建省立女子师范学校	34	144	36	54.34	9673	1914 年
广东省立女子师范学校	26	49	36	21.6	1620	
云南省立女子师范学校	29	137	109	163.8	27191	1915 年

3."贞淑"新人——"学校"学生

在学养训练方面注重"超贤妻良母主义"的渗透,但在操行志趣方面又强调所谓"贞淑",是北京女子师范学校时期"教书育人"的基本特色;或者说,在民国"平等"意识作用下,"学校"时期的女学生所接受的"训育"内容,远比"学堂"时期丰富、系统,与普通男子师范学生所受教育趋同;但是,在品行操守方面,所接受的训育与"学堂"时期仍基本一致。在这一特定时期的校园文化熏陶下,"学校"时期的女学生,也不可避免地打上"亦新亦旧"的烙印。

北京女子师范学校时期,历时 6 年,前后在校学生共计 277人,来自全国 20 个省市,其中江苏、浙江、湖北、直隶、京兆居多,云贵和甘陕等边远地区也不乏其人。中途退学 100 人,病故 10人,毕业人数总计 167 人;其中讲习科 104 人、本科 63 人,毕业率为 62%。毕业生平均年龄 23.04 岁。如下图表所示:

图 1-6　北京女子师范学校全体学生摄影①

表 1-28　北京女子师范学校毕业生情况(1918 年 6 月)②

毕业时间	毕业班级	毕业人数	平均年龄	人数及服务教育率	不详
民国三年六月	讲习科	42	25.6	29(69%)	13
民国五年六月	本科	31	22.4	12(22.4%)	19
民国五年六月	讲习科	30	23.2	12(40%)	18
民国六年六月	本科	32	21.8	21(65.6%)	11
民国六年六月	保姆讲习科	32	22.2	8(25%)	24
总计	5 班	167	23.04	82(49.1%)	85

表 1-29　北京女子师范学校学生退学与死亡情况③

年度/事项	退学	死亡	总计
民国元年	30		30

---

① 《北京女子师范学校一览》(1918 年)。
② 《北京女子师范学校一览》(1918 年)。
③ 《北京女子师范学校一览》(1918 年)。

年度/事项	退学	死亡	总计
民国二年	14		14
民国三年	15	2	17
民国四年	18	3	21
民国五年	13	4	17
民国六年	10	1	11
总计	100	10	110

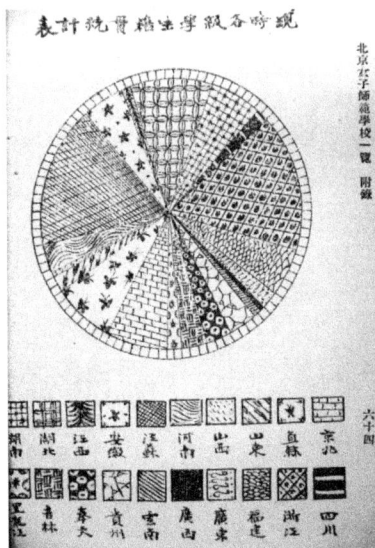

图 1-7 当时各级学生
籍贯统计示意图(1918)①

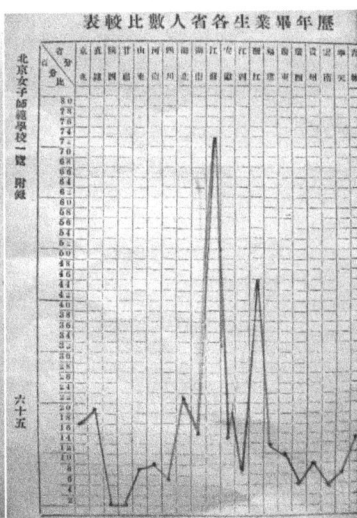

图 1-8 北京女子师范学校历年
毕业学生籍贯情况表②

① 《北京女子师范学校一览》(1918 年)。
② 《北京女子师范学校一览》(1918 年)。

这一时期,女师生源在数量及品质方面有了更进一步的保证。具体表现:一是对于学生入学的学历与年龄,有着更为严格的要求,即:本科入学者,须"高等小学校毕业及有同等之学力者","年龄在十四岁以上二十岁以下,现无夫婿且无家事之系累者"[①];因讲习科与专修科的设置目的与一般本科有着细微的差别,故对其入学者的年龄及其学历要求也有所不同,即:要求入学对象是"十八岁以上二十八岁以下者,女子师范及女子中学校毕业者,有女子中学或师范毕业同等之学力者"。[②] 相较于"学堂"时期,"学校"时期的学生开始呈低龄化态势。这一情况表明女子教育在辛亥革命之后的发展,并已引起社会及家庭的进一步关注,青年女子求学的热情越来越高,女师获得优质生源的可能有着比较充分的保证。如表 1-30 所示:

表 1-30　北京女子师范学校在校各级学生年岁平均比较(1918)[③]

年岁/学年 200 人	一本学科年 38 人	二本学科年 35 人	三本学科年 33 人	四本学科年 34 人	家事技艺专修科 22 人	教育国文专修科 38 人
23 岁						23
22 岁					22	
20 岁			20			
19 岁			19			
18 岁		18				
16 岁	16					

但是,由于民国元年前后国体的变更和民国六年兵燹不断,自宣统元年至民国六年,北京女师的学生录入数曾几度回落。

---

① 《北京女子师范学校一览》(1918 年),第 14 页。
② 《北京女子师范学校一览》(1918 年),第 15 页。
③ 《北京女子师范学校一览》(1918 年),第 63 页。

如图 1-9 所示：

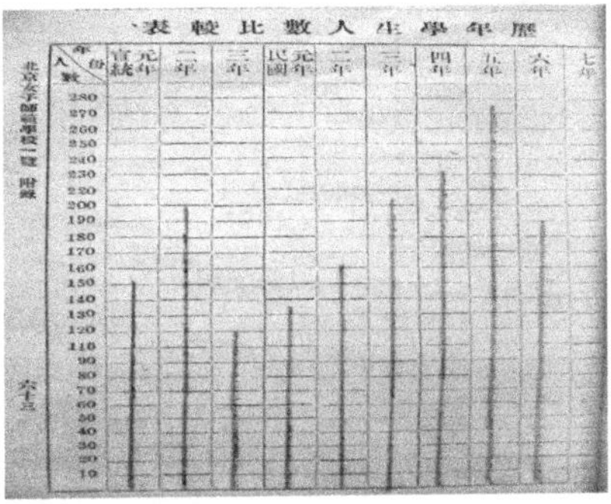

图 1-9　北京女子师范学校历年学生人数比较表(1908—1918)①

二是对于学生入学具保方面的要求。它不但要求"入学时须具有志愿书及保证书"；而且还对保人有着地域和社会经济实力方面的要求，即："保证人须住在本京，年在三十岁以上能独营生机者，如保证人不适当或其人离京时须另觅适当者替代之。"②这般规定，有强调学校与家庭在教育管理问题上互动的一面，客观上也揭示了进入"中师"阶段学习深造者，多有一定的家世背景和社会地位。正如有关统计所显示的那样，当时(1918 年)女师在校各级学生家长职业除不详之外，则依序为官吏、公职、学校职员、商界、新闻、农业、医业、军界，其中 70％以上的学生分别来自官吏、公职、学校职员等家庭，家长职业不详者占 20％左右。详情如表 1-31、表 1-32 所示：

---

① 《北京女子师范学校一览》(1918 年)，第 65 页。
② 《北京女子师范学校一览》(1918 年)，第 14 页。

表1-31 北京女子师范学校"入学愿书"与"入学保证书"①

入学愿书	入学保证书
学生　　　　　今承 北京女子师范学校考取令在 科肄业所有校中一切规则命令自愿 遵守弗违所具愿书是实 中华民国　　年　月　日学生	保证人　　　今因学生　　　　承贵校考 取令在　　　科肄业除保该生遵守校中 一切规则命令外所有关于该生之事愿一律 担保具此保书为证 中华民国　　年　月　日保证人 籍贯 职业 住址

表1-32 北京女子师范学校现时(1918年)各级学生家长职业统计②

职业	官吏	公职	不详	教育	商界	新闻	农业	医业	军界
位次	1	2	3	4	5	6	7	8	9

　　三是对学生毕业的方面的要求。"学校"时期学生毕业所必备的条件:首先是身体健康;其次是毕业成绩由学业试验和实地练习之成绩判定满六十分与留级不得两次;最后是品行端良。此外,根据相关规定,这一时期的女师毕业生因学制和缴费的不同,必须服务教育2年至5年不等。在规定服务期内,除经批准升入高等师范学校学习者,无故不履行义务者,亦令补偿在学校时所免各项费用。颇有意思的是其49.1％的服务教育率,远远低于学堂时期58％服务教育率。如此现象也在"学堂"时期出现过,即:平均年龄越大,服务教育率越高;平均年龄越小,服务教

---

① 《北京女子师范学校一览》(1918年),第67页。
② 《北京女子师范学校一览》(1918年),第62页。

育率越低。稍可安慰的是,若从同龄意义层面比较,"学校"时期49.1%的服务教育率,又大大超出了"学堂"时期年均26.8岁的丁班22%的服务教育率,由此说明,年轻的师范毕业女性毕业服务率呈增长趋势。

此外,"学校"时期还以管理的严格与细密著称于世。主要体现在两个方面:一是制度的细密性。凡是学生可能发生的所有日常行为,它都有着具体明确的规约,即便是课堂座次、饮食动静等细枝末梢,都加以规范。二是诉求的划一性。强调"贞淑",对于学生操行与情趣的养成严以规矩,有些规章含有一定的有害"独立人格"的旧因子,不免为后人所诟。对此,当时的进步报章也常予以披露与抨击。

总之,和晚清"北京女子师范学堂"相较,北京女子师范学校的有关宗旨、管理制度、学科建设、师资队伍正渐次发生着变化。上述情况表明在共和体制下,男女受教育的差别正渐次消除;尽管因为历史的局限,在实际学习内容与程度上,女子所受教育的程度尚不及男子,但毕竟有了前所未有的良好开始。同时还应看到,这一时期,女子教育虽比清末有了更进一步的发展,但仍然持守所谓"贞淑"要旨,北京女子师范的学生仍处一种严密的管理制度的控制之中,一派"静淑"状貌。对于这一时期的学校生活,经历人庐隐有着极为深刻的体验,当年为避免动辄得咎命运,庐隐和她的"伙伴"常会以莫名的令人发怵的肆无忌惮的"狂笑"来抗争。①

----

① 《庐隐自传》,林伟民编选《海滨故人庐隐》,人民文学出版社 2001 年版,第195—196 页。

習　實　生　教

儀　禮　習　演

習　實　紉　縫

生　寫　畫　圖

图 1-10　北京女子师范学校学生学习活动场景①

二　"高等师范"时代(1919—1924)

　　关于"女高师"的筹办,作为"壬子癸丑"学制的一部分,其立学纲要,早在 1912 年便颁告于世,由于条件限制,其筹改计划迟至 1919 年 4 月才得以实施,即"遵部令改组女子高等师范学校,仍委方还为校长,订定高等师范暂行简章"②。始建于 1908 年的北京女子师范学校升格为高等女子师范学校,成为中国历史上第一所国立女子高等学府。在新文化新思潮运动蓬勃兴起之

---

①　《北京女子师范学校:教育一斑》(浙江图书馆藏)。
②　《北京女子师范学校十周年纪念册》,1918 年。

时,因种种历史际遇,女高师的办学规模和品质内涵,都得到充分的发展与提升,一时成为全国女子文化的中心,一批富有五四精神特质知识女性脱颖而出。据文献资料记载,截至1922年,全国31所大学中(不含教会大学),共有女生665名,其中236名在北京女子高等师范学校。这一时期,女性在中国高等院校、中级学校(主要指师范学校)、初级学校及职业学校中所占的比例分别为2.5%、17.5%、3.1%和7.9%,北京女高师在当时全国女学的地位与影响可见一斑。①

图1-11 北京女高师理化系师生②

(一)超贤妻良母主义——"女高师"要旨

民国之后,对于女子教育而言,最大的变化,莫过于其办学宗旨的变化,即由"学堂"时代的"贤妻良母主义",到"学校"时代

---

① 杨东平:《艰难的日出——中国现代教育的20世纪》,文汇出版社2003年版,第32页。

② 《北京女子高等师范周镌》,1923年6月30日第39期。

的"超贤妻良母主义"。从"北京女子师范"到"北京女子高师",虽然"超贤母良妻主义"基本诉求是相同的;但是,与前者相较,后者无论是办学的规格、规模、理念等,无疑都发生了不可同日而语的变化。在五四新文化运动推动下,教育平权、发展个性,为这一时期女子教育的主潮,也是北京女高师最为重要的特征。

女高师的教育宗旨极其明确,即以"养成女子师范学校、女子中学教员、管理员及小学校教员、管理员、蒙养园保姆为宗旨"①。从文字上看,仍有"性别"区隔的含义,随着单轨制学制的逐步实施,其性别指向意义也随之瓦解。从 1919 年五四运动前夕,邓春兰呼吁大学开放女禁,到 1920 年部分主要大学实施男女同校;到 1921 年北京高等师范附属中学、广东执信学校、湖南岳云中学等,开中学校男女同校新纪元;到 1922 年教育部颁布新学制改革,彻底废除了两性双轨制的教育体系;到 1922 年女大学生占大学生总数的 1.82%,男女合校基本完成。事实上,从后来女高师学生毕业服务来看,也不为该"指向"所拘束。如此情况,一方面说明在新文化思潮的激荡之下,男女教育平权得以进一步伸张;另一方面也揭示了这一时期的"过渡性"特征。

有关"训育"目标,此时没有更进一步的明确规定,若依据"男女等同"原则,应该和民国初所颁布的规程相同。用舒新城的话来说,乃"无明确规定,照法制效力"②。总之,这一时期,贤妻良母的教育方针已基本弱化,主流是女子争取享有男子同样的教育平等权利;亦或说,女子师范教育由贤妻良母主义进而为

---

① 璩鑫圭等编《中国近代教育史资料汇编——实业教育 师范教育》,上海教育出版社 1994 年版,第 1036 页。

② 璩鑫圭等编《中国近代教育史资料汇编——实业教育 师范教育》,上海教育出版社 1994 年版,第 1063 页。

超贤妻良母主义,与男子同等。针对当时的训育情况,邓翠英有几句话可以作为一种概括,他说:"我国尊重师道,为各国冠,故教师之品格尚矣。近代师范教育机关,本此旨以训学生,特设寄宿舍勤加训诲,惟以前之训育,仅重在个人方面,男子偏于端重,女子偏于淑静,而其弊则流为不活动,近年教育思潮一变,训育要旨一以自动与社会化为原则,现在中等以上各校皆行学生自治,鼓励合作服务精神,是诚学校训育上一大进步;惟行不得其道,往往逾越轨范,以致罢课要挟,风潮时起;师范教育遂亦卷入漩涡之中,识者忧之。此后宜如何矫正,使纳正轨,是教育上一大问题。"[①]上述言论,当是有感而发。其中言指"以自动与社会化为原则"为"训育要旨",是这一时期潮流所向。女高师学生正是基于此,得以充分发展,从而走在了五四妇女解放运动的前列。

(二)改革中行进——"女高师"校政

女高师时期,时局始终处在各种矛盾交汇交织的起伏震荡之中,"亦学亦政"情结深重的学界深陷其中,教潮学潮参差迭起,其组织系统深受干扰。变动不居、冲突对立,成为这一时期学校普遍存在的现象,女高师也难置身度外。短短5年之间,校长换了6茬,旧学新潮,形形色色,为女高师的发展都曾努力作为过,但皆欣欣来悻悻去。其中,方还、毛邦伟任职最长但均因有所怠慢而遭弃,熊崇熙"圈子"意气开罪弟子见疏于新学领军胡适以致"孤家寡人"难以为继,许寿裳效法北大致力改革耿介

---

① 璩鑫圭等编:《中国近代教育史资料汇编——实业教育 师范教育》,上海教育出版社1994年版,第1064页。

不苟最终辞职,杨荫榆因女师风潮背一世骂名。他们具体任期情况如表 1-33 所示:

表 1-33　北京女高师历任校长一览(1924 年 6 月)[①]

姓名	到校时间	离校时间	任期	备考
方　还	1917 年 3 月	1919 年 7 月	二年零五个月	1919 年 4 月改组女子高等师范
毛邦伟	1919 年 8 月	1920 年 9 月	一年零二个月	
熊崇熙	1920 年 9 月	1921 年 10 月	一年零二个月	
毛邦伟	1921 年 10 月	1922 年 7 月	十个月	代理
许寿裳	1922 年 7 月	1924 年 2 月	一年零七个月	
杨荫榆	1924 年 2 月			该校长 1924 年 5 月改组女子师范大学

方还(1967—1932),是在 1917 年继姚华之后出任女师校长的。其后,随着女师的升格于 1919 年 4 月被教育部委任为北京女高师的首任校长[②]。因在五四运动爆发之际,竭力阻扰女高师的相关声援活动而遭驱逐。方还虽在女高师校长任上匆匆而去,但其之于女高师的建设与发展,仍不失可圈可点处。一是为将北京女子初等师范升格为女子高等师范,进行了大量论证与筹划。二是鼎力举贷购得恒姓房产,建附中筑校舍,在其主持下所打造的校园规模至女师大一直没有变动。北京女高师作为国立第一所女子高等学府的诞生,不仅改变了当时女子教育教会独大的格局;更重要的是,更多的女学菁英由

---

　① 《北京女子高等师范周镌》,1924 年 6 月 29 日第 73 期。
　② 《教育公报》第六年第六期消息:"1919 年 4 月,教育部将直辖北京女子师范学校改为北京女子高等师范学校,委方还为校长。"

此获得了进一步深造的机会，同时也极大地缓解了女子教育后续发展中师资紧张的问题。

毛邦伟（1873—1928），字子农，贵州遵义人。清光绪中举，甲辰科中进士，曾任内阁中书。后赴日本留学，入东京高等师范学堂教育系攻读。辛亥革命后，临时政府教育部委派毛邦伟任全国编筹委员会主任，主编中、小学教科书。1912 年 5 月，任北京高等师范学校教授；1919 年 8 月至 1920 年 9 月担任北京女子高等师范学校校长；1921 年 10 月至 1922 年 7 月再次任代理校长；1926 年 9 月至 1928 年 11 月任国立京师大学校师范大学第二部学长（即校长）。1928 年 11 月毛邦伟病逝于北京，享年 55 岁。著有《教育大纲》，后编述为《中国教育史》等，1932 年由"北平文化学社"出版。执掌女高师校长之职的毛邦伟，有着"新进"与"故旧"的两面。作为五四新文化运动狂飙突进之际的女高师校长，其一方面顺应时代潮流之变，对效法北大厉行文科革新的陈中凡给予了充分的支持；另一方面又有着深刻的"明人伦"意识，认为"我国自古教民，无不以明伦为要，为治无不礼乐为先，以明伦为教育目的，礼乐为教育方法"[①]，故对五四妇女解放运动持有一定的保留立场。譬如：曾因勒令"短发"

---

① 毛邦伟编《中国教育史》，北平文化学社 1932 年版，第 18 页。

女学生退学而被鲁迅撰文好一通奚落①；另还曾借口"学校从未有过"，缺席为传统宗法制迫害致死的女高师学生"李超"的追悼会。对此，纵而论之者申辩道：其种种不过是透着无奈的"慢进"和"斡旋"罢。②

熊崇熙（1873—1960），湖南南县人，一作长沙人。字知白，一字止白。清末廪生。毕业于日本早稻田大学师范部。历任湖南优质师范学堂、中路师范学堂教员，湖南教育司图书科科长，图书编译局局长，教育部金事、编审员，湖北省教育厅厅长，北京女子高等师范学校校长，哈尔滨工业学校校长，北京两吉中学校长，湖南省立长沙女子中学校长，湖南大学中文系主任、教授。曾参与戊戌变法与新文化运动，与梁启超、蔡元培、杨昌济、胡适、李大钊、蒋梦麟、黎锦熙、钱玄同等多有交集；编著有《东北县治纪要》，译有《经济学概论》《职业技师养成法》等。其继毛邦伟后任北京女子高等师范学校校长，因在震惊出版界的"呜呼苏梅"事件中，意气"站队"遭到胡适等一干人声讨，同时

---

① 鲁迅在《从胡须说到牙齿》一文中写道："民国九年，寄住在我的寓里的一位小姐考进高等女子师范学校去了，而她是剪了头发的，再没有法可梳盘龙髻或 S 髻。到这时，我才知道虽然已是民国九年，而有些人之嫉视剪发的女子，竟和清朝末年之嫉视剪发的男子相同：校长 M 先生虽被天夺其魄，自己的头顶秃到近乎精光了，却偏以为女子的头发可系千钧，示意要她留起。设法去疏通了几回，没有效，连我也听得麻烦起来，于是乎'感慨系之矣'了，随口呻吟一篇《头发的故事》。但是，不知怎的，她后来竟居然并不留长，现在还是蓬蓬松松的在北京道上走。"（《鲁迅全集》编年版第 3 卷，人民文学出版社 2014 年版，第 373－374 页）文中的"校长 M 先生"，即时任女高师校长的毛邦伟，鲁迅曾与其共事于教育部；文中的"她"，即来自浙江绍兴的女高师学生许羡苏。

② 王明著《民国时期三任北京女子师范大学校长毛邦伟述略》，贵州文史丛刊2009 年第 2 期。

也被鲁迅谑称为"女师之熊"①。

　　许寿裳（1883—1948），字季茀，号上遂，浙江绍兴人，中国近代著名学者、传记作家。早年就读绍郡中西学堂和杭州求是书院。1902 年以浙江官费派往日本留学，入东京弘文学院补习日语，曾编辑《浙江潮》，后转入东京高等师范读书；与鲁迅、厉绥之相识，成为终身挚友。1917 年冬起，历任江西省教育厅厅长、教育部编审、北京女子高等师范学校校长、北平大学文理学院院长、西北联大史学系主任和商学院院长。1937 年与周作人共同编撰《鲁迅年谱》。1946 年应台湾行政长官陈仪邀请主持台湾省编译馆，不久编译馆裁撤后并入教育厅管辖，转往台湾大学任教，常批评国民党的法西斯教育。1948 年 2 月 18 日在台大宿舍被暗杀身亡。②

　　杨荫榆（1884—1938），生于清光绪十年（1884），光绪二十九年（1903）在其兄杨荫杭创办的锡金公学就读，学习近代数理知识，后在苏州景海女中学习两年，又转到上海务本女学堂，直至毕业。光绪三十三年（1907）被江宁学务公所录取，官费留学日本。先入青山女子学院，后在东京女子高等师范学校理化博物科学习。民国二年（1913）应聘任江苏省立第二女子师范学校教务主任。民国三年（1914）任北京女子师范学校学监及数理教员。民国七年（1918），教育部首次选派教授赴欧美留学，她应选留学美国，入哥伦比亚大学攻读教育专业。民国

---

　　①　《鲁迅全集》（编年版）第 2 卷（1920—1924），人民文学出版社 2014 年版，第 188 页。

　　②　https://baike.so.com/doc/5920223-6133141.html.

十二年(1923)获教育硕士学位后回国,民国十三年(1924)二月,接替许寿裳任女高师校长,同年 4 月升任由女高师升格的国立北京女子师范大学校长。由于任内对学生实施严格管理并严禁学生干政而导致了严重的对抗,又因试图借助警力及社会势力平息学潮而激起教育界公愤被解职。南归后的杨荫榆在苏州创办女子中学并长期任教其中。1938 年日军攻陷苏州后去职归里。是年冬,用日语痛骂欺凌老弱的日寇,被日军人枪杀于无锡吴门桥河岸。

从 1919 年 4 月至 1924 年 6 月,五年内北京女高师校长一职更换频繁的情况,似乎与此前"师范时代"毫无二致,但其中又有着很大的不同,最为显著的一点,就是"师范时代"的校长们,大多有着"亦政亦学"的双重身份,即:或是晚清朝臣或是民初官吏,诸如傅增湘、喻长霖、胡雨人、胡家祺等,袁世凯政权之后,"女师"的执掌者才渐为身份单纯的学人,诸如姚华、方还等;女高师的"校长们"则多为纯粹的学人或教育家。这固然与国体变更、教育机关及学人身份日渐独立有关。还有不同的是,前者多属尚维新的士子,有部分留学东洋;后者方还之外,皆有留学东洋的经历,且对现代学校教育多有专攻,是受过传统诗书熏陶,又经现代文明洗礼的新学之辈,相对开明。再有不同的是,"师范时代"校长的更替,多为行政行为,如职务升迁等;后者多为各种压力所迫,且皆有来自学生方面的影响,而先后自行请辞。如此情形,从另一个方面反映了近代女子教育进入五四之后的发展与变化,也揭示出了女高师时代所高扬的主体精神。

女高师管理体制的改进,与其学科发展同步。在许寿裳任职及其改革前夕,女高师奉行的是"校长治校",由此派生出了诸如政务不公开、专权专断等弊端，与五四以来所形成的"科学与民主"风气相抵牾，为女高师同人所抨击。许氏就任后师法北大，在改进学科制度的同时，对女高师既有的组织管理系统也施以大刀阔斧的整顿。依照民初身为教育部长蔡元培曾经颁布的《大学令》，在女高师建立起严整的"教授治校"的行政管理制度。

女高师筹建之初，依当年教育部颁布的《女子高等师范学校规程》规定，有关学科设置情况大抵这样：（1）设本科及预科，此外设选科、专修科、研究科。（2）本科分文、理及家事科。（3）分设四部：国文部、数物化部、博物部、家事部。由于民国六年，预备改组女子高等师范，逐渐招家事、国文、博物、图画等专修科，又添设附属中学。故八年九月，正式改为高等师范，将原有的国文专修科改为文科国文部一年级；博物专修科学生改入理化博物部预科；又招了家事预科、保姆讲习科，女子高等师范由此组成。如此学科体系，直到1922年，因许寿裳力主改革才有所改变，即取消预科，改部为系，分别设立教育哲学系、国文学系、英文学系、历史学系、数学物理学系、物理化学系、生物地质学系、家事系、体育系、音乐系等10个系，如此学科体系一直到女高师改制为女子师范大学，始有新的调整。如表1-34所示：

表1-34　北京女子高等师范学科系统（1920）①

预科一年		本科三年
文科	第一类 第二类	国文部、史地部 外国语部（暂以英语为主）

---

① 璩鑫圭等编：《中国近代教育史资料汇编——实业教育 师范教育》，上海教育出版社1994年版，第1029页。

续表

预科一年	本科三年
理科 第一类 第二类	数理部、理化部 矿化部、生物部
实学科	家事部
专修科及讲习科(三年或半年不等) 手工专修科 音乐 体操专修科 保姆讲习科	

由于学科体系的变动,其相关课程设置也随之发生了一些变动,但基本内容一致,除个别课目具有"家政"性特点外,皆与教育部1913年所颁布的有关高等师范学校课程设置要求基本相同。学科体系的改革,意味着女高师的学科建设日趋规范与完备,是近代女子教育现代转型的一项具体内容,在如此学科制度建设的意义下,女子最大限度地享有与男子等同意义内涵的师范养成教育,有了更为切实的保证,女高师的现代品质由此也得以提升。相关课程设置如表1-35、表1-36所示。

表1-35 北京女子高等师范课程设置(1920)①

学科	必修	选修
文科预科	伦理 论理 国文 英语 数学 音乐 图画 体操(第一类加授历史,文学概论;第二类加授英语)	
国文部	伦理 心理 教育 国文 英语 音乐 体操	国文学 本国史 言语学 美学 哲学
史地部	伦理 心理 教育 国文 英语 音乐 体操	历史 地理 法制 经济 社会学 人类学 考古学 制图及模型

① 璩鑫圭等编:《中国近代教育史资料汇编——实业教育 师范教育》,上海教育出版社1994年版,第1029—1230页。

续表

学科	必修	选修
外国语部	伦理 心理 教育 国文 英语 音乐 体操	英语学 西洋史 言语学 美学 哲学 英语 加授法语
理科预科	伦理 论理 国文 英语 数学 物理 化学 图画 音乐 体操	
数理部	伦理 心理 教育 英语 音乐 体操	数学 物理 化学 天文 气象 论理 高等数学 物理手工及实验
理化部	伦理 心理 教育 英语 音乐 体操	数学 物理 化学 天文 气象 手工及实验
矿化部	伦理 心理 教育 英语 音乐 体操	矿物 地质 地文 古生物 数学 化学 图画及实验
生物部	伦理 心理 教育 英语 音乐 体操	生理学 动物学 植物学 生物学 园艺 农学 图画及实验
家事部	伦理 心理 教育 国文 英语 衣食住研究 园艺 缝纫 刺绣 烹饪 生理 医学 育儿 看护 养老 家庭管理 家庭簿记 家庭理化 图画 手工 音乐 体操及实习	
专修科讲习科	课目临时规定	

表 1-36　北京女高师学科及上半学年度课程设置（1922）①

学科	必修	选修	备注
哲学教育学系	实践道德 教育学 教育史 西洋哲学史 心理学 社会学 模范文 作文 英文 体操	文字学 诗词 伦理学史 哲学问题 音乐 德文 法文	第二学年 第一学期
国文学系	英文 心理学 论理学 体育卫生概论 唱歌 体操 发音学 文字学 国文法 国语法 文选 近体 文选 作文 作辞学	普通乐理 钢琴 德文 法文	第一学年 第一学期

---

①《北京女子高等师范周刊》,1922 年 12 月 17 日第 11 期。

续表

学科	必修	选修	备注
国文学系	模范文 作文 修辞 诗词 文字学 英文 教育学 社会学 体操	心理学 教育史 中史 近体文 发音学 国文法 国语法 音乐 德文 法文	第二学年第一学期
史学系	史学通论 中史 东亚史 西史 法学通论 教育学 社会学 人类学 作文 英文 体操	心理学 教育史 模范文 文字学 音乐 德文 法文	第二学年第一学期
英文学系	小说 论文 言语学 论辩术 修词学 作文 教育学 哲学 心理学 体操	时事研究 近代西洋史 法文 德文 音乐	第三学年第一学期
数理学系	解析几何 微积分 投影几何 方程论 物理 化学 无机实验 物理实验 教育学 教育史 教授法 英文 体操	音乐 德文 法文 英文	第三学年第一学期
数学系	微分方程 投影几何 立体解析几何 函数 近世代数 物理 教育史 保育法 教育行政 教授法 体操	天文学 音乐 德文 法文 英文	第四学年第一学期
理化学系	物理 物理实验 化学 无机实验 高等代数 解析几何 教育史 英文 体操	音乐 德文 法文	第二学年第一学期
化学系	物理 物理实验 有机化学 定性分析 微积分 教育史 教育学 教授法 英文 体操	音乐 国文 法文 英文	第三学年第一学期
理化学系	物理化学 应用化学 定量分析 有机实验 微积分 教育史 保育法 教授法 教育行政 体操	日用化学 音乐 德文 法文 英文	第四学年第一学期
生物地质学系	动物分类学 动物发生学 动物实验 植物 植物实验 地质 农学 进化论 人类学 教育史 保育法 教授法 教育行政 体操	生物学 剥制 英文 音乐 德文 法文	第四学年第一学期
家事机制系	家事学 意匠 纺织大意 著色漂染 漂染实习 机织练习 图案 应用化学 教育史 保育法 教授法 教育行政 社会学 体操	音乐 英文 德文 法语	第四学年第一学期

学科	必修	选修	备注
家事医学系	家事学 内科 外科 皮科 儿科 产科 教育史 保育法 教授法 教育行政 社会学 体操	音乐 英文 德文 法文	第四学年第一学期
体育学系	体操原理 体育管理 运动生理 体育原理 生理 病理 体操 游戏 舞蹈 教育史 教授法 教育行政 英文	童子军 音乐 德文 法文	第二学年第一学期
音乐学系	应用和声学 钢琴 合唱 视唱及默谱 音乐史 作曲法 作歌法 教育史 教授法 教育行政 英语 体操	独唱 乐器学 德文 法文	第三学年第一学期

随着学校规格的提升，学科建设的发展，女高师的师资状况也发生了很大变化：一是兼任教员多、学历层次高。由"中师"而"高师"，对师资提出了更多更高的要求。为解决这一问题，女高师的历任校长一方面注意选拔专任教员留学深造，一方面大量聘请北大等京城高校教员充实力量。五四运动前夕，由于毕业于北大的女师教员陈中凡的引荐，就有相当数量的北大文史教员兼职女师；许寿裳到任之后，由于"某籍某系"之故，兼任教员进一步增多，遍布女师各个学科，甚至成为相关学科重要责任人。司教人员的学历层次颇高，大学学历者占80%，其中有海外留学背景者占50%。胡适、李大钊、黄侃、刘师培、朱希祖、周作人、钱玄同、鲁迅等教育精英，都曾被聘为女师兼任教员。

黄侃①　　刘师培②　　顾震福③　　胡适　　　李大钊

---

　　①　黄侃(1886—1935),著名语言文字学家。初名乔鼐,后更名乔馨,最后改为侃,字季刚,又字季子,晚年自号量守居士,湖北蕲春人。1886年4月3日生于成都,1905年留学日本,在东京师事章太炎,受小学、经学,为章氏门下大弟子。曾在北京大学、中央大学、金陵大学等任教授。人称他与章太炎、刘师培为"国学大师",称他与章太炎为"乾嘉以来小学的集大成者""传统语言文字学的承前启后人"。

　　②　刘师培(1884—1919),字申叔,号左盦,是刘贵曾之子、刘文淇的曾孙。江苏仪征人。8岁开始学《周易》变卦,12岁读完四书五经,并开始学习试帖试,有《水仙花赋》《凤仙花诗一百首》等。1897年起研究《晏子春秋》。19岁参加南京府试,中第13名经魁。曾倾向革命,著有《中国民约精义》;后参加筹安会,为袁世凯阴谋称帝效力。1917年,蔡元培聘他为北京大学教授。1919年1月,与黄侃、朱希祖、马叙伦、梁漱溟等成立"国故月刊社",成为国粹派。1919年11月20日因肺结核病逝于北京。其主要著作由南桂馨、钱玄同等搜集整理,计74种,称《刘申叔先生遗书》。

　　③　顾震福(1872—1936),字竹侯,号跰园。江苏淮安人。清末民初文字学家、经学家、诗人。光绪二十三年(1897)中举。民国时期任江北陆军学校国文、史地等科教员,北平女子师范大学教授等。著有《小学勾沉续编》《三家诗遗说续考》《隶经杂著甲编、乙编》《毛诗别字》《周易连语》《方言校补》《释名校补》等多种。毕生致力于灯谜事业,著有《跰园谜刊三种》,有"顾君竹侯虎坛中之健将""率为谜界耆宿"之谓。

朱希祖① 钱玄同② 周作人 周树人（鲁迅） 沈尹默③

二是职教员中性别差异加大。主要表现在两个方面：首先从其师资性别比情况来看，男性教员乃女高师教师队伍的绝对力量，如《本校一览表》（1922年12月）中相关统计显示，全校职教人员共122人，女性只有18人；其中职员8人，教员10人还内含兼任教员5人。彼时高等院校女性师资资源之匮乏，由此可见一斑。相关具体情况如下诸表所示：

---

① 朱希祖（1879—1944），浙江嘉兴府海盐县人，字逷先，又作迪先、逖先。清道光状元朱昌颐族孙。历任北京大学、北京师范大学、清华大学、辅仁大学、中山大学及中央大学等校教授。解放前著名的史学家。较早地倡导开设中国史学原理及史学理论等课程，并讲授"中国史学概论"，在中国史学史的早期研究方面起到了一定的作用。

② 钱玄同（1887—1939），原名钱夏，字德潜，又号疑古、逸谷，常效古法将号缀于名字之前，称为疑古玄同。五四运动前夕改名玄同，浙江吴兴人。吴越武肃王钱镠之后。中国现代思想家、文字学家、新文化运动的倡导者。早年留学日本，曾任北京大学、北京师范大学教授，五四时期参加新文化运动，提倡文字改革。著有《文字学音篇》《重论经今古文学问题》《古韵二十八部音读之假定》等。

③ 沈尹默（1883—1971），字中、秋明，号君墨，别号鬼谷子。祖籍浙江湖州，1883年生于陕西兴安府汉阴厅，著名学者、诗人、书法家、教育家。早年留学日本，后任北京大学、北京女子师大、辅仁大学教授，《新青年》杂志编委。与兄长沈士远、弟沈兼士合称"北大三沈"。他以书法闻名，民国初年，书坛就有"南沈北于"之称。

表 1-37　本校一览(1922 年 12 月)[①]

部门	校长室		总务处							教务处					总计	资格	资格	资格	资格	资格	俸薪	俸薪
职务	校长	秘书长	总务处主任	部长	助教	舍监	校医	事务员	书记员	教务处主任	学科主任	学级主任	专任教员	兼任教员	职教员	国外专门大学毕业者	国内专门师范大学毕业者	学术专家	国内中等以上学校毕业者	兼任其他机关职务者	最多200元；最少10元	平均数60.666
人员数	1	2	1	6	7	1	1	19	7	1	12	15	13	54	140	53	39	8	16	4		
男	1	1	1	5	7		1	15	7	1	11	15	8	49								
女		1		1		1		4			1		5	5								

① 《北京女子高等师范周刊》, 1922 年 12 月 24 日第 12 期。

表 1-38　本校一览（1923 年 4 月）①

职教员	11		
主任教员	12	助教	7
专任教员	9		
兼任教员	56		
事务员数	15	书记	8

表 1-39　教职员出身情况统计（1924 年 6 月）②

别类	国外专门大学毕业者	国内专门大学毕业者	中等学校毕业者	特别经验者
人	62	42	12	8
%	50%	33.9%	9.7%	6.4%

　　从课程开设的具体情况来看，传统文史哲类别的课程仍由清一色男教员担任，屈指可数的女教员则主要活跃于英文、数理、音乐等现代文理科目的教学领域。详情如下所示：

　　吴贻芳（1893—1985），祖籍江苏泰兴，生于湖北武昌。近代中国杰出的女教育家，中国第一位女大学校长。1904 年进杭州弘道女子学堂，两年后先后考入上海启明女子学校、苏州景海女子学校。1912 年父母双双离世。1914 年随杭州名士的姨父陈叔通迁居北京，担任北京女子师范学校和附属小学的英文教员。1919 年金陵女子大学毕业后任北京女高师英语教员。1922 年获巴勃尔奖学金，赴美国密执安大学留学，攻读生物

---

① 《北京女子高等师范周镌》，1923 年 4 月 8 日第 27 期。
② 《北京女子高等师范周镌》，1924 年 6 月 29 日第 72 期。

学学位。1928年吴贻芳完成博士学业回国主持金陵女子大学，并将"厚生"定为金陵女子大学的校训。由于其在抗战中杰出表现，成为在联合国宪章上签字的唯一女性。

吴卓生(1888—?)，江苏苏南人，毕业于中西女塾，留学日本研究幼稚园科。后复留学美国研究美术音乐教育幼稚园等科，哥伦比亚大学文学硕士，能钢琴擅美声。回国历任江苏第一女子师范校长、燕京大学教育学教授和北京大学音乐会钢琴导师，方还掌校时期即任教于北京女高师，是我国研究幼稚园教育最早最有心得之一人。曾著有幼稚园诗歌集及其他等书。同时热心妇女团体活动，作为中华教育改进社教育委员，曾与朱其慧、袁昌英等倡导男女教育平等，对停送女生留美而公然抗议。

陶慰孙(1895—1982)，中国生物化学家和教育家，中国蛋白质化学研究奠基人之一，是在生物化学有著述的教育家。江苏无锡人，1918年于日本东京师范毕业回国，1919年前后在北京女师教授生理、理化。后赴美国哥伦比亚大学留学，获硕士学位，回国后在上海大同大学任教。1927年再次东渡日本，在京都帝国大学理学部攻读研究生，成为中国在日本第一个理学博士。1931年回国后，在上海大同大学任教授，兼任上海自然科学所研究员。1950年由上海到东北，先后任东北工学院教授、东北人民大学(吉林大学前身)教授，为建立吉林大学化学专业贡献卓著。

陈衡哲[①]（1890—1976），笔名莎菲，祖籍湖南衡山。1914年考取清华留学名额赴美，先后在美国沙瓦女子大学、芝加哥大学学习西史、西洋文学，分获学士、硕士学位。1920年被聘为北京大学教授，讲授西洋史，后任职于商务印书馆、国立东南大学、四川大学；著有短篇小说集《小雨点》《衡哲散文集》《文艺复兴史》《西洋史》及《一个中国女人的自传》等，是我国新文化运动中最早的女学者、作家、诗人，也是我国第一位女教授，有"一代才女"之称。

高君珊（1893—1964），教育学家，福建长乐人。1919年前后在北京女师教授英语、数学。1925年毕业于美国哥伦比亚大学获教育学学士。1931年于美国哥伦比亚大学获教育学硕士学位。先后任燕京大学副教授，中央大学、暨南大学、震旦女子文理学院、大同大学教授。新中国成立后历任大同大学、华东师范大学教授。分别著译编《心理学概论》《泰西列女传》《教育测试与统计》等。

袁昌英（1894—1973），字兰子，亦作蓝紫，湖南醴陵人。1916年留学英国爱丁堡大学，获文学硕士学位。1921年回国，进行新文学创作，作品多在《新月》和《现代评论》发表，在北京女高师教授莎士比亚戏剧。后赴法国留学两年，返国后在

---

① 陈衡哲是否任职北京女高师存疑：一方面陈衡哲任教女高师的情况出现在苏雪林等的亲历者相关回忆材料中；另一方面，既已搜集的原始材料中尚未发现陈衡哲任教女高师的线索。

上海中国公学和武汉大学任教。在武大外文系教授二十余年期间,曾被誉为"珞珈女杰"之一,创作包括《孔雀东南飞》等十余种长短话剧、小说、散文、法国剧本翻译,并有《法兰西文学》《法国文学》《西洋音乐史》等论著。

唐笫(1898—1968),广西灌阳人。祖父唐景嵩是同治四年的进士,中法战争时任吏部主事慷慨请缨。因功擢升,后任台湾巡抚,在中法战争中屡建功勋,是令人敬仰的爱国将士。唐笫文武双全,在女子体育教育开始流行之际,唐笫争得公费学习名额,于1917年在上海基督教女子青年会设立的体育师范学校就读,毕业回到天津母校担任体育部主任;后又到南京金陵女子大学体育专业本科深造,毕业后任职北京女高师,曾是许广平的老师。

沈葆德(1889—1987),出生于湖南,祖籍上海。1894年入私塾,1899年进务本学堂学习包括西洋画和音乐的现代文化知识。1905年就读启明中学,1911在苏州女校任教,1913年在北京女子师范学校教授美术和音乐,1918年被教育部选送美国研究音乐,1921年学成归国。

赵丽莲(1899—1989),广东新会人,出生于美国纽约洛克威尔中心。父赵仕北,中国同盟会会员、孙中山的挚友。母白薇熙,德裔美籍,医学博士。赵丽莲1908年随父回国,在上海就读。1913年赵仕北举家迁往北京,在美侨设立的幼稚园兼教音乐。之后三次赴欧洲,入德国莱比锡音乐学院学习音乐。至1919年获音乐硕士,学成归国,先后在广州女子师范学

校、北京女子师范学校、国立女子大学、京师大学、北京大学、燕京中国大学、华北大学等院校教授音乐和英语。此外,她对绘画、舞蹈、文学等均有很高的修养,与萧友梅并称为现代中国第一代音乐教育家。

欧阳晓澜(1887—1971),祖籍江西抚州南城,1887年出生在一个书香世家,少时双亲亡故,成年后在叔父的资助下,民国五年于日本东京高等女子师范学校毕业,曾出任江西省立第一女子师范学校校长、北京女子师范学校教员兼附属女子中学主任、北京女子高等师范学校专任教育教员兼女子中学主任、北京女子师范大学教授兼附属中学主任、国立北平女子师范学院教授兼附属女子中学主任共10余年,始终未离教育岗位,1937年于江西省立南昌女子职业学校任教历11年之久。

杨荫榆(略)

上述女教员皆有着开明世家的背景,并接受过近代女子学堂的教育,且在任职女高师前后多有留学东洋或留学西洋的履历,其中不乏数度留洋者。显然,她们既是近代女学勃兴的最初受惠者,也是五四时期教育平权的弄潮儿,于北京女高师的学子而言,堪称凤毛麟角的她们更不失为楷模与典范。当年女高师学生苏雪林曾就此回忆道:"我所认识的师友之中,吴先生(即吴贻芳)是我最不能忘记的一个。她到于今还不知道我是谁,然而,我却时常想念她,和朋友谈论她的为人,遇见由她

那边来的人必详细询问她的近况。吴先生对于我好像有一种魔力,能够吸住我的心灵,这是她高尚的思想、正直的人格、诚恳的态度、渊博的学问,使我如此。假如吴先生有机会读到这篇文字,知道自己芳洁的仪型,曾惹得一个学生发狂般崇拜,想必要为之一笑的吧。"①

  北京政府时期,军阀混战,兵荒马乱,时局尤为动荡。从1912 年至 1928 年,16 年间更换了 47 届政府;1912 年至 1926年,14 年间教育总长更动 50 次,更换了 38 个教育总长。由于军费占中央财政支出的比例高达 40% 左右,教育部不仅少有统辖教育事务的能力,甚至于自身难保,拖欠薪金严重②。由于教育部无能,李石曾曾提出废除教育部的主张,教育界在实际行动中也往往越过教育部直接向国务院提出抗议。旷日持久的京城八校索薪运动与教育部员索薪案,都是在这种情况下发生的。经费筹拨完全仰仗教育部的女高师,遭逢此劫,罹难沉重。作为八校索薪成员之一,其前后两任校长因此提出辞呈,女高师也因经费无着曾一度延长春假。为努力维持,时掌女高师的校长们,"开源"不得,只能在"节流"上做文章。经费紧张、入不敷出状态的持续,严重制约了女高师的发展,也给此时执掌学校的校长们以巨大压力,这也是许寿裳最终挂职而去的要因。

  ① 《苏雪林作品集・短篇文章卷》(第五册),台湾成功大学 2010 年版,第 83页。
  ② 杨东平:《艰难的日出——中国现代教育的 20 世纪》,文汇出版社 2003 年版,第 43 页。

表1-40　北京女子高等师范学校经费岁出决算书（1920）①

岁出经常门：截至上年度不敷 5374.188 元，接收入 5925.25 元，教育部实发 166785 元，本年度剩余 7129.825 元

科目			八年度预算数	九年度决算数
第一项		女高师经常费	145622	160206.237
	第一目	俸给	97920	118907.728
		第一节 职员薪水	24600	31184.6
		第二节 教员薪水	68916	82938.3
		第三节 校役工资	4404	4784.828
	第二目	办公	31880	25024.825
		第一节 文具	4176	39705.2
		第二节 邮电	504	619.089
		第三节 购置	6960	4848.37
		第四节 消耗	21240	15596.784
	第三目	杂费	14822	16263.684
		第一节 修缮	2520	5190.03
		第二节 杂支	12302	2073.654

① 《北京女子高等师范周刊》1922年12月24日第12期。

表 1-41　北京女子高等师范学校临时费岁出决算书(1920)①

岁出临时门：截至上年度结存 12288.201 元，教育部实发 22698 元，本年结存 24830.198 元

科　目	八年度预算数	九年度决算数
第一项　女高师临时费	50000	10156.003
第一目　修建		2534.621
第二目　设备		7407.782
第三目　杂费		213.6

(三)独立张扬——"女高师"学生

女高师在学生录入方面与"初等师范"时代比较，有三个变化：一是对预科考生的学历要求提高，即要求考生毕业于女子师范或女子中学，或具同等学力；二是年龄下限提高至 18 岁以上；三是生源选拔更为严格，规定无论是预科生还是专修科选科生，均"由各省教育行政长官选送，到校复试；倘程度未及志愿留京者，酌设补习科以资造就。但补习科生除学费外，一切费用概归本省津贴"②。前两方面，反映了女师由"中师"而"高师"之发展，其"变化"为"高师"性质所决定。第三点，既表明女高师优质生源的制度保证，也揭示了经过十年之久的努力培育，女高师在"女校"界业已拥有重要的地位及其积极广泛的社会影响。

有关女高师时期学生录入总数，尚未发现具体统计材料，但根据其毕业生数和尚未毕业在校生数统计情况可知大概：民国八年七月至民国十三年六月，为女师"高等师范时代"，其毕业人

---

① 《北京女子高等师范周镌》，1922 年 12 月 24 日第 12 期。
② 璩鑫圭等编《中国近代教育史资料汇编——实业教育 师范教育》，上海教育出版社 1994 年版，第 1033 页。

数 274 人,尚在校生数 248 人,合计 522 人;有关学生中途退学及亡故情况,只见零星记载未见总体说明而难确定;但据现有材料论,说女高师时期学生录取数在 522 人以上,应该没有问题。如下诸表所示:

表 1-42 北京女高师毕业人数情况(1924 年 6 月)[1]

		科别	班数	人数
高等师范时代	1919 年 7 月至 1924 年 6 月	师范本科	2	68
		讲习科	1	23
		专修科	1	21
		高师本科	11	162
总计	6 年	班级数:15;人数:274		

表 1-43 北京女高师在校学生及其每生经费比例(1924 年 6 月)[2]

部别	学生数								经费数	每生平均费用	
大学预科及高等部	248								145572	587	
系别	文科	理科	国文系	哲学系	理化系	英文系	历史系	数理系	体育系	音乐系	总计
班级	1	1	2	1	2	1	1	1			12
人数	48	24	47	19	32	21	10	11	25	11	248

尚应指出的是,女高师生源的分布情况,与其"师范时代"相较有了些许变化。据该校 1923 年 12 月对在校生籍贯调查的统计数据显示,女高师生源分布面依然很广,涉及全国 22 个省区,若以生源多寡位序,其渐次为:浙江、安徽、江苏、四川、湖北、山

---

① 《北京女子高等师范周镌》,1924 年 6 月 29 日第 72 期。

② 《北京女子高等师范周镌》,1924 年 6 月 29 日第 72 期。

东、广东、直隶、京兆、河南、山西、江西、云南、贵州、福建、黑龙江、陕西、奉天、甘肃、广西、吉林等。"师范时代"名列前茅的江苏、浙江、湖北、湖南、安徽等位序仍然靠前,但吉林、福建等位置后移幅度较大。如表1-44所示:

表1-44　北京女高师学生籍贯统计(1923年12月)①

籍贯＼系级	英文四年	音乐四年	数理四年	理化四年	理化三年	哲教三年	史学三年	国文三年	国文二年	体育一年	大预甲一	大预乙一	总计
浙江	4	2	2		1	3			6	2	11	2	33
安徽	1			2	3	5			12		4	5	32
江苏	5		3			4	1		3	2	3	7	28
四川	2	1		3	5	1	3		3	2	2		23
湖北	1				5			4	1	3	4		22
山东		2		1	1	1	3		4	4	1	1	18
湖南	2			1					2	5	4		16
广东	2	2			3	1			2		1	4	15
直隶	1		1	1	2		1		2		2		10
京兆	2							1	2	2	2		9
河南			1						1		4		6
山西			1						1	1		2	5
江西		1							2	2			5
云南		2			1				1		1		5
贵州	1						1	1					5
福建		2							1	1			4
黑龙江					1				1	1	1		4
陕西			1		2								3
奉天			1									1	3
甘肃									2				2
广西										1	1		2
吉林					1					1			2
总计	21	13	11	8	24	21	10	2	45	28	40	29	252

---

① 《北京女子高声师范周镌》,1924年1月6日第51期。

再就是女高师生源家庭背景情况与其"师范学校"相较，变化也不甚大。其排序渐次为：教育界、政界、商界、家居、工业、军界、医士、农界、律师、警界等，其中来自教育界和政界家庭的最多，分别占 45％ 和 30.6％，合计 75.6％，此种情况与其"师范学校时期"如出一辙；不同的是，这一时期"商界"家庭后来居上，以12.7％位居第三。如此情形，一方面进一步表明，教员、官吏及商界人士，在对待女子学校教育问题上，所持态度比较开明，特别是前二者，对家庭女子成员接受学校系统规范训练历来重视；另一方面也进一步表明，接受现代学校教育系统训练的女子，大多非一般劳动阶层。结合"女高师学生基本消费情况"来考察，这一问题的症结就更清楚。表 1-47 显示，若要如期完成女高师学业，所需费用为 400－600 元不等，对于经济拮据者来说，不啻是件棘手的事，五四之际的"李超事件"之"难"，就源于此。相关情况如下诸表所示：

表 1-45　北京女高师学生家属职业统计(1924 年 6 月)①

项别	教育界	农界	工业	商业	矿物	医士	律师	记者	警界	政界	军界	家居
数目	103	3	4	29	0	3	2	0	1	70	4	10
(％)	44.98	1.31	1.75	12.66	0	1.31	0.87	0	0.44	30.57	1.75	4.37

表 1-46　北京女高师学生家属职业统计(1922 年 12 月)②

类别	教育	实业	技士	医士	律师	记者	政界	议员	军界	家居	警界	未详
人数	86	34	1	2	1	1	62	5	9	13	1	17
(％)	37.07	14.66	0.43	0.86	0.43	0.43	26.72	2.16	3.9	5.6	0.04	7.3

---

① 《北京女子高等师范周镌》，1924 年 6 月 29 日第 72 期。
② 《北京女子高等师范周镌》，1922 年 12 月 24 日第 12 期。

表 1-47　北京女高师学生最低消费情况(1920)[①]

年均费(元)	膳宿	制服	书籍	课业用品	杂费	常年费	保证金	帐褥
公费生		20	15	15	10	公费生	20	10
自费生	50	20	15	15	10	自费生	20	10

备注:1.表格数据是最低的额度,实际费用不等。

2.据当时调查,在校普通公费生人均每年须费 100 元;自费生(家居京者)人均每年须费 150 元。

"集会"众多,是女高师时期又一显著特征。仅其高等部在1918 年 3 月至 1919 年 3 月,就先后组织发起了学生自治会、文艺研究会、数理研究会、博物研究会、幼稚教育研究会,继之还组织发起英语研究会、图书研究会、体育研究会、音乐会、辩论会、哲学教育研究会、平民学校、英文学校,等等。在"以自动与社会化为原则"的"训育要旨"指导之下,女高师的学生一面踊跃加入校园文化社团活动,一面积极投身于蓬蓬勃勃的妇女运动,相继发起组织了"北京女学界联合会"(1919 年 5 月)、"北京女子工读互助团"(1919 年 12 月)、"女子参政协进会"(1922 年 7 月)、"女权运动同盟会"(1922 年 8 月),成为北京女学界妇女运动的重要骨干力量和五四新潮女性文化的引领者。一批有着鲜明的五四时代精神特质的知识女性脱颖而出,其中有第一位女共产党员缪伯英,著名学生领袖陶玄、王世瑛、罗静轩、许广平、刘和珍,最早校园女性书写者黄庐隐、石评梅、冯沅君、苏雪林、程俊英、吕云章、陆晶清,及后来的知名教育家陶淑范等。相关情况如表 1-48 所示:

[①]　璩鑫圭等编《中国近代教育史资料汇编——实业教育 师范教育》,上海教育出版社 1994 年版,第 1031—1032 页。

表 1-48 北京女子高等师范学校学生集会一览(1919－1920)①

会别	成立日期	宗旨	部别	任务	开会	成绩	会员	会长部长
学生自治会	八年十二月十七日	本互助之精神,某个人能力之发展及校务之发展	1.评议会 2.干事部 A庶务股 B国货股 C讲演股 D出版股 3.纠察部	议决会中应行事项,执行评议部议决事案,并其他应行事项。	6次 6次 4次	议决案30件,规定公约六种	256人	
文艺研究会	三月	研究文艺及各种艺术	1.讲演部 2.编辑部 3.庶务部	编订讲演秩序,收存讲稿;分门征集文艺稿件;综理会中一切事务	24次 5次 2次	讲演会4次,论文30篇,文艺80篇		
数理研究会	七月	阐明学理交换知识	1.数学组 2.物理组 3.化学组	分门研究按期开会报告	12次	研究录20篇	36人	关庆云
博物研究会	十一月	收集博物材料,并讨论学理	1.生物组 2.生理组	分门收集研究按期开会报告	10次	研究论文15篇	26人	
幼稚教育研究	九月	研究幼稚心理及教育法	1.讲演 2.编辑	会员按期报告心得;收集会员论文	14次		24人	
家事研究会	九年二月	本互助之精神改良家庭补助社会	1.讲演 2.讨论		2次	研究案2条	21人	胡淑光
校友会	六年十二月	联络友谊交换知识发展本能以收互助相辅之益	1.总务部 2.文艺部 3.编辑部 4.运动部 5.干事协助部	总管庶务会计文牍各事;研究文艺一切事务;刊布杂志;谋体育之发展;分理一切事务	3次		860人	

① 璩鑫圭等编《中国近代教育史资料汇编——实业教育 师范教育》,上海教育出版社 1994 年版,第 1034－1035 页。

在此,尚需特别指出的有两点:一是女高师所有的学生社团组织中,学生自治会是一个最为重要的主导性、枢纽性团体,它不仅组织严密,而且其他社团都与之有着重要的人事联系和工作关系,譬如,其与文艺研究会就是两块牌子一套人马,其主要成员也多参与校内外其他社团的活动。另外,它还对学校的各项管理事务介入较深,在历任校长去留问题上,它都努力影响过,与学生自治会发生冲突是杨荫榆离任的直接肇因。校友会的功能,成为完善女师建设的重要机制之一。二是女高师校园写作真实地记录了五四知识女性的思想成长,其中所蕴含的现代女性独特的精神,一直规约着新世纪女性发展的方向;因此,继文学写作意义,它又成为后人研究与解读现代女性思想意识的重要文本。

图 1-12 北京女高师学生在体育课中①

女高师学生毕业的重要环节是毕业试验成绩的认定,预科与本科毕业试验成绩在丙等以上(含丙等)者,方能获得毕业证书,否则留级或给予修业证书。其对学生毕业试验成绩的认定

---

① 《北京女子高等师范周镌》,1923 年 6 月 30 日第 39 期。

有着严格规定，即：毕业成绩参照毕业试验分数与各学年试验分数及实地练习分数；并规定实地练习分数占毕业成绩 1/5，最终由教务会议评定之。与此同时，要求本科公费毕业生，自受毕业证书之日起，须服务教育 4 年；要求专修科、选科自费毕业生，自受毕业证书之日起，须服务教育 2 年。对于服务于边远地区或任特别指定职务者，则可由本校呈请教育总长酌减服务年限，等等。诸如此类的规定十分细密。

女师"高等师范时代"共有毕业生 274 人，其毕业服务方面的总体性材料尚未发现，但据最近发掘的有关材料来看，女高师学生毕业服务或毕业就业意识较之以往大大增强。表 1-49 是关于女高师民国十三年毕业生就业意向情况的调查，据此可知，本届女高师各科毕业生共计 51 人，平均年龄 24 岁。其中，18 人有任职的履历，所占比例为 35.2%；毕业生有志于所学学科领域教学的有 45 人，占 88.2%；既有志于教学又乐意兼顾教务及其管理工作的有 23 人，占 45%，如此数据所折射出来的高涨的职业热情，前所未见，如表 1-49 所示。

尽管服务于边远地区享有缩短服务期限的待遇，但女高师的毕业生对北方中心城市，即京津地区情有独钟。在该表"附记"一栏中，主动表明服务区域意向的有 20 人之多，有 15 人表示属意京津地区，占该届毕业总数 29.4%，其中 9 人认准北京，占该届毕业总数 17.6%；主动表示回乡或省外服务者寥寥。从该"附记"中的相关说明来看，交通发达与否成为毕业去向的重要考量因素。在该"附记"栏中，还有 3 位学生分别提出薪金至少 40 元或 60 元不等要求。结合表 1-50，即当时女高师教职员人数俸给情况来看，其 40 元薪金的要求，相当于女师附小教员薪金的平均值；其 60 元，则相当于女高师本部和附中教员薪金

表1-49 北京女子高等师范毕业生就业意向调查（1924）①

姓名	籍贯	年龄	学科	曾否任职	任教意向	任职意向	附记
毛端恰	京兆通县	23	英文学系		中学英语、初级英语、数学、地理、家事、手工	舍监、学监、总务、教务或训育等	薪金至少四十元，地址北京通县或北五省
石道谷	湖南沣县	25	同上		英语		
汪绮	安徽婺源	23	同上		英语、国文（须稍浅者）	如兼任可服务	京津为佳其他各地考虑
李钟英	直隶定县	26	同上	英语朴习夜校校长及教员、平民学校教员	英文、教育、心理、地理	教务长	顶好在风景最美丽之地
申冠英	广东番禺	26	同上		英语		
胡淑光	四川广安	26	同上		英文、家事、国艺、历史、地理	愿	本京或附近地方或交通方面之处及本省亦可
徐彩莲	浙江鄞县	同上			愿	如不兑得教英文、钟点、历史、算术等亦可，地址希在北京、方一没有，则交通方便之处亦可	

① 《北京女子高等师范周刊》，1924年6月1日第69期。

续表

姓名	籍贯	年龄	学科	曾否任职	任教意向	任职意向	附记
徐芝	江苏无锡	24	同上		英语		如能在京津等处为佳，外省也可，如英语钟点不多
孙熙明	江苏无锡	24	同上		英语		愿兼任，初中国文、历史
孙简文	江苏无锡	25	同上		英语	愿	
时昭瀚	湖北枝江	22	同上	私人教授	英语		须一定在北京
陈汲	江苏无锡	22	同上		英语		
陈瑞华	广东新会	23	同上	英文会话与读本	英文、读本、会话、作文	兼任教务职务	
黄淑范	湖南沅陵	24	同上	女校教员	英文、读本、文法作文、数学、体操	兼任教务职务	
张馥君	京兆大兴	25	同上		英文、代数、几何、化学	兼任职务	愿小学英语或一切课程
陶善镇	浙江嘉兴	25	同上		英语	愿	在北京或外省皆可
程希文	浙江宁海	23	同上		英语	不愿	须在北京
杨寿峋	贵州贵阳	24	同上	教员及管理员	英语、历史、地理、教育	任何职务均可	

续表

姓名	籍贯	年龄	学科	曾否任职	任教意向	任职意向	附记
钱庄芜	浙江嘉兴	22	同上		英语		须一定任北京
薛静贞	江苏无锡	22	同上	家庭教师及个人教师	英语	愿	
罗家惠	四川富顺	24	同上		英语		北京天津
王竹岩	浙江山阴	24	数理学系		数学		
田汝珊	山西羊源	23	同上		数理		
朱芝英	直隶清苑	25	同上		数学、物理	教务职务 男校女子部事务	数学每周钟点多于物理
李凤运	陕西蒲城	24	同上	小学教师一年	数学、物理	教务舍务 附中主任	以本省为最好
李进化	江苏无锡	24	同上		数理		
范德琴	江苏无锡	25	同上		数理		

续表

姓名	籍贯	年龄	学科	曾否任职	任教意向	任职意向	附记
高秀英	河南开封	27	同上	河南女师附小数学,理科	数学,物理	教务或事务	北京或附近各处
许篆苏	浙江绍兴	26	同上	上虞县立女子高小理科	数学	教务指导员或事务	须在北京
张淑秀	江苏丹阳	22	同上	数理			
汤树声	奉天沈阳	25	同上		数学		须在北京
叶嘉慧	湖北武昌	21	同上	省立女师附小理科	数学	教务指导员或事务	须在北京
李淑慧	直隶怀安	24	理化		化学、初中物理、教育	不愿兼管理职	
李鸿敏	四川巴县	24	同上		化学、教育,物理、数学	兼任职务亦可	以在北京为宜
林竹筠	四川资中	23	同上		化学	均可	酬报六十
周祖爱	安徽合肥	23	同上		理化		
张存良	四川罗江	23	同上		化学,物理,数学,英文		酬报以六十元为最少
雷箸兰	安徽怀宁	23	同上		数学,物理,理化,教育	愿	以在北京为宜

续表

姓名	籍贯	年龄	学科	曾否任职	任教意向	任职意向	附记
缪伯英	湖南长沙	25	同上		化学、物理、数学、国语		
?云鹤	山东利津	25	同上		化学、物理、数学、教育	职员	
毛应鹤	浙江江山	25	音乐学系		唱歌、普通乐理、初中一年国文	管理员	
李耀辉	广东新会	24	同上		乐歌、钢琴		
胡兰	江西高安	26	同上		音乐		
袁慧熙	浙江桐庐	24	同上	乐歌教员	乐歌钢琴		
徐淑珠	福建闽侯	22	同上		乐歌、钢琴、普通乐理	管理员、乐谱校对	
马文芳	山东益都	22	同上	乐歌、教员	乐歌钢琴理论		
廖坤泰	云南昭通	26	同上	音乐			
梁瑞萱	云南昆明	26	同上	音乐			
谢惠如	四川成都	28	同上	音乐			
谭彩珠	贵州贵阳	26	同上	音乐			
萧福媛	广东香山	23	同上	音乐			

的平均值。女高师学生对自我职业身份的肯定及其自身价值的认可,由此可见一斑。

表 1-50 北京女子高等师范教职员人数俸给 (1924 年 6 月)①

数目 部别	职员 总数	男	女	薪俸	教员 总数	男	女	专任	兼任	薪俸	教职员 总数	薪俸 总数
本校	34	25	9	1371	90	69	21	14	76	5482.5	124	6853.5
附中	9	5	4	530	29	20	9			1812	38	2342
附小	5	5		304.6	25	4	21	24	1	995	30	1299.6
附蒙	2	1	1	130	11	0	11	11	0	295	13	425
附补	3	2	1	100	14	12	2			396	17	496
总计	53	38	15	2435.6	169	105	64			8980.5	222	11416.1

　　此外,从表 1-51 则可以获得更进一步的相关信息。该部毕业生可谓女高师中的精华所在,其"前身"为女师"师范学校"时期的哲学教育专修科,因女师改制"高等师范"而改为"国文部",是女高师培养的第一届本科国文毕业生。该部学生在校之时,正是五四运动高涨时期,在新文化新思潮鼓动之下,异常活跃于思想文化建设的各个领域,上述"集会"多半为她们所组织领导,她们既是当年女师校园文化积极营造者,更是北京女界运动的领头人,五四一代知识女性的精神特质,在她们身上得以充分集中地体现。该部毕业生,共计 31 人,毕业服务教育者 27 人,占 87%,未业 4 人,占 13%;就业者中 24 人服务于女子教育,2 人在混合制学校,1 人在男子中学。如此情形,意味着女高师为女校造就女性师资宗旨的基本实现,及其意义范畴的扩大。从其有关具体教职岗位的分布情况来看,人们还可欣喜地发现,该部

---

① 《北京女子高等师范周镌》第 39 期,1923 年 6 月 30 日第 69 期。

学生的组织与管理方面能力十分突出,即:从业的 27 人当中,校长 3 人,教务长 2 人,舍监 3 人,舍监而兼教员 3 人;教员 14 人,悉数担任国文及其史地这样一些向来为男教员所把持的传统学科的教学。如此情形表明,女高师的设立,为女子深造提供了一定的可能,由此也为女子在就业领域获得更多与男子同等的发展空间提供了支持。

表 1-51　北京女子高等师范国文部毕业生概况 [①]

人名	职务	地方	人名	职务	地方
柳　介	校长	江苏如皋县立女师范	程俊英	国文教员本校周刊编辑	北京公立女子第一中学
钱用和	校长	江苏省立第三女师范	孙桂丹	国文教员	北京公立男女第一中学?
陶　玄	校长	北京公立第一女子中学	吴琬	国文地理教员	北京公立第一女子中学
陈定秀	教务长、现小学主任师范教员	江苏省第三女师范现苏州第二女师范	朱学静	国文教员	厦门集美女师范
高晓岚	教务长	安徽第一女子师范学校	张峥潇	国文教员	厦门集美女师范
李秀华	舍监	本校附设补习科	陈璧如	国文教员	厦门集美女师范
钱　丞	舍监	天津女子师范	田隆仪	国文教员	北京孔德学校
孔繁铎	舍监	济南女子师范	汤妩筠	国文教员	河南省立女子中学
孙继绪	舍监兼教员	武昌女子师范、现南京一中	冯淑兰	国文教员	本校附设补习科
蒋粹英	舍监兼教员	江苏第三女师范	吴湘如	国文教员	陕西省立女师范
罗静轩	舍监兼教员	北京女高师补习学校兼本校附设补习科	张雪聪	国文教员	安徽省立女子第一师范

----

① 《北京女子高等师范周镌》,1923 年 6 月 30 日第 39 期。

人名	职务	地方	人名	职务	地方
王世英	国文教员	本校附属中学	谭其觉	图书馆	本校
黄 英	国文教员	现北京第一中学	关应麟	图书馆	本校
刘云孙	国文史地教员	北京励群学院 现在本校图书馆			

说明：(1)总 31 人中，校长 3 人，教务长 2 人，舍监 3 人，舍监而兼教员 3 人，教员 14 人，办本校图书馆事 2 人，其未出作事者，仅 4 人。(2)此篇为吾友俊英嘱作，匆促中未及调察，就所知而书，诸学姊星散各地，道远音稀，中间职务变更或变换地域，不甚详知，错讹难免，甚失真处，希诸姊原谅是幸(罗静轩)。

综上所述，作为"全国女子最高教育机关"的北京女高师，无论是办学宗旨和训育要求，还是学科建设、课程设置、师资结构、毕业服务等诸多方面均发生了巨大的变化，且均深刻显示着五四运动所高扬的科学与民主的精神。正是在这一时代精神的鞭策之下，全国各地优秀女子才获得更多与男子同等的学习深造机会；同样，还是在这一时代精神感召之下，女高师的学生在"自动与社会化"训育原则指导之下，在充分参与学校管理的同时，积极投入轰轰烈烈的妇女解放与社会改造运动之中，由此所铸就的人格独立个性解放的品格，对中国现代女性的发展产生了极其深远的影响。

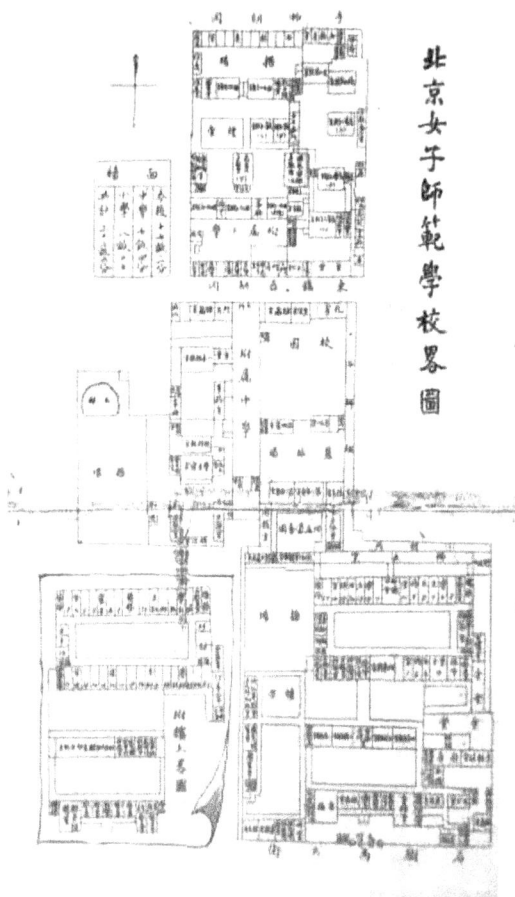

图 1-13　北京女子师范学校略图①

---

　　① 民国七年八月,时任北京女子师范学校校长的方还,以本校校舍抵押,向银行借款四万五千元,用以收买恒姓民房,并建筑附中宿舍等,校园面积扩至 246 亩,如此规模,至女子师大不曾变动。参见《北京女子师范学校十周年纪念册》,1918 年。

第二章　教改的推进：
陈中凡、许寿裳与女高师

　　国立女子教育，虽然起步较晚，但因执著于"教育救国"的教育家们的努力和热心女学的各界人士的襄助，以及东、西洋相关经验的可资可鉴，故一直处于不断改进与发展中。新文化运动兴起之后，随着妇女解放问题的提出及其相关讨论的深入，女子教育再度为社会所聚焦。各种思潮各色主张纷呈争流，职业教育平民学校不断涌现；与此同时，教育平权开放女禁的呼声不绝于耳，并以五四运动之后王兰等人进入北大而告开始。于此群情激荡的社会背景中，作为全国女子最高学府的女高师，在不到5年的时间里，本着新文化运动所力倡科学与民主的精神，以民治思想为指导，以推进女子教育现代化为目的，先后厉行两次重大改革，从教育宗旨到组织管理，从师资力量到学科建设，从课堂教学到社会实践到社团活动等等，使得女高师方方面面发生了深刻变化，并在极其困难的办学条件下取得了进一步的发展，由此而造就了一批具有五四精神特质的知识女性。前后改革的主导者陈中凡和许寿裳，为着女高师的发展作出了积极重要的贡献。

一　陈中凡与女高师

陈中凡(1888—1982),原名钟凡,字觉元,号斠玄,室名清辉山馆,清光绪十四年(1888)生于江苏盐城。其出自书香门第,祖父松岩,精研《诗经》,著有《诗说》二卷;父玉冠,为塾师;叔父玉澍,任盐城尚志书院山长。其幼年随叔父读经,历时五年,打下了扎实的国学基础。光绪二十九年(1903)进镇江承志学校,参加章太炎的光复会。宣统元年(1909),考入南京两江师范学堂(今南京大学前身),课余常到金陵刻经处听讲佛学,遂引起对哲学的兴趣。1911年10月辛亥革命爆发,毅然投笔从戎,于江浙联军任书记官。民国三年(1914)考入北京大学哲学门,受蔡元培的影响,不论做学问还是交朋友,均持"兼容并包"的态度。与陈独秀、李大钊、胡适、刘师培、黄季刚等新旧左右各派人士均有交往,并与同门冯友兰、孙本文等发起成立"北大哲学会",以沟通中西、开启新知为宗旨;同时还是进德会成员,以"三不"和"三书"为人生信条,即:不做官、不纳妾、不吸烟,志以读书、教书、著书为终生乐事。1917年夏,其北大毕业,受蔡元培校长之聘,留校任预科补习班国文教员。1918年2月,改任附设于北大国史编纂处纂辑员。同年秋,受聘于北京女高师,1921年9月,受聘于南京东南大学国文系。在女高师的4年期间,陈中凡由国文科级任教员到国文部主任,为女高师文科发展及其校园文化建设竭尽心力,对于女高师学生精神特质的孕育

与发展有着不可忽略的影响。①

（一）"驱方运动"

所谓"驱方运动"，即五四运动发生期间，由于时任校长的方还对女高师学生走出校门参加五四运动持反对的立场并加以竭力阻挠，而遭到女高师学生的一致反对并驱逐。该事件的发生，不仅折射了女高师新旧矛盾的对立与冲突，而且还标志着女高师相对传统封闭的状态被打破，女学生们由此获得了更多求取新知和参与社会的自由空间。

陈中凡不是驱方运动组织者，但是重要关联人。陈中凡对该事件的影响，主要体现在其作为北大新人的人格魅力与思想的感染力方面。其实，在陈中凡尚未进入女高师的时候，声势日盛的新文化运动已浸染了看似"闭锁"的女高师校园。陈中凡的受聘就有着这一方面的背景，当年国文科的学生程俊英曾回忆道：

> 1918年仲夏，北京石驸马大街女子师范学校附设的国文专修科学生，在教室里座谈一年来学校生活的感受。大家认为班主任戴礼是一个老朽，讲授《礼记—内则》"男主外，女主内"的封建滥调；国文教师陈树声传播桐城义法的陈套。学校门禁森严的看守，家长"通知簿"的束缚，学监日夜的检查，绿布制服的装束，一切的一切，都迫使学生过着笼中鸟般的生活，吸不到一点新鲜气。大家都说：与其窒息而死，不如抗拒而死。于是上书校长，请求撤换戴礼、陈树

---

① 董健：《陈中凡老师逸事》，见吴新雷编《学林清晖——文学史家陈中凡》，南京大学出版社2003年版，第70页。

声之职,另聘高明者为师。校长见大势所趋,无可奈何,只好答应我们的要求。历史教师王家吉闻讯,立即向校长推荐北大哲学系的毕业生陈中凡老师。经过校长、介绍人、陈老师三方的面商,决定聘请陈老师担任"级任"及"经学通论""诸子通谊""文字学"三门课程。①

对于新聘教员行状早有所听闻的女高师学生是满心地期待,而接下来的一切又如其所期许。出身北大的陈中凡,原本黄季刚、刘师培的高足,因受日益高涨的新文化运动的濡染,而自旧学阵营一员蜕为新文化的赞助者。② 为革除女高师的封建保守习气,陈中凡到任后不久即将北大新派教授(如李大钊、胡适等)与"国故派"教授(如刘师培、黄季刚等)一并邀请至校授课。名师荟萃,思想竞放,方法层出,给禁锢闭塞的女高师,带来了一股清新的革新气息与学术之风。女高师的学生们得以亲聆众多道德文章著称于世的名教授的指引,耳目一新,对于热心延揽和推荐名师的陈中凡先生自然是充满感激,认为"他给我们的教益,是远远超出他所授的三门课程之外的"③。不仅如此,陈中凡还是女高师学生冲破校园闭锁,参与社会运动的激励者。1919年五四次日,课堂上的陈中凡没有像往日那样切入课题,而是神

---

① 程俊英:《陈中凡老师在女高师》,见吴新雷编《学林清晖——文学史家陈中凡》,南京大学出版社 2003 年版,第 51 页。
② 苏雪林:《已酉自述——从五四到现在》,见《苏雪林作品集・短篇文章卷》(第五册),台湾成功大学印行,第 3 页。
③ 苏雪林:《已酉自述——从五四到现在》,见《苏雪林作品集・短篇文章卷》(第五册),台湾成功大学印行,第 54 页。

情严肃地将"火烧赵家楼"①的有关一切和盘托出,进而将女高师学生酝积日久爱国激情与反抗烈焰激发并点燃。在"罢不罢,看北大"的呐喊声中,女高师学生毅然决然地冲破阻挠、走出校园,在五四爱国运动中,接受新思潮新文化的洗礼,打破封建的"外言不入于阃""男女授受不亲"等枷锁,开始自由平等生活的憧憬和追求。反其道而行之的方还校长对此大动干戈:一面将学生运动的情况打电话报告警察局,一面通知家长领学生回家,一面开罪平素思想新潮、对学生运动持同情及支持态度的陈中凡等。对于校长方还出此下策的原因,当年女高师学生吕云章著文道:"当时女师范已设有专科,新将改制高师,人才众多,声望亦高,所以其他各女校的活动,无不以女师的马首是瞻。而女师校长方还先生,为人温和保守,据说又新得政府授给五等嘉禾勋章,自极不愿学生有与政府敌对的行动。是故于五四运动发生以来,就一面命教职员对学生严加约束,一面通知各家长,均不允许学生有罢课行为,学生如果违犯,即请家长领回,宁肯将学校解散,校址交还政府,绝不让女师成为学生运动的场合。"②对于校长的如此举动,女高师的学生们义愤填膺:她们一面彼此以"谁也不回去,一定要留在学校,谁回家谁就是汉奸"③相约相抗争;一面召集会议,决定草拟驱逐校长方还的宣言,历数其十大罪状,印成传单,广为散发,大造声势,昭告社会,并寄至教育部,

---

① 1919年5月4日,北京各校爱国学生为抗议参加巴黎和会的中国代表在将一战时期德国租借山东半岛的权利交换给日本的凡尔赛和约上签字,举行游行示威,群情激愤中痛打章宗祥,火烧曹汝霖个人官邸赵家楼。

② 中国人民政治协商会议全国委员会文史资料委员会编:《五四运动亲历记》,吕云章《五四运动中的北京女学生》,中国文史出版社1999年版,第24页。

③ 中国人民政治协商会议全国委员会文史资料委员会编:《五四运动亲历记》,吕云章《五四运动中的北京女学生》,中国文史出版社1999年版,第24页。

要求撤方还之职。见此情形，方还无意恋栈，去职南归。

毛邦伟继任，情形大有改观，陈中凡被再度聘请，并委以国文部主任之职。

(二)革新文科

革新文科，是蔡元培实施"思想自由，兼容并包"方针改革北大的重要举措。"想想当初的调兵遣将（尤其是选聘陈独秀、胡适、周作人、刘半农等文科教授），以及办杂志、组团体、改课程、倡美育等，所有影响北大整体面貌的重大举措，都是蔡元培亲自决断……毫无疑问，蔡元培的执掌北大，主要精力集中在文科。"①蔡元培对于文科的革新，"一举奠定此后几十年北大的基本格局"②，由《新青年》同人所策动的除旧布新的新文化运动，也因此获得了坚实的依托和重要的支撑。对于当年北大文科的改革，现今学人陈平原如此评论："蔡元培入主北京大学后，以文科为推行改革的突破口，对此，史家一般解释为'文科教员中，顽固守旧的多，是北人前进的障碍'③；其实，蔡元培长校以前的北人文科，已有不少主张改革的教员，绝非只是'前进的障碍'。蔡校长此举之深谋远虑，起码可以如此解说：首先，北大以文理两科为中心，理科起步不久，文科则实力雄厚；其次，重点建设理科，所需经费远比改造文科要大得多，非当时窘迫的学校财政所能承担；再次，就对时代思潮及社会风尚的影响而言，文科无疑更直接，也更有效——假如当初蔡校长首先经营理科，北大不可能两三年内焕然一新，并引领时代潮流；最后一点，也许最重要，即

---

① 陈平原：《中国大学十讲》，复旦大学出版社2002年版，第47—48页。
② 陈平原：《中国大学十讲》，复旦大学出版社2002年版，第47—48页。
③ 萧超然：《北京大学与五四运动》，北京大学出版社1986年版，第73页。

改造文科,乃在校长本人的兴趣及能力范围之内".① 作为北大文科改革全程亲历人的陈中凡,深谙其理并深受影响,在其尚为方氏时期国文科"级任"的时候,其大力举荐北大文科各派名师之举,实际对于女高师文科师资、课程设置的改造已在发生作用。换句话说,自应聘女高师,陈中凡的所作所为,已具有革新该校文科的意义。主任女高师国文部之后,其有关革新文科活动更为具体深入。相关情况如下诸表所示:

表 2-1 北京女子师范学校时任教员基本情况(1918 年 12 月)②

姓名	字号	岁数	性别	教职	籍贯
方 还	惟一	52	男	校长	江苏昆山
梁栋选	文楼	41	男	国文、历史	直隶井陉
潘树声	敦安	36	男	国文、地理、修身	江苏如皋
王英华	石青	32	男	教育	直隶南宫
汪鸾翔	巩安	57	男	国文	广西桂林
陈衡恪	师曾	42	男	博物	江西修水
王雅南	哲乡	36	男	图画	江苏江阴
张仁辅	守文	36	男	博物	直隶南皮
王家吉	凤鸣	30	男	地理历史	江苏丹徒
万冒忠	勉之	35	男	园艺	贵州贵阳
陈中凡	斛玄	30	男	国文	江苏盐城
韩定生			男	教育	河北高阳
唐尧臣			男	手工	

① 陈平原:《中国大学十讲》,复旦大学出版社 2002 年版,第 47—48 页。
② 《北京女子师范学校十周年纪念册》,1918 年。

续表

姓名	字号	岁数	性别	教职	籍贯
林　损			男	国文	浙江瑞安
章鸿钊	演群	41	男	博物	浙江吴兴
黄风仪			女		
陈迪升			女		
孙淑英			女	手工	
吴畹瑾	梦环	38	女	缝纫烹饪	江苏无锡
陶慰孙		23	女	生理	江苏无锡
彭清书			女	刺绣	
沈葆德	君玉	28	女	乐歌	江苏上海
高君珊		25	女	英语	福建长乐
潘　轶			女	乐歌	
杨荫榆		34	女	学监主任 数学教员	江苏无锡
沈彬贞			女		

表 2-2　北京女高师本学年（1919）各科课程及担任教员（"五四"以前）[1]

学科	课程—教员—周时	学科	课程—教员—周时
国文科	教　育　钱秣陵 2	手工图画科	图画一（用器画）王哲芗 2
	心理学　陈中凡 2		图画二（西洋画图案）吕凤子 8
	文字学　顾竹侯 2		图画三（中国画）陈师曾 4
	文学史　黄季刚 2		手工一（抽丝）孙淑英 1

---

① 《北京女子高等师范文艺会刊》，1919 年 6 月第 1 期。

续表

学科	课程—教员—周时	学科	课程—教员—周时
	近代文选 顾竹侯 2		手工二(刺绣)彭清书 1
	古代文选 黄季刚 2		手工三(普通手工)唐轶林 2
	文学概论 刘申叔 2		国文 梁栋文 3
	诗选及诗学原流 黄季刚 2		物理 杨伯琴 2
	中国史 王凤鸣 2		体操 黄斌华 2
	中国地理 王凤鸣 2		心理 吕凤子 1
	学术原流(群经大谊)陈中凡 2		习字 方唯一 1
	学术原流(诸子大谊)陈中凡 2		乐歌 王哲艿 1
	乐歌 潘珍宝 1		
博物科	植物 张守文 4	博物科	心理 吕凤子 1
	生理 陶慰孙 3		英语 高君珊 4
	矿物 章演群 3		国文 梁文楼 3
	数学 杨伯琴 4		写生画 王哲艿 3
	理化 杨伯琴 3		乐歌 潘珍宝 2
			体操 黄斌华 2

附初级本科课程担任教员

第二学年级	课程—教员—周时	第三学年级	课程—教员—周时
	修身 诸念哲 1		修身 诸念哲 1
	心理 王石青 2		心理 王石青 4
	论理 王石青 2		国文 梁文楼 1
	国文 陈鹄人 5		习字 梁文楼 1
	习字 梁文楼 1		数学 高君珊 3
	数学 高君珊 3		博物 陈师曾 2
	历史 陈鹄人 2		理化 陶慰孙 3
	地理 陈鹄人 2		园艺 万勉之 2
	博物 张守文 3		家事 吴孟怀 2
	手工 唐轶林 1		手工 唐轶林 2
	缝纫 吴孟怀 2		缝纫 吴孟怀 1
	乐歌 潘珍宝 2		历史 陈鹄人 2

续表

附初级本科课程担任教员		
体操 黄斌华 3		地理 陈鹄人 2
理化 陶慰孙 2		乐歌 潘珍宝 1
图画 王哲芗 2		图画 王哲芗 2
		体操 黄斌华 3

表 2-3　北京女高师"国文部"学科课程一览及教授概况(1921)①

学科	课目	内容	讲授人	周时
伦理		1.预科讲授实践伦理,分精神体魄之修养,家族社会国家之意义及其关系等编,用讲义,参与笔记 2.本科第一年授伦理学:绪论、善恶标准论、形式论、至善论、快乐论、势力论、义务论、良心论、博爱主义、厌世主义、道德与宗教之关系等编,用讲义 3.第二年教授西洋伦理学史:古代希腊及罗马之伦理学、中古基督教之伦理学、近世伦理学等编,用讲义 4.第三学年讲授中国伦理学史	毛邦伟 刘以钟 傅 铜	1 2 2
论理		预科讲授论理之定义、派别、概念论、命题论、推理论、归纳法等编,用讲义	邓萃英	2
心理		预科讲授心理学之定义、研究法　感觉　知觉　观念、记忆、想象、情绪、情操、意志、思维、意识、注意人格等编,用讲义	陈中凡	2
教育	教育学	本科第一年讲授教育通论、儿童论、教师论、目的论、方法论、学校论、训练论、美育论等编,用讲义	韩定生	2
	教育史	第二学年讲授西洋教育史,分古代教育、中古教育、近世教育等编,用讲义	林砺儒	2

---

① 《北京女子高等师范文艺会刊》,1921年第3期。

学科	课目	内容	讲授人	周时
教育	教学法	本科第二学年讲授教学法,分教授之本质、教授之目的、教材之选择、教材之排列、教授之段阶、自习、成绩考察法等编,用讲义第三学年讲授教育法令、学校卫生、学校经营、儿童保育法	邓萃英	2
国文	模范文选	1.预科选授近代纪事、说理各体文,用选本 2.本年第一年续前选授隋唐以来纪事、说理、抒情各体文,用选本 3.第二年选授汉魏六朝纪事、说理、抒情各体文,用选本 4.第三年选授三代迄先秦各体文,用选本	潘树声 顾震福 胡光炜	3 2 2
	学术文选	本科第一二三年选授总论学术流别之文、诸子之文、群经解诂之文、论史法之文、论文章法式之文、论文学派别之文,用选本	陈中凡	2
	语体文选	本科第一二年选授各家语体文	陈中凡	2
	文学概论	预科讲授文章界限、文章原起、文言分合、作述异体、文章声律、古今文艺部类、文体名实、文章公式文章派别等编,用讲义	黄侃	2
	文法	1.预科讲授句读、词性、篇章等。用讲义 2.本科第一年讲授文法语法之比较,及语法之研究,用讨论法,口述笔记。	陈中凡	2 2
	文字学	预科及本科第一年讲授文字源流、六书例略、说文部首等,用讲义	顾震福	3
	声韵学	本科第一年讲授今音之分析、注音字母、等韵、发声学、古音之沿革、声类、韵类、音之转变等,用讲义	张煊	2
	文学史	本科第一年及第二年第一学期讲授上古至夏商文学、周秦文学、两汉文学、三国至隋文学、唐五季文学、宋元文学、明清文学、近代文学之趋势等,用讲义	王家吉	3

续表

学科	课目	内容	讲授人周时
国文	修词学	本科第二学年第二学期讲授体制论、构想论	胡光炜　2
	国文练习	1.作文:预科及本科第一二三年,每间一周,作应用文一次。每学期作论文数篇 2.讲演:本科第一二年,每周派定学生轮值演讲 3.评点:本科第二三年选择古今各家文字,缮付学生,加以句读批评。4.改作:本科第二三年,批改附中学生课作。	
哲学	中国学术原流	本科第一二年,讲授中国上古学术思想略征、中古学思想略征、近古学术思想略征。讲义参以讨论笔记	陈中凡　3
	西洋哲学概论	本科第一学年讲授哲学定义、缘起、方法论、宇宙观、人生观、知识论等。口授笔记	胡　适　2
	社会学	本科第二学年讲授社会学的渊源、沿革、派别、其他科学的关系、社会成立的要素及其沿革、社会物的及心的基础、社会进化、社会理法等,用讲义	李大钊　2
	美　学	来学年增设	
	言语学	来学年增设	
历史	中国史	1.预科讲授本国上古史、夏商周史,用讲义。2.本科第一二年续讲春秋秦汉魏晋六朝隋唐宋元明清,用讲义	王家吉 4
	西洋史	本科第一二年讲授西洋近百年史,用讲义	李泰芬 2
	东亚史	本科第三学年讲授,俟来年开讲	2
	西洋文化史	本科第三学年讲授,俟来年开讲	2
	西洋文学史	本科第二年讲授西洋古代迄现世文艺思想变迁史,用讲义及口述笔记	周作人 2

学科	课目	内容	讲授人周时
地理		1.本科第一年讲授地理通论及本国人文地理 2.第二年讲授世界人文地理及地文学,地史学 3.第三年讲授地方志	1 2 钱振椿 2
诗词	诗选	本科第一学年授古近体诗选,用选本	顾震福 2
	词曲选	本科第二学年授宋元以来词选及曲选,用选本	1
	诗学及史诗	本科第二学年授诗学,分名义、缘起、六义、骚赋、谣谚、乐府、字句、体裁、章法、声调、押韵、隶事、研练、对偶、品格、派别、两汉、魏晋南北朝隋唐、全唐、两汉元明、前清等篇,用讲义	顾震福 2
数学		预科课外选习	
图画习字		预科及本科第一年级课外选习	
家事		本科第一年讲授家事概论、衣服、饮食、居住各节,用讲义	郑审因
音乐		预科及本科第一年授单复音唱歌、乐歌练习	潘　轶
体操		预科及本科第一二三年授各个操、普通操、球术、游技等项	
英语		依学力编制,分甲乙丙丁四组,预科三单位,本科十二单位,用读本、文法史等书	5

表 2-4　北京女高师文科"国文部"学科课程一览并说明（1921）①

1. 文科国文部学科必修课一览并说明

年级	科目	主要学科课程说明	学分
第一年	伦理学	公共必修课	2
	教育学	公共必修课	2
	论理学	公共必修课	2
	文字学	此课讲授文字原流、六书例略、部首论证，及古今训诂之转变等编，俾学生得研究文学之基础。三学分，分二年授毕	2
	文法	此课讲授品词句读之成分、篇章之组织等编，俾学生明文章构造之原理。二学分，一年讲授	2
	模范文	此课选择各家记载，叙述说明，抒情，各体文字，分近代、中古、上古，三期教授，俾学生知文学之准则，每月练习一二次，分四年授毕	3
	诗赋选	此课选授诗经古今乐府及古律绝各体诗、楚骚及汉魏六代诸名家赋、唐五代两宋各家词、元明清南北曲，裨学生明狭义文学之概略。四学分 分三年授毕	4
	文学概论	此课讲授文学界限、文学起原、古今艺文部类、文章公式、文章派别等编，俾学生知文学之规式。二学分，一年授毕	2
第二年	心理学	公共必修课	2
	教育学	公共必修课	1
	教育史	公共必修课	2

---

① 《北京女子高等师范文艺会刊》，1921 年第 4 期。

1.文科国文部学科必修课一览并说明

年级	科目	主要学科课程说明	学分
第二年	文字学	同前	2
	模范文	同前	3
	学术文	此课选授历代关系各种学术作品,分(1)总论学术流别之文,(2)诸子之类,(3)群经解诂之文,(4)论史法之文,(5)论文章法式之文,(6)论文学派别之文等编。俾学生明广义文学之途径。每学期提出论文一二篇,凡八学分,分四年授毕	3
	诗赋选	同前	2
	中国文学史	此课讲授约九期:上古迄虞夏文学、迄先秦文学、两汉文学、魏晋迄先秦文学、齐梁迄初唐文学、中唐迄北宋文学、南宋迄明文学、清代文学、近代文学之趋势等编。俾学生明历代文学之原流变迁。三学分,二年授毕	2
第三年	教学法	公共必修科	2
	教育史	公共必修科	1
	声韵学	此课讲授今音之分析、国语发音,及等韵等编,俾学生知审正文字之音读,兼明音理。凡二举分,一年授至古纽古韵及古今音之转变,归声韵学史讲授之	2
	模范文	同前	2
	学术文	同前	3
	词曲选	同前	1
	中国文学史	同前	1
	修词学	此课讲授修辞通论、修辞学史、文章体制论、文章构想论等编。俾学生知文章修饰润色之功用。二学分,一年授毕	2

续表

<table>
<tr><td colspan="4" align="center">1.文科国文部学科必修课一览并说明</td></tr>
<tr><td>年级</td><td>科目</td><td>主要学科课程说明</td><td>学分</td></tr>
<tr><td rowspan="4">第四年</td><td>教学法</td><td>公共必修课</td><td>1</td></tr>
<tr><td>模范文</td><td>同前</td><td>2</td></tr>
<tr><td>学术文</td><td>同前</td><td>1</td></tr>
<tr><td>西洋文学</td><td>此课讲授西洋古代迄现世文艺思想之变迁,俾学生明国外文学之趋势。二学分,一年授毕。</td><td>2</td></tr>
<tr><td colspan="4" align="center">2.文科国文部学科选修课一览</td></tr>
<tr><td rowspan="4">分组
选修</td><td>哲学组</td><td colspan="2">西洋哲学概论及其哲学史、中国学术原流、社会学、美学及美术史、言语学、心理学、青年心理及儿童心理</td></tr>
<tr><td>教育学组</td><td colspan="2">教育哲学、教育心理及心理测试、教育社会学、教育史、教育行政及管理、各级及各科教学法、教育试验及学校试验</td></tr>
<tr><td>文学组</td><td colspan="2">西洋文学史、诗学及诗史、小说、词曲史、小说史、文字学史、声韵学史、言语学、闳辩术</td></tr>
<tr><td>史地学组</td><td colspan="2">中国通史、西洋通史、中国地理概论、世界地理概论、西洋文化史、东亚史、地人学及地史学史、地文学、本国地方志</td></tr>
<tr><td>公共
选修</td><td></td><td colspan="2">语体文及语法、语法文法之比较、日文、国文教学法、国文评点及改作法、家事、缝纫及烹饪</td></tr>
<tr><td>随意科</td><td></td><td colspan="2" align="center">乐歌、图画、书法</td></tr>
</table>

2. 文科国文部学科选修课一览

3. 学分规定	(1)各学科每学年每周授课一小时,自修一小时至二小时为1学分;唯作文以二小时至三小时为1学分。(2)各学科共约85学分,必修课约占3/4,选修科占1/4,分四学年教授;每年约授课18至22学分。(3)各组学生选修学科,第一、二、三学年以15—20学分为限,第四学年以10—15学分为限。四年合计以习满70学分为及格。(4)各组学生选修学科,由本部主任认可后,方得交教务处注册。
4. 试验	(1)本部各学科除国文注重平时练习外,余均以试验成绩为准。(2)本部实验方法,分论文试验,课题实验二种。视各学科性质定之。(3)各学科或临时试验或定期试验由主任商准担任各科教员举行之。(4)各学科成绩之等第,及试验不及格者之处分,均依照成绩考查规程办理。

上述各表主要反映了 1918 年至 1921 年之间,女高师的学科课程与师资队伍等方面情况的演变,其中有关"文科"方面信息较为集中和详尽,这本身就说明了"文科"在女高师的地位与影响,由此也进一步表明当现代大学制度确立之际,"文科"成为高等教育改革的"突破口"绝非偶然。具言之:表 2-1 反映了女高师成立前夕的学科设置与师资情况;表 2-2 反映的是五四之前女高师学科设置与师资情况;表 2-3 和表 2-4 则反映了陈中凡主任女高师"国文部"时有关学科建设与师资变化等情况。综合各项表格有关内容看,以下几方面情况较为突出:

(1)女高师改建之初,有关一切都处于建设调整之中,"文科"犹然。其最初以"国文部"冠名,内分哲学、文学、教育学、史地学四组,之后又演化为文科之"国文部",类似后来文科之"国文系"或"中文系",直至许寿裳长校之后方改"部"为"系",一举理顺学科系关系,将其彼此勾连边际模糊设置混乱的状态予以纠正,使之与现代大学学科建制接轨。客观地说,陈中凡此前所作的种种努力为后来的改革者提供了一定的借鉴。

(2)师资方面的情况变化最大。女高师成立之际,教员以专任为主,且多为"初等师范"时期的老班底。陈中凡加入之后,情况开始发生了变化。据其《本校八年九月开学后现行校务状况报告书》反映,其时女高师教职员总数 71 人;其中职员 26 人;教员 45 人,内含兼职 3 人,即刘师培、黄侃、林损,皆为陈中凡所举荐的北大文科著名教员。随着陈中凡坐镇"国文部",北大文科新派教授李大钊、胡适、周作人等,及北师大傅铜、林砺儒等陆续加入女高师。由此而来,女高师师资结构发生了深刻的变化,兼任教员成分逐渐加大,以至于成为女高师师资力量的主要组成部分。由于具有新进思想和现代学养兼职教员的不断加入,其师资力量日益壮大,国内女学界一时难有与之比肩者。

(3)课程设置方面。因为师资情况的变化,女高师文科课程的设置也随之发生了深刻变化。虽然因为兼任教员存有或然性因素,对于课程设置的稳定性与计划性有一定的影响,但是积极的一面更为彰显。尤为值得注意的是,陈中凡革新文科,有北大"经验"的一面,但在女高师的文科课程设置中,他更注意到了女高师"师范"性质的一面,而不是简单的仿效"北大"。陈中凡曾就"本部教授旨趣"声言:"国文部讲授中国历代广义狭义之各派文学,并参授域外文学,及有关系之各种科学哲学,以为比较研究之用,期造就中学及初级师范国学之师资。"①或者说,针对女高师造就中等教育"国文师资"之目的,陈中凡的有关文科课程

---

① 《文科国文部学科课程一览并说明》,《北京女子高等师范文艺会刊》,1922年第 4 期。

设置更多侧重于服务"通才"教育的层面上,为女高师向社会输出优秀的教育师资,奠定了坚实的基础。

(4)选科制。所谓"选科制",即:将女高师国文部所有课目分别规划为公共必修科、分组选修科、公共必选科、随意科四类。"以个人的个性为主,教他各就性之所近,选择他所愿意习的学科,才能兴趣横生,不至感受困难,而无功"[①]是该制度建立的基本出发点。当然,该制度的建立,陈中凡也是基于女高师的具体现状有的放矢的。关于选科制设置的理由,其在1919年9月10的有关《文科进行方针》的演讲中阐释得十分详尽,不外乎四点:第一,减压减负。高师各科部授课时数,每周必在30小时以上,平均每日授课5时,即每人每日必习5项学科,几乎没有自修消化余暇,求其明确领受,势所难能。第二,尊崇个性,因材施教,因材受教,促进学习深造,增进学习趣味,提高学习效用。第三,调剂有限资源,以济学生渴求。因为学校经费紧张,仅成立国文一部,其他各部一时难以告成;选科制,"使一部中兼包各部、于分科中兼寓选科",则可缓解一二。第四,选科制为现代教育制度之一种,教育发达之东、西洋皆提倡之。为推行"选科制",陈中凡还专门演说了"学术思潮与教育主义之改进"。他指出:"教育主义古今异趣,因时变更。考其变迁之由,莫不随学术思潮以改进",并认为现在是民治主义昌明的时代,"民治教育以谋个人发展和社会进步,以促进人类进化为要旨——即一方以个性为基础注重人格教育,一方以群性为基础,注重群化教育"[②],故而,教育旨趣就

---

① 《文科国文部学科课程一览并说明》,《北京女子高等师范文艺会刊》,1922年第4期。

② 《陈斠玄先生讲"学术思潮与教育主义之改进"》,《北京女子高等师范文艺会刊》,1920年第2期。

在于一面谋个人的发展,一面谋社会的进步,相辅相成。

(5)完善试验(考试)制度。一是注重平时学习情状;二是注重培养学生理性思维能力。

此外,陈中凡还对文科的课堂教学提出了具体的改革意见,譬如,要求将讨论法引入课堂,以激发学生的"自动"性;同时,对于学生论说能力的培养也极其重视。在他力倡之下所成立的女高师文艺研究会,"讲演部"为其中的一个重要组成,活动极为频繁,是女高师校园文化重要阵地。不过,在对于"白话文"的问题上,陈中凡没有与其"文科革新"同步,但也没有"犹疑"太久,[①]其所指导的《北京女子高等师范文艺会刊》面貌的嬗变是不争的事实。如果说方还不失时机地扩展女高师校园,功劳或苦劳卓著的话;那么陈中凡所致力的文科革新事业,对于将女高师打造成为富有内涵的全国女子最高学府而言,则堪称立有筚路蓝缕之功。

二 许寿裳与女高师

1919年4月至1924年6月,五年内先后就任北京女高师校长一职,方还之外还有毛邦伟、熊崇煦、许寿裳、杨荫榆。应该说,历任校长皆为女师的发展努力作为过,即使方还因阻挠学生参加五四游行示威而遭到反对,但其任上完成了女

---

① "陈中凡先生出身北大,是黄季刚、刘师培的高足,原是古老营阵中的人物,写黑板,连篇累牍的古字,学生与他同化,写起字来,本来一个寻常字,却要改成笔划繁多的古体,以相矜异。但是斛玄(陈中凡字)师究竟年纪不大,思想颇新,五四运动后,他开始挣扎了一些时期,我抵北京时(1919),他已蜕变过来,成为新文化赞助者了。"见《苏雪林作品集——短篇文章卷》(第五册),台湾成功大学印行,第3页。

高师的筹备工作。毛邦伟、熊崇煦治下的女高师,社团组织发达,校园文化丰富,参与社会积极,面貌焕然一新。许寿裳,怀着把女高师打造成全国"女子文化中心"理想,在任职期间更是大力推进富含"民治"精神的教授治校的现代大学制度,为女高师在极其困难的条件下进一步发展壮大,建立了制度方面的保证。对许寿裳在女高师教育活动的考察,既是对女高师有关重要发展阶段的深入考察,也是对女高师学生成长的相关因素的另一种考察。

(一)改革"组织系统"

许寿裳,1922 年 7 月至 1924 年 2 月执掌女高师,在女高师校长职任仅 20 个月。其间,因响应京城"八校索薪"与"驱彭挽蔡"运动,与 5 校校长一并辞职于教育部,历时近 5 个月,即 1923 年 1 月至 5 月;同年 10 月中旬至 12 月中旬又因故南下,并以"经费奇绌,病体难支"为由一再坚辞女高师校长之职,终于 1924 年 2 月辞就离去,其不在职累计 7 个月之久。然而,在这十分有限的时间里,许寿裳效法北大,锐意改革,将现代大学制度立就于女高师,女高师在后来的极度困境中立身不败正赖于此。

许寿裳与近代教育渊源深厚,早年毕业于日本东京高师,回国后在杭州两级师范学堂担任教务长。民国成立,为临时政府教育总长蔡元培所召就职教育部,早期教育部大量制度法规,皆出于其手;[①]与此同时,其还在北京大学及北京高等师范兼课兼职。此后,在江西省教育厅厅长职任上,致力于改革教育,除办

---

① 　陈漱渝主编:《现代贤儒——鲁迅的挚友许寿裳》,台海出版社 1998 年版,第 522 页。

好学校教育外,还注意社会教育,设立博物馆、通俗图书馆等,为江西教育事业作出了贡献①。就任北京女高师校长之时,许寿裳已重回教育部任编审。关于许寿裳赴任时间,常为人们所含糊,许世玮的《许寿裳简历》中就如此写道:"1920 年先父重返教育部任编审。1923 年出任北京女子高等师范学校校长。"②当年教育部的委任状,《北京女子高等师范周刊》曾予刊布,许寿裳于 1922 年 7 月 18 日就职于女高师,应确证无疑③。

尽管在五四新文化运动的推动下,北京女高师方方面面都发生了日新月异的变化,但是在鼎新革故的时代,问题仍有不少。北京女高师学生自治会曾召集全体大会,就本校应改革事项展开讨论,且提出五点要求:"希望本校经济公开""校务公开""扩张校址""增置设备""多聘专任教员",并函达新校长④。作为民国教育资深人士,对于女高师凸现的问题,许寿裳十分了然并早有运筹。教育部委任状 7 月 18 日才下达,而其有关"本校下学年改组办法"和"改订学科课程大纲",先后于 7 月 28 日至 29 日议决⑤。当女高师于 10 月 2 日在大礼堂举行秋季开业式的时候,由"评议会""教务会议""校务会议""事务会议"及其所辖委员会构成的"女高师组织系统已初步建立"⑥,不久据此而拟就的

---

① 陈漱渝主编:《现代贤儒——鲁迅的挚友许寿裳》,台海出版社 1998 年版,第 377 页。

② 陈漱渝主编:《现代贤儒——鲁迅的挚友许寿裳》,台海出版社 1998 年版,第 376 页。

③ 《北京女子高等师范周刊》,1922 年 10 月 10 日第 1 期。

④ 《北京女子高等师范周刊》,1922 年 10 月 10 日第 1 期。

⑤ 《北京女子高等师范周刊》,1922 年 10 月 10 日第 1 期。

⑥ 《北京女子高等师范周刊》,1922 年 10 月 10 日第 1 期。

"北京女子高等师范学校组织大纲"便呈报教育部批准。①

所谓"改组办法",用许寿裳的话说:"首将学制厘订于全校事务,划分总务教务两处,各设主任一人。总务以下,分立六部,各有部长。教务则自主任之外,并设学科主任,管理每一学科教授事项。又设学级主任,管理每一学级教务及学生指导事项。现在学科实际上共分十三系,约称之为十系,将来尚拟酌量需要,分别增减,务令分系不致过多,而年级得以完全相衔。此外另设评议会含有立法性质,业已选举成立,又设各种委员会,如学生指导委员会、预算及审计委员会等,亦已次第成立。"②

所谓"改订学科课程大纲",主要有三项基本内容:一是改部科为学系。分别为国文学系、英文学系、历史地理学系(暂缺)、数学物理系、物理化学系、生物地理系、家事系、体育系、音乐系。二是单位。一学年中,每周教授一小时,自习一小时至二小时者,为一单位;但试验实习及作文等,以二小时至三小时为一单位;各系学生于四年中,以修满学科八十单位及教育实习二单位为及格,第一二三学年,每年单位最多以二十二为限,最少以二十为限;第四学年,最多以二十二为限,最少以十六为限。三是学科。公共必修教育学科(续议),各系学科分必修选修二种,其必修课分量,视学科之性质定之;必修科,约占八十单位之四分之三,余四分之一为选修科;体育系以外,各系学生之体育,另以单位计算,不及格者,不许毕业;各科之设置,应视教授人才及学校经济状态为准增减,于前学年之终,由学校规定公布之;必修科不及格时,必须补之;选修科不及格时,或听补习或另选它科,

---

① 《北京女子高等师范周刊》,1922年10月10日第1期。

② 《北京女子高等师范周刊》,1922年10月10日第1期。

以补足单位之数。

此番"组织系统"改造的缘起及意义,许寿裳在向教育部"呈文"中进行了说明:"窃为学校管理,首重精神;教务纷繁,尤资联络。不有完善之组织,难收改进之明效。寿裳自掌女子高师以来,默察从前校内情形,颇多沉滞;此非办事不勤,实缘组织之未善。如庶务舍务不相联络,无全体进行之计划。教务方面,部自为政。国文部分哲学教育文学史地四组,家事部分机织医学两组,宗旨含混,教学俱困;影响及于学生,亦绝少共同作业之机会,此皆极易改革者。……总期以有机之组织,为协力动作;一方扩充设备,整饬校风,一方奖励学生,课外作业,增自动之兴味。庶几教课以切磋,所获效较多,事务以联络,而精神益矣。兹当订就本校组织大纲,理合检同印本,备文呈报。"①

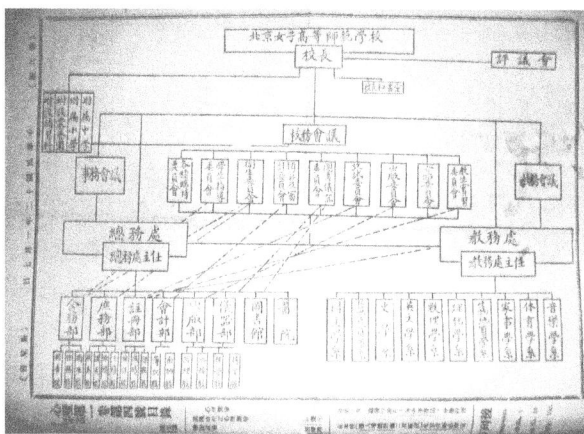

图 2-1　北京女高师组织管理系统(1922 年)②

①《北京女子高等师范周刊》,1923 年 1 月 14 日第 14 期。
②《北京女子高等师范周刊》,1923 年 1 月 7 日第 13 期。

其实，许寿裳对北京女高师组织系统加以大刀阔斧的治理整顿，既是对女高师既存问题的必要救济，更是效法北大，将其业已建立并行之有效的现代大学制度移植于女高师。"变部为系"，不仅使学科设置更趋合理，有利于学科自身的进一步发展，而且与现代大学学科建制相一致，北大率先在蔡元培的主持下完成了这一改变。"评议会制度"，实则是变以往的"校长治校"为"教授治校"，即：校长一人总辖大学全部事务，各科设学长一人，主持一科事务。大学设评议会，由各科学长与教授互选若干人为会员。大学各科设教授会，以教授为会员。设立评议会，为学校的立法机关和权力机构，评议员从教授中产生，校长为评议会当然会长。学校的一切大事都须经评议会协商和投票通过，并负责制定、审核学校各种制度章程、条令，决定学科的兴废，审核教师的资格和学生的成绩，提出学校的预算费用，等等。同时，设立行政会议，为学校最高行政机关和执行机构，评议会决定的事项，一般交行政会议实施。行政会议由教务长、总务长和各专门委员会的委员长组成，其成员都是教授，校长兼行政会议议长。与行政会议平行的是教务会议，下辖各系教授会。此外，还设立学生自治委员会、入学考试委员会、新生指导委员会等，这些委员会均采取民主制，议事以投标方式决定。

教授治校的"评议会"制度，是五四时期"民治"精神的高度体现。许寿裳在女高师曾反复申论："所谓民治主义，当初只用于政治方面，到了现在，范围扩大，已为团体生活的方式。解释起来，就是团体中各尽本分而又能共同负责；也就是独立而又共济，为己而又为人。我们学校生活，也应该有这种精神。无论教职员学生，人人有发表自己意见的机会，觉悟共同维系的责任。

所以校务经济,民主公开;各种委员会必须成立。"①有关大学"评议会"制度,在蔡元培作为教育部长所颁布的《大学令》中就有相关阐释,其掌北大不久就付诸实施。蔡元培认为该制度的确立,破除了旧大学校长、学长垄断专制之弊,促进了教育和学术繁荣。他说:"学校的内部组织完备,无论何人来校长校,都不能任意办事";"则校长不致为众矢之的,亦不致为野心家争夺之目标"②。的确,由于该制度的建立与推行,北京女高师于系列"风潮"事件中,即使在校长请辞虚位既久的情况下,其运转仍然有条不紊,由此也把与恶旧势力斗争的代价降到最低点。再就是,该制度所蕴含的"民主""科学"的这一现代意识及其精神,规范着也影响着制度中人。人们后来反对杨荫榆的首要起因,多在于她与此相悖的"封建家长式"作风。

(二)广聘名校师资

随着学校规格的提升,学科建设的发展,北京女高师的师资状况也发生了很人变化:一是兼任教员多、学历层次高。由"中师"而"高师",对师资提出了更多更高的要求,为解决这一问题,北京女高师的历任校长一方面注意选拔专任教员留学深造,一方面大量聘请北大、北师大的教员充实力量。五四运动发生前夕,由于毕业于北大的教员陈中凡的引荐,有相当数量的北大文

---

① 《北京女子高等师范周刊》,1922 年 10 月 10 日第 1 期。

② 《蔡元培教育论集》,湖南教育出版社 1987 年版,第 373 页。

史教员兼职女师;许寿裳到任之后,借着新学制精神①,积极推进"女子大学"的筹建,并开始着手于大学预科的招生,故对优秀师资有着更为迫切的需要,在其治下兼职教员占全体教员的70%以上,几乎遍布女高师各个学科。详情如表2-5所示:

表中有关人员名单及其专、兼职情况材料来源于《北京女子高等师范周刊》,而相关个人的具体信息则主要摘自《北京大学史料》(1912—1936)卷,以及北师大相关史料。

十分显然,"多聘专任教员"的期望,新任校长也无以达成,实际上由于经费问题和高校教师的资源匮乏,"广聘兼职教员"乃不得已而为之。固然"兼职教员"有流动、不稳定的一面,但在当时特定的办学条件下,广聘兼职教师对于女高师的维持以至进一步发展都有着相当的积极意义。得以聆教于众多的新学名师,对于女高师学生的为学为人更是获益良多,女高师名震女界,俨然全国"女子文化中心",与"广聘兼职教员"联系深刻。后来那些反对"许校长"的人,以此为攻击的理由之一,显然有失理据。

---

①　民国元年公布的学制在学校系统上基本上沿用清末采用的日本学制。"五四"前夕,留美学者渐次回国,积极提倡美国学制:1919年5月至7月,美国实用主义教育家杜威来华讲学并讨论学制改革;1921年,中华教育改进社邀请美国教育家孟禄来华讲学,同时讨论学制改革问题。1922年11月,教育部参酌全国教育联合会和全国学制会议的有关议决案,形成新的学制系统案,以大总统命令公布实施。该学制被称为"新学制"或"壬戌学制"。"适应社会进化之需要""发挥平民教育精神""谋个性之发展""注意国民经济""注意生活教育""使教育易于普及"等,为该学制主要的制定根据。参见毛礼锐、沈灌群《中国教育通史》(第五册),山东教育出版社1988年版,第79-83页。

表 2-5　北京女高师专(兼)任教员情况(1923 年 12 月)①

姓名	字	年龄	籍贯	资格	职务	授课	备注
许寿裳	季茀	40	浙江绍兴	日本高等师范毕业	校长评议会长	教育	专
艾华	一情		贵州		总务、事务主任 评议会委员	教育	专
欧阳祖经	仙陟	41	江西南城	留学日本东京高等师范学校	教务主任 评议会委员	教育	专
杨荫榆		39	江苏无锡	留学日美	英文学科主任 评议会委员	教育	专
李泰芬	革痴	27	直隶阳原	北京高等师范学校毕业	史学科主任 评议会委员	历史	专
冯祖荀	汉叔	43	浙江杭县	日本帝国大学数学门毕业	数学学科主任	数学	专
张泽尧					理化学科主任 评议会委员	理化	专
曾绍兴	仲鲁		江西金溪	东京高等师范体育课毕业	体育学科主任 评议会委员	体育	专

① 《北京女子高等师范周刊》,1923 年 1 月 7 日第 13 期;《北京大学史料》第二卷(1912—1937),北京大学出版社 2003 年版,第 345—450 页。

续表

姓名	字	年龄	籍贯	资格	职务	授课	备注
吴清林					附校主任 评议会委员	数学	专
欧阳晓澜		37	江西南城	东京高等女子师范毕业	附校主任 评议会委员	教育	专
孙世庆					附校主任 评议会委员	国文	专
江庐岫英					附校主任	国文	专
袁昌英	蓝紫	29	湖南醴陵	留学英国和法国	教员	英文	专
傅种孙					教员	数学	专
华絜杰					教员	体育	专
许世瑮		38	江苏南京	留学法国和瑞士	教员评议会委员	化学	专
杨祖锡			俄国		教员	钢琴	专
嘉祉					教员	音乐	专
汤璪贞					教员	数学	专

续表

姓名	字	年龄	籍贯	资格	职务	授课	备注
马裕光					教员	国文	专
林砺儒		34	广东信宜	日本东京高等师范毕业	北师大讲师	教育	兼
张安国	泽民		广东梅县		北师大讲师	教育	兼
赵遁傅						?	兼
戴夏						?	兼
陈大齐	百年	36	浙江海盐	日本东京帝国大学文学士	北大教授	哲学	兼
卫立贤							兼
徐炳昶	旭生	34	河南济源	巴黎文科大学肄习哲学	北大教授	西洋哲学	兼
梁漱溟	寿铭	30	广西桂林	顺天高等学堂毕业	北大教授	印度哲学	兼
李大钊	守常	35	直隶	北洋法政专门学校毕业 赴日本留学	北大教授	唯物史观	兼
沈步洲		35	江苏武进	英國伯明翰大学毕业	北大文科教员	英文	兼
邵长光						英文	兼
李鸿祖			江苏武进		北大理科文科教员	英文	兼

续表

姓名	字	年龄	籍贯	资格	职务	授课	备注
赵承锡					北大预科乙部讲师	英文	兼
刘昊卓生		35	江苏吴县	留学日本和美国	北大外国文教授	英文	兼
洪迖						英文	兼
程景						英文	兼
吴祥斌						英文	兼
林语堂		28	福建龙溪	留学美国和德国		英文	兼
廖翠凤				圣玛丽女校		英文	兼
郑阳和					北大职员	英文	兼
潘润						英文	兼
张祥麟夫人						英文	兼
拉福孙						英文	兼
D						英文	兼
M						英文	兼
顾震福	竹侯	54	江苏淮安		北师大教授	国文	兼

续表

姓名	字	年龄	籍贯	资格	职务	授课	备注
马裕藻	幼渔	45	浙江鄞县	日本早稻田大学师范科毕业	北大教授	国文	兼
朱希祖	逖先	44	浙江海盐	日本早稻田大学师范	北大教授	国文	兼
钱玄同	德潜	36	浙江吴兴	日本早稻田大学肄业	北大教授	国文	兼
黎锦熙	邵西	33	湖南湘潭	湖南优级师范史地部毕业	北师大教授	国文	兼
周作人	起明	39	浙江绍兴	日本法政大学立教大学	北大教授	国文	兼
周树人	豫才	40	浙江绍兴	留学日本	北大讲师	国文	兼
沈尹默	中	40	浙江吴兴	留学日本	北大预科教授	国文	兼
沈兼士	毅生	36	浙江吴兴	日本东京物理学校	北大教授	国文	兼
郑天挺	膺中	24	福建长乐	北大国文系毕业	北大预科讲师	国文	兼
罗庸		23	江苏江都	北大国文系毕业		国文	兼
陈君哲		37	浙江	日本第六高等学校	北大预科讲师	国文	兼
王璞					北师大	国文	兼
王家吉						史学	兼
王桐龄	峰山	45	河北任丘	日本东京帝国大学文学士	北大教授	史学	兼

续表

姓名	字	年龄	籍贯	资格	职务	授课	备注
马衡	叔平	42	浙江鄞县	南洋公学毕业	北大讲师	史学	兼
黎世衡			安徽当涂	日本帝国大学经济系毕业		史学	兼
王仁辅	士枢	38	江苏昆山	美国哈佛大学理学士	北大教授	数学	兼
吴维清	辑熙	29	江苏吴县	北大数学系毕业	北大预科讲师	数学	兼
施仁培	孔成	26		北大数学系毕业	北大讲师	数学	兼
吴文溆	骝刚	31	江西宜黄	法国巴黎苏邦大学理学士	北大预科讲师	数学	兼
夏元栗	浮筠	38	浙江杭县	留学美国和德国	北大教授	物理	兼
程千云						理化	兼
郑文彬						理化	兼
赵廷炳					北大预科讲师	化学实验	兼
梁国常						化学	兼
周振禹	赓诗		江苏镇江		北大讲师	化学	兼
陈映璜	仲骧	46	湖北黄陂	日本东京高等师范学校	北大讲师 女高师评议委员	博物	兼
章鸿钊	演群	46	浙江吴兴	东京帝国大学地质系毕业		博物	兼
张光汉						博物	兼

(三)重视图书仪器设施建设

大学之大,不外乎:大楼、大师、大爱。这里的"大楼"更多意味着"现代大学"必备设施,诸如文科必需的图书,理化须臾不离的仪器设备等。北京女高师,不乏"大师"更不乏"大爱","大楼"方面情况却极为窘迫,并由来已久,早在许寿裳到任的头一年,即1921年4月21日的《晨报》就有所揭橥,在标题为"可怜的女高师"一文中,女高师"经费不足、试验仪器不备、课堂食堂不数、种种设备不及男校"①之尴尬,陈情详尽,诸如:教员办公室拥挤不堪,冬季不能升炉导致学生屡屡冻病,图书室除几本古书及新杂志外别无它物,实验室只有初级时购买的标本仪器且已七零八落,家事科没有实习地方,体操、园艺等课目训练也没有相应的场所……总之,教授、训练、自习、研究等都极为困难;最为不堪的是"哪一种的试验器械,不是由各教员从他校临时用网篮带来的么? 物理实验因为时间与男子高师冲突,不能借来,因已停课都有好多次了"②。鉴于此,文章呼吁"教育独立"的同时,还大声疾呼男女教育经费平等,实行男女同校。甚至两高师的学生自治会,还就男、女高师合并办师范大学的问题进行了接洽,1921年4月27日的《晨报》与1921年4月29日的《申报》,对此均有披露:

> 北京男女高等师范,频年来因款项支绌,不惟不能发展,即现在急需品如理化仪器等等,亦无力备办,两校学生均受莫大痛苦,尤以女高师为最,如理化器械一项,完全假

---

① 《可怜的女高师》,《晨报》,1921年4月21日。
② 《可怜的女高师》,《晨报》,1921年4月21日。

借于男高师,借时间冲突,就须缺课,其他如参考书籍等,更属寥寥。因此,女高师学生中,故有主张与男高师合并之意;男高师虽设备较完善,但学生犹以为不足,极力运动扩充,且鉴于近年来科学日益发达,修业四年深虑不足,所以屡次欲改办师范大学,以宏造就,第已受经费限制,不克如愿,因此亦有意与女高师合并,使经费充加(两校合并,每年经费有六十余万,勉强可办一师范大学),可以达到办师范大学的目的,两方虽有此意,可是无缘相通。昨日男高师代表王某,与女高师自治会主席陶某,与两校同学数人茶话之余,谈及此事,大都愿意,并说论办法甚详,大概以男高师地址办理科,女高师地址办文科,待学潮平静后,两校学生,即将此事提交各该校自治会,详细讨论办法,再共同运动要求改办师范大学,将不知教育当局能否容纳也。①

女高师的"仪器设备"窘迫情状,还可从许寿裳就职不久的有关学校资产统计可见:

表 2-6 北京女高师"仪器设备"统计情况一览(1922 年 12 月)②

类别	仪器	标本	教具	器具	备 注
种数	暂缺	仝右	9	9	器具与教件数本校补习科蒙养园包含在内
件数			1775	4525	蒙养园所用品包含在内

至于"图书资料"的情况,女高师图书管理职员陆秀在《民国十二年上半年本校图书馆报告》中有着较为详细的陈述:

---

① 《晨报》,1921 年 4 月 27 日;《申报》,1921 年 4 月 29 日。
② 《北京女子高等师范学校周刊》,1922 年 12 月 24 日第 12 期。

　　本馆胚胎于初级师范之图书室,自民国八年高师成立后,虽逐步扩充,而迄今未规定确实款项为购置书籍之用。直至本年三月十二日,本校评议会始议决,按月约提出三百元,交图书仪器委员会,为量添购图书之用,但暂以本预算年度为限。

　　该师范成立于前清末造,当时尚不明学校图书室之需要,所谓图书室,不过废书储藏室而已。凡每年学校代办书籍之销售所余者,及试教过之教科书,无处存放,咸纳诸图书室,其所储藏可知矣。民国成立后,始稍稍购置中国典籍。民国六七年之交,方氏来长斯校,竟托言校中经费困难,将所藏较有价值之典籍,售卖撙折而复其故态矣。高师成立后,以各方面之需要,乃陆续添购各种书籍,然已经费困难,日甚一日,不过就其尤所需要者,略微添置,积至于今,乃有中国典籍六百余种,中文科学术一千一百余种,英文书七百余种,日文书五百余种,各科研究书籍在内——数详下表中(如下图所示)——而各级之需要参考书,动辄供不应求,同学需用参考书来向本馆取阅,而本馆未尝置备者日有所闻,原学校图书馆之设,所以便利教师及学生方面之参考而设,今本馆情形如此,诚为名不副实矣,此书籍之不可速为添置者也。①

---

　　① 《民国十二年上半年本校图书馆报告》,《北京女子高等师范周镌》,1923年6月30日第29期。

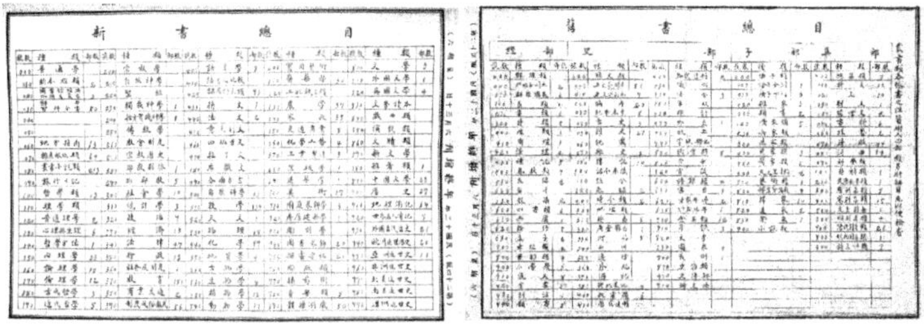

图 2-2　北京女高师图书室新、旧书总目(1923 年 6 月)①

　　为了使女高师图书仪器等设施方面有所改善,女高师的师生竭尽努力,以下几则材料不无说明:

博物标本室藏骨记②

　　此闽侯陈扶黄先生长子二元骨也。陈君曾任本校教师,生子二元,十一月而殇。既葬矣,陈君痛其子之不复生也,与其埋骨深山,终归腐朽,何若移赠学校,得以永久保存,且供学术研究之为念;乃与警署交涉数时,得其许可,于今夏取二元之骨,请个校助教员黄君涤新,制成标本,陈储博物室。呼呼可感矣!

　　泰西人士,得不治之症,往往遗体付解剖,试入□序观之,其百骸七窍六脏为酒精所浸制,显微镜所窥察,玻璃橱所陈列者,比比皆是!盖科学贵试验,而生理病理犹非解剖不明,置身人群中,而以死后之遗体,还福人群,此非中国人所梦见也,鉴陈君毅然开风气之先,不惜以其爱子之骨,为学术牺牲,可不谓为豪杰之士矣?既感佩陈君之厚意,与其远识;爰详志末如此。

---

　　①　民国十二年上半年本校图书馆报告》,《北京女子高等师范周镌》,1923 年 6 月 30 日第 29 期。
　　②　《北京女子高等师范周刊》,1922 年 10 月 29 日第 3 期。

林砺儒致校长函①

季茀先生:

暑假中,弟在本校教务处任事,纯系义务性质,决不敢受报酬,盖教育事业,当必努力为趣味,不同拉洋车多跑几里路,便多要几个钱也。今蒙赐以七月份薪金,再辞不获,只得拜受,同时弟将该款二百五十元,捐助本校图书馆,作购置教育书籍之用;如此办法,则学校与弟两方面,均觉过得,请转交图书馆管理者照办为盼!敬问晨安!(林砺儒)

国文部毕业生公鉴②

本校毕业诸君公鉴:

应者:本校因长年经费不裕,故设备一切未能悉完善,园体育一项,尤付阙如,当吾侪在校之日,于课余运动,每感困难,今者校中鉴于实际之需要,拟建筑的打球、溜冰两场,惟经济方面,尚待筹划,同人以谊为母校,未忍坐视,用敢各尽绵薄之力,冀成积腋之裘用特奉函相商,想诸君具有同情,必能竭力解囊,共襄盛举。倘得乐观厥成,使我同特,欢迎鼓舞游息其间,则吾侪今日之所费小,而收效于他日女子教育者甚大,盖兴乎来!(本校国文部毕业生公启)

女高师所遭遇的困境与问题,许寿裳感怀深切,其在有关呈文中道:"计自校长就职以来,无日不在竭厥之中,偶有设施,动遭窒碍! 其举荥荥大端:校舍湫隘,无从展布,一也;班级参差,

---

① 《北京女子高等师范周刊》,1922年10月29日第3期。
② 《北京女子高等师范周刊》,1923年3月25日第25期。

莫有衔接,二也;薪修廉薄,延聘维艰,三也;设备简陋,教学俱困,四也。……际兹女学萌芽时代,校长职责攸关,擘划经营,何敢稍辞艰阻?纵难统全局以阀功,妄冀自一隅而规始! 则思图书仪器,尤为急务中之急务。以讲授言,则纸上空谈,受众失效;以自修言,则课外温习,贵有余师;以实验言,则耳闻目观,引证始明;以参考言,则远绍旁搜,诸藏宜备。便以全国唯一女子最高学府,长此因循敷衍,不能应学子之需求,恐亦非钧部作育人才振兴女学之至意也。"① 许寿裳的治校思路十分清楚,即"组织系统"改革之外,改善制约教育教学发展的"设备简陋"的情况,是他工作的另一重点。由于女高师早先扩建学校购买恒姓产业银行贷款尚未清偿,加上垫支教育部拖欠教员的薪金款,至 1922年 7 月,许寿裳就任之时,女高师已积欠近万元。也就是说,女高师的经济状况非常拮据,要解决好"设备简陋"的问题,极其困难。然而负责女高师经费筹拨的教育部,在军费占中央财政支出比例高达 40% 左右的情形下,其自身难保,旷日持久的京城八校索薪运动与教育部员索薪案,仍僵持着。许寿裳以为:"默察校内兴革事宜,经纬万端,而添置仪器图书委属万难再缓",故而积极运筹多方努力:一方面,在校务会议上,首次将"图书仪器设备"开支项目正式纳入学校年度预算之中,并呈文教育部恳请批准;一方面,依据"组织大纲",成立由各系教员代表组成的"图书仪器设备"委员会,统筹全校"设备"添置采买事宜;与此同时努力开源节流,挤出款项用于购置急需的图书杂志及试验仪器等。在许寿裳及其同仁的共同努力下,有关情况有了些许改观。一年之后,女高师实验室及其相关设施处所,增添 10 余处;图书阅

---

① 《北京女子高等师范周刊》,1922 年 12 月 31 日第 13 期。

报室由过去的 1 处,增至 6 处;运动场地由过去的 1 处,增至 4 处;学生机构由过去的 1 处,增至 5 处,等等;此外,其刚就任就着手添置了锅炉设施,学生冬令取暖问题得到及时解决。如表 2-7、表 2-8 所示:

表 2-7　北京女高师"校舍"情况(1922 年 12 月)①

礼堂	会议室	普通教室	学科教室	通用教室	风雨球场	练琴房	职教员寝室	职教员宿舍	浴室	栉沐室	洗衣室	医药室	养病室	贩卖所
1	2	14	6	3	1	8	11	1	1	1	1	1	1	1
仪器标本器械室	办公室	接待室	图书馆	自治会	食堂	学生寝室	储藏室	行李房	门房	校役室	厨房	锅炉	发电机室	花窖
8	11	2	1	1	1	39	3	1	1	6	1	5	1	2

表 2-8　北京女高师"校舍"情况(1924 年 6 月)②

校长室	教务处	总务处	事务部	会计部	舍物部	主任办公室	教员休息室	教职员寝室	附中校舍	附小校舍	附蒙养园	附补习科	食堂	养病室	诊察室	图书室	客厅
1	1	1	1	1	1	1	10	1	1	1	1	1	8	2	4	1	
普通教室	通用教室	理化教室	音乐教室	博物实验室	化学实验室	物理实验室	化学药品室	物理仪器室	体操器械室	发电机房	博物教室	篮球场	网球场	风雨球场	操场	储藏室	石印室
14	1	1	1	1	4	2	2	2	1	1	1	1	1	1	1	2	1

①　《北京女子高等师范周刊》,1922 年 12 月 24 日第 12 期。
②　《北京女子高等师范学校周刊》,1924 年 6 月 29 日第 73 期。

续表

学生自治会	学生应接室	学生行李室	学生寝室	学生游艺室	周刊出版部	文艺会出版部	女权运动会	执教员寄宿舍	阅报室	练琴室	礼堂	栉沐室	洗衣室	浴室	厨房	门房	校役室
1	1	1	52	1	1	1	1	1	2	8	1	2	1	1	1	2	6

(四)筹划"女子大学"

如果说许寿裳在女高师"组织系统"的改造问题上从容不迫,为女高师"设施"改善殚精竭虑的话;那么,其在事关女高师未来发展的"女子大学"的筹划问题上,则花费了更多的精力与时间。虽然女高师升"大"之际,许寿裳已辞职,而且名称也更改为"女子师大",但是,许寿裳在任期所做的大量的筹备工作,无疑为后来"女子师大"的挂牌奠定了坚实的基础,某种意义上甚至可以说,许寿裳就是"女子师大"的始创人。

对于"女子大学"的筹办,当时有几种声音:一是现有的大学经许女子一同入学,女子大学可以不必特设;二是可直接筹办"女子师范大学"。许寿裳以为:"教育为一切改造的始基,男女教育自应有同等的注重",而就"于次代国民者关系"深浅论,女子教育的重要尤过于男子教育。因此,围绕着"女子大学"的筹办问题,他首先以四方面的因素回应第一种声音:(1)发挥女性特长。男女性有根本的差异,故必须有发挥女性的特长之处所。(2)发挥女子文化。男女文化须同等发达,始能完成民治精神;另设女子大学,正所以促进女子的文化。(3)就国内事实上言。男子大学的学科,不适于女性;另设女子大学,方不阻碍女子升学的机会。(4)就外国先例言。欧美各国均有许多女子大学,我国正宜践行。与此同时，他又同样据四点理由回应第二种建议：本校为全国唯一的国立最高女子教育机构，因时代的需要，应该升级改为大学计议。其所以倾向将女高师改为"女子大学"而不是"女子师范大学"，并非好高骛远：（1）全国尚无国立女子大学。（2）北京已有师范大学，有一部分女子可以往彼就学。（3）女子大学中，仍办师范科。（4）女子就高等教育的目的，在乎造就完全的妇人。其方法重在家庭、儿童、艺术、博爱。换言之，即对于家事学、教育学、儿童学诸科目作特别的注意。故女子大学中，仍以教育练习为中心，不过其教材与师范大学有些不同，且较之办师范大学，有更多的益处①。随着许寿裳有关"主张"宣示，其女子教育理念的丰富内涵也因之暴露无遗。许寿裳的理念中，教育平权思想有之，"性别意识"亦有之。前者与五四以来女权运动方向一致贯通；后者则与当时因强调尊重女性"母性"特征而遭到质疑的瑞典女权主义者爱伦·凯的论调相吻合。亦或是一种更为深切的"关怀"？还是一种所谓的"保守"或"倒退"？这一方面困惑与矛盾，同时出现于五四时期，既反映了近代女子解放运动虽然起步较晚，但发展至五四已与世界妇女运动相互沟通；另一方面，也反映了女子解放运动"声部"的复杂，这也是许寿裳日后为一些"女权主义者"所挑剔的另一潜因。

"女子大学"最早被提到议事日程，是在 1922 年 11 月 9 日的女高师校务会议。当时有关学校的"组织系统"改造已经基本完成，除经费问题悬而未决外，一切皆进入轨道。本次校务会议的重要议题，除拟定"本校组织大纲"及"各科课程标准"外，就是

① 《本校改建女子大学意见书》：《北京女子高等师范周刊》，1922 年 12 月 31 日第 13 期。

议决筹划"女子大学"。有关"筹划书"由校长许寿裳与校总务处、教务处负责起草,并刊布于该年 12 月 31 日出版的《北京女子高等师范周刊》上。1923 年 1 月 27 日,身为"驱彭挽蔡"八校长之一,许寿裳与北京医学专门学校校长周颂声、北京工业专门学校校长俞同奎、北京美术学校校长郑锦同时递交辞呈,以示决心①。即便校长位虚,"女子大学"的筹备仍在进行中。3 月 25日评议会临时会议曾就相关事务议决道:"本校嗣后应照改办女子大学方针积极进行,下学期可招大学预科生二班,大学师范科生(体育学系)一班,其详细办法,俟来星期四常会时讨论"②,6月彭允彝免职,许寿裳回校视事。在许寿裳的主持下,"女子大学"的筹划工作很快有了实质性进展,筹划工作由"讨论"阶段进入"筹备"阶段,原来的"女子大学讨论委员会",于 5 月 31 日改为"女子大学筹备委员会":"本校所组织女子大学讨论委员会,现因讨论有具体办法,应改为女子大学筹备委员会,推许先生为委员长,其筹备委员即由委员长定。嗣后图于女子大学事宜,即由女子大学筹备委员会与本校评议会联合办理,用女高师的名义,将添设女子大学预科,经过情形与招生简章同时宣布。"③此后,7 月至 9 月间,在许寿裳的亲自坐镇指挥下,有关女子大学预科教室的调配,考试委员会的成立,以及考试科目的命题、阅卷和录取等一系列事务,有条不紊。此一阶段的许寿裳,饱受困扰,当新学年工作如常后,即向教育部请假南下,并于 1924 年 1月坚辞而去。"女子大学",在继任杨荫榆那里改为"女子师大",

---

① 北京女高师等四校校长辞职呈文,《北京大学日刊》,第 1166 号,1923 年 1 月27 日。

② 《北京女子高等师范周镌》,1923 年 4 月 1 日第 24 期。

③ 《北京女子高等师范周镌》,1923 年 6 月 3 日第 35 期。

于是年 4 月获教育部批准,因"女师大风潮"和"三一八"惨案留名史册的"女子师大",经此得以横空出世。

在"女子大学"的筹办中,许寿裳的行止进退折射出其对于女子教育的关爱和执着。作为资深的教育人士,特别是与蔡元培、鲁迅都有着深厚个人交谊及思想共鸣的许寿裳,对于蹒跚学步的中国女子教育,尤其对于作为全国女子最高学府的北京女高师充满关怀与希望。迄今尚未发现他关于女子教育方面的专门撰述,但从其掌女高师时期的施政报告与后来若干演讲中,其有关思想主张脉络分明。较为集中体现许寿裳相关思想主旨的,当为其就职后新学年开学式上的讲话。全文如下:

今天是本校本年度开学的日子。本年度的开学,因为经费关系,迁延多日,比较定期几乎迟至一月之久,于诸君的学业,很受了损失,想起来甚为可惜。此后补救方法,只望诸位老师的热心与诸君的格外勤勉罢了。照例,开学日有仪式的,现在我乘这机会,将我对于学校的方针以及希望于诸君之处,简单的说一说。两个月前,我就职时,曾经对于暑假中住校的诸君演说过改造的意见,不外三点:

一、发挥民治的精神。所谓民治主义(Democracy),当初只用于政治方面,到了现在,范围扩大,已经成了团体生活的方式。解释起来,就是团体中各尽本分而又能共同负责;也就是独立而又共济,为己而又为人。我们学校生活,也应该有这种精神。无论教职员学生,人人有发表自己意见的机会,觉悟共同维系的责任。所以校务经济,民主公开;各种委员会必须成立。

二、发挥女性的特长。女性特长,最明显的是艺术、家政、母性的爱。这于改造国民性有莫大的关系。因为国民最大的缺点，就是缺乏美感与同情，所以要改造国民性，实在是靠这女性的特长。我们女高师应该发挥女高师的特长。明年关于保育、家政诸系，必须增设；音乐，绘画诸科目，必须扩充。今年如绘画研究，家事实习，以及钢琴、舞蹈的选修等等均在进行中。其余科目也务必注意女性的方面。总望发挥特性，一洗我国民德性凉薄、趣味卑下的缺点。

三、造成女子文化中心。本校是全国最高的女子教育机关。对于全国女学，固然负有领袖的责任，即对于全国社会，也带有造成女子文化中心的使命。幸而这事已经渐露萌芽，如"女权运动会"已经由本校学生发起成立，这就是一种文化运动的起点。此后发挥光大，责任非常重大，凡关于女子问题的讲演、研究、出版等等自然要次第实行。总望女子文化的光明，能够普照于本国。

我对于学校的方针，既不外上边所讲述的三点。我对于诸君的希望，也仍不外这三点：

（一）养成民治的精神，先须注重自治。因为自治最足以锻炼组织及团结的精神。彼此互相尊敬，互相讨论，互相策励，这才是民治精神的表现。（二）尊重自己的特长，就性之所近，选择研究，尽量发挥；一方面又知道自己的所短，有所矫正。例如女子富于感情，是长处也是短处，必须中和的修养才对。（三）觉悟自己所负责任非常重大，对于根本的修养，更加注重。因为要使以前女界所受种种黑暗的困苦，来设法解脱，以后女界所希望种种光明的事业，来鼓勇作先锋，那自己的根本修养是绝不可忽视的，凡身体的锻炼、健

康的增进、学业的钻研、德性的涵养都是很根本修养的
要目。①

"发挥民治的精神"、"发挥女性特长"和"注重根本修养",是
许寿裳在女高师时期有关女子教育思想的基本内容,有着十分
鲜明的时代烙印。关于"民治精神",诚如许寿裳阐释的那样,是
一种政治生活的形式,独立、平等、民主、共济是它的基本特征。
由于蕴含着如此丰富的现代精神内涵,所以,它演绎为现代社会
团体生活的重要组织内容。许寿裳对该理念的如此推重,并付
诸教育实践,不仅仅是一种现代教育理念一种尝试,也是五四时
期社会民主、男女平权思想的一种反映;当然,更是作为一校之
长的许寿裳对女子独立人格之历练的一种期许。许寿裳以"发
挥民治的精神"作为改造女高师的首要方针,切中时弊,深得人
心,并取得了一定的成功。

关于"发挥女性特长"之说,层面相对复杂,反响不一。"美
感教育"与"女子特长"是该立论的基本思想支撑。这里所说的
"美感教育",即民国以来,一直为蔡元培所积极提倡的"美育"。
关于"美育",蔡元培道:"美育者,应用美学理论于教育,以陶养
感情为目的者也。人生不外乎意志;人与人互相关系,莫大乎行
为;故教育之目的,在使人人有适当之行为,即以德育为中心是
也。顾欲求行为之适当,必有两方面之准备:一方面,计较利害,
考察因果,以冷静之头脑判断之;凡保身为国之德,属于此类,赖
智育之助者也。又一方面,不顾祸福,不计生死,以热烈之感情
奔赴之;凡与人同乐、舍己为群之德,属于此类,赖美育之助者

---

① 《北京女子高等师范周刊》,1922 年 10 月 10 日第 1 期。

也。所以美育者，与智育相辅而行，以图德育之完成者也。"①也就是说，美育在理论上属于美学，在实践上属于教育，但它又不是知识和道德教育，而是以"美的对象"为"陶冶工具"，从而得以"陶养"的"情感教育"。它与智育相辅相成，以养成高尚道德为宗旨。重视美育陶冶情感、纯洁人格的功能，实际上是蔡元培"高尚人格之培养"教育思想的基本内容。伴随着新文化运动的开展，适应时代需要的各种新的教育思想不断涌现，"发展人的个性，造就民主共和国家的新国民"为社会基本共识，美感教育也不乏其要旨。许寿裳将"美感教育"纳为治校方针，有其服膺蔡氏或志同道合的一面，还有其对于"女子特长"认识的一面，这也是他存有争议的一面。许寿裳认为"女性特长，最明显的是艺术、家政、母性的爱"，而"国民最大的缺点"，恰恰"就是缺乏美感与同情"，故强调女性"尊重自己的特长，就性之所近，选择研究，尽量发挥"②，以期"改造国民性"，并提出优先发展有利于女性特长修养的"家政诸系"、"音乐、绘画诸科目"以及钢琴，舞蹈等等。鉴于两方面情况，"发挥女性特长"便堂而皇之地成为许寿裳治校方针的重要组成部分。立足发展女校而言，许寿裳强调男女的差异性，正视并尊重女性之特征，促进女子文化与发挥女子文化，本无可厚非；但是，在五四"人"之觉醒、"人"之解放，尤其是处于主张"男女绝对平等"的女权运动高涨之际，许寿裳如此言行，难免招惹异议。对此，某次校友会上曾有人尖锐地质言：

> 科学是立国的要素，科学不发达，其国不能富强。吾国

---

① 1930 年，蔡元培为商务印书馆出版的《教育大辞书》所撰写的"美育"一题如此言；参见姚全兴著《中国现代美育思想述评》，湖北教育出版社 1989 年版，第 144 页。

② 《北京女子高等师范周刊》，1922 年 10 月 10 日第 1 期。

兴学已三十年余年,而国家反更贫弱,其故可想而知,五四以后,思潮澎湃,各种杂志,纷纷出版,然关于科学之杂志,则寥若辰星。即有之,亦无人寓目。社会上对科学,既如此冷淡,而学生对科学,又如此无兴味!长此以往,中国前途,实为可忧。故吾望诸同学宜加浓科学兴味,对于科学不可因其困难,而生畏缩之心。盖人生智慧,男女相同,并非女子无所研究科学之能力。或曰女生性情近于美术,故宜在美术方面发挥其特性。此说亦是有理。但此后女子在社会各方面,均有活动之机会,不仅限于美术一方面;况中学时代,非专门研究美术之时,乃受普通教育之时,如科学毫无根底,则将来不但不能升学,即家庭日用之常识,亦恐不足,此不可不预先觉悟者。辟才杂志,内容甚佳,惟关于科学材料较少,不无微憾。吾望同学此后对于科学方面,要努力研究,而科学并非男子的专卖品![1]

再者,过于强调"特长"难免囿于一隅以至偏狭。在许寿裳呈文教育部的《本校改建女子大学意见书》中,出现了"女子高等教育的目的,在乎造就完全的妇人"[2]。此后不久,许寿裳遭到为女权运动骨干力量所控制的学生会的攻击,多少与此有所联系。"造成女子文化中心",则是对女高师于女校界的既有地位与影响的肯定,也是许寿裳对于女高师的学生加强完善"根本修养",进一步自觉担负起时代责任的期望与鞭策。

---

[1] 《北京女子高等师范周刊》,1922年10月29日第3期。
[2] 《北京女子高等师范周刊》,1922年10月10日第1期。

（五）去职

女高师在许寿裳执掌时期的变化与发展，有目共睹。但是，所有一切仍没有使许寿裳避免历任草草请辞的宿命，只不过许寿裳请辞的过程之长、频率之密前所未有：1922 年 7 月 18 日，许寿裳接受教育部委任，就任女高师校长一职①；1923 年 1 月 27 日，投入"驱彭挽蔡"运动，许寿裳与教育部所辖的其他三所专门学校的校长共同请辞，彭允彝免职后于 1923 年 5 月 24 日回校视事②；1923 年 10 月 12 日，许寿裳向教育部请假两个月，南下故里③；1923 年 10 月下旬至 11 月上旬，许寿裳三次致函校评议会续假④；1923 年 11 月中旬，许寿裳二次致函校评议会示意辞职⑤；1923 年 11 月下旬，许寿裳三次呈文教育部辞职⑥；1924 年 2 月，杨荫榆继任。从踌躇满志到坚辞而去，个中原因众说纷纭，概而览之，不外乎以下两方面：

1. 经费困难，举步维艰，是许寿裳决心去职的重要原因。

关于这一点，许寿裳在最后的辞职呈文中陈述得十分清楚。全文如下：

> 呈为校款奇绌病体难支，恳请准予辞职，别选贤能，以重校务事。寿裳奉委就职瞬逾一载，承多年积弊之余，值时

---

① 《北京女子高等师范周刊》，1922 年 10 月 10 日第 1 期。

② 《北京女子高等师范周镌》，1923 年 5 月 27 日第 34 期。

③ 《北京女子高等师范周镌》，1923 年 10 月 14 日第 40 期。

④ 《北京女子高等师范周镌》，1923 年 11 月 11 日第 44 期。

⑤ 《北京女子高等师范周镌》，1923 年 12 月 2 日第 46 期；1923 年 12 月 9 日第 47 期。

⑥ 《北京女子高等师范周镌》，1923 年 12 月 16 日第 48 期；1923 年 12 月 23 日第 49 期；1923 年 12 月 30 日第 50 期。

局大难之际,凡所兴革,仅及大端,如:订定组织大纲,以立系统;请加预算,以纾积困;设审计委员会,以重公款之用途;设图书仪器购置委员会,以均设备之分配;设备费则特别隶分,教职员,则务求专任。对于学生之训练,则注重于情感之修养与身体之锻炼,提倡种种课外作业,以融兴趣。对于新学制之实施,则议改建女子大学以振女性之文化,择要施行皆为当务之急。业已分别专呈,先后陈明钧部,各在卷。既不敢粉饰以竞功,又不愿潦草以塞责,夙夜孳孳,粗具规模,方拟本。不懈之精神,为积极之改进,庶几学校基础得以奠定,办理情形皆上轨道。孰意事与愿违,经费奇绌,不特去岁请加预算及筹义品公司借款两案未蒙批示,即经常应发之款,亦积欠至十个月之多,遂至一切设施尽成障碍,东挪西借垫付一空。犹且教师绝粮,期归与之,叹商家收债来坐索之数月以来,应付此事实已心神交瘁。寿裳素患失眠,近来益剧,精神恍惚,苦不可支,医者谓非从速静养不可。为此具呈恳辞,敬乞俯准,并别选贤能迅来接替。俾释重负而摄病躯,不胜迫切待命之至!谨呈教育总长。北京女子高等师范学校校长许寿裳[①]

许寿裳掌女高师之时,正值兵荒马乱,中央政府权威低下,无法对社会实行有效管理与控制的混乱之际。教育部不仅拖欠部员薪金,甚至积欠各直辖专门学校经费达 10 月之久,以至于教育界越过教育部,直接向国务院提出抗议。旷日持久的京城八校索薪运动和教育部部员的索薪事件,都是在这种情况下发生的。经费筹拨完全仰仗教育部的女高师,遭逢此劫,罹难沉

---

① 《北京女子高等师范周镌》,1923 年 12 月 16 日第 48 期。

重。为了勉力维持并有所拓进,许寿裳在屡次呈文不得其果的
情况下,不得不有所"不为"有所"节流",诸如压缩日常事务支
出,收取教员寄宿费用,等等。当时,教育部直辖的其他专门学
校也因此频频告急,北大"讲义费"风潮的发生正缘于此,颇具声
势的"教育独立"运动应运而生。经费紧张,筹措无门,给致力于
女子教育的许寿裳造成了极大的压力与困顿,是其坚辞而去的
重要原因。虽然,历时4月的"八校索薪"运动,迫使政府着手清
理"积欠"问题,有关"急迫"情势有所缓解;但是,从女高师这一
时期的"财务收支"情况来看,其捉襟见肘"窘境"并没有改变。

　　2. 校内外各种势力的聚合,对许寿裳的进退有相当影响。

　　关于许寿裳的请辞,来自女高师学生自治会的压力不可小
觑。从刊登于1923年7月21—22日《京报》,以"我们为什么欢
迎杨荫榆"为标题的《北京女子高等师范自治会宣言》可见端倪:
"亲爱的同学们,杨荫榆回国了! 她离开我们学校,已经五载,得
了最高学位,今日回国了,欢迎! 欢迎!!"学生自治会对于杨荫
榆之所以如此热切,据"宣言"称主要基于四点:(1)她有极可称
述的学历;(2)她是一位与最新教育潮流接近的教育家;(3)她是
一位女教育家;(4)她是一位纯粹的学者。①

　　女高师学生自治会"宣言"的刊布,正值杨荫榆留美学成回
归之际。透过"宣言"四点,可以清楚地看到杨荫榆获得如此"礼
遇",有以下几种因素的作用或影响:

　　一是"女权运动"。1922年夏,妇女运动蓬勃兴起,北京中国
大学女生万璞,法政专门学校女生石淑卿、周桓,北京女高师学
生王孝英、周敏、张人瑞等,发起参政运动,因意见分歧,分别组

---

① 《北京女子高等师范自治会宣言》,《京报》,1923年7月21—22日。

图 2-3　1918 年教育部选派留美学生合影(前左二杨荫榆)

织。王孝英、万璞、石淑卿等,组织女子参政协进会,周敏、张人瑞、罗志英等,则组织女权运动同盟会。前者旨在要求女子参与全国政治,其宣言主要三点:第一,推翻专为男子而设的宪法以求女权的保障;第二,打破专以男嗣为限的袭产权以求经济独立;第三,打破专制家政教育制度以求知识的平等。后者,即"女权运动同盟会"北京总会,其主要负责人均为女高师的学生,其基本成员也皆为女高师的学生,其会所设于女高师内,于 1922年 8 月 23 日成立,周敏被推为正会长。该会与前者最大的不同就在于,其要求人权平等的范围更加广阔,旨在扩张女子在法律上、教育上、职业上权利及地位的平等,而不仅以参与政治为目的[①]。学务当局曾于 1921 年 1 月 6 日颁布"各女校校长一律改

---

　　① 民国丛书(18),谈社英编著《中国妇女运动通史》,上海书店 1990 年,第 120页。

任女教员"条例①,本出于整肃女学的目的,但在女权呼声日高之时,竟也演化为伸张女权的法律依据。湖南女界反对男子长女校时,就以"违背成例""实为剥夺女权摧残女学"而"公议收回成命事"。②"宣言"中历数杨荫榆的资质,无不透露着"巾帼不输须眉"的豪气,而"这不仅是学校问题,也是女权问题"之语,更是将"宣言"张目女权之用心昭然。

二是"最新教育潮流"。这里所谓"最新思潮",即从民国元年开始传入中国的杜威进步主义教育思想。作为一个民主主义者,杜威强调教育的社会改造功能,强调学校应当为民主社会培养新人。他以经验主义、实用主义哲学为基础,颠覆了19世纪在赫尔巴特教育学影响下形成的学科中心、教师中心、课堂中心的教育模式,提出"儿童为中心"的理论,要求根据青少年生长的实际需要组织教学。他建立起学校与社会、学习与经验之间的密切联系,认为学校即社会,教育即成长,教育即适应,重视让学生在活动和游戏中、在做中学,自己去获得经验。强调学生的个人自由和完善的发展,注重学生的主动性和创造性;认为学校生活、组织管理形式和课程要适应社会的变化,反对学校在精神上对学生的压抑。杜威的进步主义教育运动深刻改变了西方教育的面貌,使之由传统进入现代,对于20年代苏联的教育改革也产生过重要的影响。杜威理论对中国现代教育最重要的影响之一,是1922年新学制,即"壬戌学制"的制定。该学制的出台,经历了一个自下而上的全国范围内的讨论制定过程,美国实用主义教育家孟禄直接参与了新学制的讨论和制定。新学制取消了

---

① 《申报》,1921年1月7日。
② 《湖南女界反对女校男校长》,《申报》,1924年2月22日。

类似"帝国教育敕令"那样的"教育宗旨",代之以"七项标准":①适应社会进化之需要;②发挥平民教育精神;③谋个性之发展;④注意国民经济;⑤注意生活教育;⑥使教育易于普及;⑦多留各自伸缩余地。从其中"适应社会进化之需要""谋个性之发展""注意生活教育"等条款,不难看出"儿童中心""教育即生活""学校即社会"等进步主义教育思想的表现。1923年由第八届教育会联合会推选的新学制课程标准起草委员会制订和刊布的《新学制课程标准纲要》,采取的也是美国式的综合教育学制,将中等职业教育纳入普通教育系统。此后颁布的《国立大学条例》,宣布废除民初的《大学令》《大学规程》,规定国立大学得设董事会和评议会,各科设教授会,等等,皆为美国模式。众多的留美学生,尤其是杜威所在的哥伦比亚大学的毕业生,对传播和扩大杜威的影响,发挥了重要作用。胡适堪称杜威教育理论最有力的鼓吹者,他积极参与杜威来华的活动,系统介绍实用主义教育学说,并在北京大学开设"杜威著作选读课"。作为哥伦比亚大学的毕业生,著名现代教育家陶行知与儿童教育家陈鹤琴等对杜威教育思想的研究与普及都做了积极贡献。蔡元培、张伯苓等教育大家都曾是杜威教育思想的推介人①。新学制的颁布实施,也就意味着新教育由师法日本转向师法美国。这也是"宣言"中"她是一位与最新教育潮流接近的教育家"寓意所在,以及"让现在当局办下去,充其量,也不过能办到十四五年前日本高师那个模样罢了"的寓意所在。

---

① 元青:《杜威与中国》,人民出版社2001年版,第171—173页。

图 2-4　1919 年杜威一行来华合影(右五杜威,右四胡适,右三陈衡哲)①

　　三是"教育独立运动"。作为一种反帝反封建的教育思潮,"教育独立运动"绵延起伏、时断时续;教育经费独立、教育独立于教会以及教育独立于政党和官僚机构,是它的三个基本诉求,并各伴有大规模的社会运动和不同的效果。据"宣言"对杨荫榆"纯粹"学者身份的赞同与"教育事业,最怕卷入政治漩涡"等语来看,"宣言"所诉求的"教育独立于政党和官僚机构"之外,实际上也是教育界反对当时军阀官僚手中的各党各派置学校为势力争夺范围。它源自教育界反对北洋军阀克扣教育经费、摧残教

――――――――――

　　①　约翰·杜威,20 世纪美国著名的哲学家、教育家、实用主义哲学的创始人之一、功能心理学的先驱、美国进步主义教育运动的代表,是美国思想史上最具影响的学者之一。1919 年,在日本的杜威接到了北京大学胡适教授的邀请信。恰巧当时北京大学的蒋梦麟和南京高等师范学校校长郭秉文等也在日本,他们登门拜访杜威夫妇,并以北大、新学会、尚志学会、中国公学的名义,向杜威发出正式邀请。杜威来华之行历时 2 年有余(1919.4.30—1921.6.30),目睹了五四运动的兴落,发表了包括社会与政治哲学、教育哲学、伦理学、思维类型以及关于詹姆士、柏格森和罗素等的专题讲演,主张东西文化的汇合,在当时社会产生了深远的影响。https://m.sohu.com/a/199708639_100023760。

育的"经费独立"运动。该主张一经 1922 年初李石曾在《教育独立建议》中提出,立即得到教育界的广泛响应。1922 年 2 月 12 日"全国教育独立运动会"在北京高等师范学校召开,并在所发表的大会《宣言》中提出:一、教育经费急谋独立。指出为避免教育经费尽饱武人私囊,必须是教育经费独立。二、教育基金急谋指定。指出在国家政治动荡不安的情况下,应制定固定基金作为教育经费。三、教育制度急谋独立。指出教育不应附隶于组织不良的政治之下,学术研究应独立于政治和党派之外,教育界人办教育界事[①]。蔡元培随即发表《教育独立议》,从发展个性的教育目的出发,认为"教育事业应当完全交与教育家,保有独立的资格,毫不受各派政党或各派教会的影响"[②]。早在 1912 年,任临时政府教育总长时,蔡元培就发表过类似意见,认为:"专制时代,教育家循政府之方针以标准教育,常为纯粹之隶属政治者。共和时代,教育家得力于人民之地位以定标准,乃得有超轶政治之教育。"[③]对于教育"超然于各派政党之外"而独立的教育思潮,陈独秀曾著文《向导周报》加以质疑:"所谓教育独立,是不是离开社会把教育界搬到空中去独立或者是大洋去独立?""若只是主张教育经费独立,在这种军阀横行的政治之下,政府指定之独立的教育经费有何力量保证不被军阀拿走?"[④]并指出:"教育独立"是不可能实现的梦想,是一种"消极的退缩哀求",易于将青年们引向不问政治的歧途[⑤]。事实上,蔡元培有关"超然的

---

① 陈学恂主编:《中国教育史研究——现代分卷》,华东师范大学出版社 1994 年版,第 88 页。

② 《新教育》第 4 卷第 3 期,1922 年 3 月。

③ 蔡元培:《对于教育方针之意见》,《蔡元培教育文选》,人民出版社,1980 年。

④ 陈独秀:《教育界能不问政治吗?》,《向导周报》,第 16 期。

⑤ 陈独秀:《反动政局与各党派》,《向导周报》,第 16 期。

教育"设想也从未真正实现过,而且作为"教育独立"的积极动议者蔡元培、胡适等人,其一生又何尝不是在"亦学亦政"中挣扎。在当时的情形下,许寿裳曾经"教育部员"的背景和其在刚刚过去的"驱彭挽蔡"运动中的"离职"行为,自然都难为"宣言"者所认同。

四是个人渊源。诚如"宣言"所述,杨荫榆不仅"是一位与最新教育潮流接近的教育家",而且与女高师渊源深厚,其"由日本归来,任本校数理化学教员,兼学监主任,共三年,与本校关系最为亲密,她办学的精神、能力和成效,以前和她共事的人,及毕业同学,个个佩服,至今称道。是杨先生对于办学上,也有了相当的经验"①。平心论,"宣言"如此论道基本属实,只是"宣言"者忽略了这样一个问题:作为先后留学东、西洋的最早的职业知识女性之一,杨荫榆是幸运的;但在辛亥革命以及五四运动期间,皆游学异域的杨荫榆又是不幸的,因为"多年在国外埋头苦读,没有看见国内的革命潮流,她不能理解当时的时势",②她所有的"经验",皆脱离正发生着根本性变革的现实社会,这也她继任后"风潮"接踵而至的缘故,"女师大风潮"只是其校长任职上最大最后的"事件"罢了,这也是当初"宣言"者们所始料未及的地方。对于现任校长许寿裳,"宣言"者的口吻是鄙薄的:"至于现在的校长咧,他的出身、学问、声名、眼光、能力若何,我们暂且隐而不提。不过终觉得他对于上述四点,不但缺乏,简直违反。好在他是屡次单独向教育部辞职的人,他要到德国去留学,这话不知向

---

① 《北京女子高等师范自治会宣言》,《京报》,1923 年 7 月 21—22 日。

② 《回忆我的姑母》,见《杨绛作品精选》(散文 I),人民文学出版社 2004 年版,第 119 页。

人说过多少遍，他既无心于女高师，我们何必勉强留他呢？"①如此"轻慢"，固然有抑此扬彼的原因；当然也反映了"当局"与学生自治会存在着某种紧张。周作人谈到女高师时期的许寿裳时道："他是一个大好人，就是有点西楚霸王的毛病，所谓'硬剜不予'，譬如有什么要求，可与则与，不可便立即拒绝好了，他却总是迟疑不决，到后来终于依了要求，受者一点都不感谢，反而感到一种嫌恶了。他自己教杜威的《教育与民治》，满口德谟克拉西，学生们就送他一个徽号叫'德谟克拉东'，这名字也够幽默的了。……一九二四年夏天许季茀辞去校长，推荐后来引起风潮的杨荫榆继任，杨女士是美国的留学生，许君以为办女校最好是用女校长，况且美国是杜威的家乡，学来的教育一定是很有进步的，岂知这位校长乃以婆婆自居，把学生们看作一群的童养媳，酿成空前的风潮，这是和他的希望正相反了。"②个人秉性是一方面；另一方面"经费奇绌"也不免生发矛盾与怨辞："昏则困愈昏愈困愈困愈昏，生必死死必生先生先死先死先生。"③这是女高师文艺会与学生自治会成员，得知经费紧张所主持编辑的《文艺会刊》不得不一再推迟出版时的脱口"嗔言"，失望之意、怅惘无奈尽在言中。

此外，还有彭（允彝）党说。1923 年 7 月 29 日的《黄报》曾刊登所谓《女高师一部分学生泣告——女高师黑幕之大披露》一文，竟以"糊涂昏谬之校长""色胆包天之总务长"等字词攻击许寿裳及其治下的女高师，竭尽诋毁之能事。1923 年 8 月 4 日《晨报》连刊两则女高师学生自治会启事：

① 《北京女子高等师范自治会宣言》，《京报》，1923 年 7 月 21—22 日。
② 周作人：《知堂回想录》，河北教育出版社 2000 年版，第 500 页。
③ 《北京女子高等师范周镌》，1922 年 11 月 26 第 8 期。

女高师学生自治会全体启事①

敝校校长许季茀先生一年来之溺职务,害教育,已臻其极,同人等为尊重学业,爱护女子教育起见,特开全体大会公决,于 7 月 31 日公函许氏,请其退职,自是日以后,许氏个人一切命令,同人等概不承认,至于吴清林先生,已自辞矣,特此声明!

女高师学生自治会全体启事②

启者阅《黄报》七月二十九号载"女高师黑幕之大披露"下署名"高师一部分学生泣告"一则,不胜惊异! 其所云关于女生种种更毫无其事,原系奸人捏造以毁敝校名誉者。除向《黄报》馆究察投稿人外,特此申明,免兹误会。

第一则"启事",继"宣言"之后,预示着由女高师学生自治会酝酿的所谓"迎杨驱许"事件,有风生水起之势。女高师"当局"对此亦有所应对:

1923 年 8 月 14 日,评议会临时会议议决③

一、吴励忱先生辞总务主任职,由本会函留。

二、陈仲骧先生辞评议会委员职,由本会函留。

三、定于本月十六日午后三时,在本校大礼堂开全体职教员会,讨论处置本校学潮办法。

有关"办法"尚不得而知,但从许校长及其手下一如既往地

---

① 《晨报》,1923 年 8 月 4 日。
② 《晨报》,1923 年 8 月 4 日。
③ 《北京女子高等师范周镌》,1923 年 10 月第 40 期。

忙碌于女大"预科"招生事宜来看,"宣言"事件应该是偃旗息鼓了。第二则"启事"则表明,学生自治会之外,女高师还隐伏着另一支反对学校"当局"的势力,这也许就是一些论者所指的"彭党"吧。

鉴于上述种种,许寿裳洁身引退,只留任教授工作,但对女高师及其女高师学生仍然关爱备至。"女师大风潮"时期,因为前后职任交接的关系,他一直没有介入"事端",直至"老虎总长"下令解散女子师大,并非法罢免支持女师大学生的鲁迅佥事职务的时候,他不避嫌疑义愤填膺宣言怒斥也遭免职[①]。为女师大的恢复,许寿裳集"校长"、"教务长"和"教员"于一身,与鲁迅等同人一道不辞辛劳,义务帮助和支持在宗帽胡同坚持学习、坚持与强权抗争的女师大学生。"三·一八"惨案发生后,他亲自料理遇害学生刘和珍、杨德群的后事,并被当作"暴徒首领"受到通缉,不久被迫离京南返。许寿裳的"履新"与"去职",既揭示了女高师的发展与艰难,也昭示了女高师学生成长语境的矛盾与驳杂。

---

① 《许寿裳纪念集》,浙江人民出版社1992年版,第110页。

第三章　新思潮的传布：
《新青年》同人与女高师

　　《新青年》是五四时期集思想文化于一体的综合性同人杂志，是陈独秀、胡适、李大钊、钱玄同、刘半农、周氏兄弟等知识精英进行新文化启蒙的主要舞台。它深渍着民初觉醒了的知识分子的忧患与期望，挟近代民主科学之风，对束缚思想阻碍进步的旧势力旧制度旧文化加以猛烈抨击。它曾是五四新文化运动的旗帜与阵地，更是新文学得以催生的园圃和温床，并曾为上海共产主义小组的机关刊物，为马克思主义在中国的传播和中国共产党的建立贡献卓著。总之，因着时掌北大蔡元培的"兼容并包"和力挺，它一度将各路新学精英引领一处，共同揭开了 20 世

纪中国新文化新文学运动的序幕。五四时期之于近代女子教育是进一步发展的契机所在，之于北京女高师更是意味深长。因为地缘学缘等因素，女高师不仅亲历了五四，更是在《新青年》同人的引导下成长。严格意义上说，随着 1920 年夏的回迁上海，《新青年》刊物性质已发生改变，五四运动落潮之后，其力量更是分道扬镳，诚如鲁迅《彷徨》自述中所言："后来《新青年》的团体散了，有的高升，有的退隐，有的前进，我又经验了一回同一战阵中的伙伴还是会这么变化。"①尽管如此，对于女子教育及其女子解放问题，曾经意气相通的《新青年》同人的关切情怀与批判精神仍贯彻一气。

一　蔡元培与女高师

蔡元培（1868—1940）

作为力倡女权与女学的蔡元培，与北京女高师之间的深厚渊源可谓《新青年》同人之最：最早的有关女高师的组织纲领出自其执掌教育部时，其所开创的"自由思想，兼容并包"的北大精神及其"教授治校"的现代大学制度对女高师影响至深，其所领

---

① 《鲁迅全集》，第四卷，人民文学出版社 1981 年版，第 455 页。

导的"教育独立"等运动,女高师与之共进退;除此之外,蔡元培还几番亲临女高师,布论施教,影响非常。在相关资料的搜寻之中,笔者发现这类性质的演讲文章四篇:《蔡元培先生演讲义务与权利》《蔡孑民先生讲演"国文之将来"》《蔡孑民先生演讲"学生自治会"》《蔡元培先生演讲"自治成因与范围"》,分别为《北京女子高等师范文艺会刊》《北京女子高等师范周刊》刊录。蔡元培对于这些与女高师关联紧密的现实热点与焦点问题的阐发,无疑给聆听者惠示良多。

(一)立学立业立人格

《蔡元培先生演讲义务与权利》,是蔡元培先生在女高师的首次演讲。此次讲演,蔡元培先生谓之为"承方先生嘱",言中的"方先生",即时任女高师校长的方还。该演讲的具体时间未见记载,但从该演讲文稿刊发于1919年6月出版的《北京女高师文艺会刊》来看,基本可以认定此番演讲在五四运动前。

诚如蔡先生演讲中所言,女师成立十载,"名誉卓著,毕业生之任事者亦多,蜚声社会"[①]。但是,女师学生毕业之后竭尽义务服务教育的情况则不容乐观。从第一章女师有关历届毕业服务率来看,就十分显见,即:从总体来说,无论是晚清"学堂"时期,还是民初的"学校"时期,其毕业服务率分别为58%与49%;具体而言,女师毕业学生年龄越大服务率越高,年龄越小服务率越低的情况一直存在。如此情形所导致的直接后果是:一方面女校师资严重匮乏,另一方面大量接受师范养成教育的女学生未

---

① 《蔡元培先生演讲义务与权利》,《北京女子高等师范文艺会刊》,1919年6月第1期。

曾履行相关义务就回归家庭;不仅没有让有限教育资源发挥应有的作用,而且还存有女子教育重蹈"良母贤妻"覆辙之虞,与"女子师范教育由贤妻良母进而为超贤妻良母教育与男子等同"①的训育要求相去甚远。这种局面的出现,与社会传统惯性及民初复辟和复古思潮对女子教育的干扰有着直接的联系。女子就业的问题,直接与女子人格意义相关联。"女不学,无以立",无以业,经济独立、社会独立,男女平等也将随之而空悬,这也正是蔡元培及其《新青年》同人所痛心疾首的。显然,如此矛盾现象引起了伸张女学者的普遍关注,一向力挺女学的蔡元培先生犹然。

演讲中,蔡元培首先从义务与权利的基本内涵及其互为因果关系的学理阐释入手,强调先义务而后权利。对"不肯拔一毛而利天下"的古代杨朱为我观,以及"19世纪德人尼采主张的优胜劣败主义"进行了批判,指出前者为"议者非",后者则"酿成今日世界大战争,违反人道,孰此为甚";认为所谓"义务"即"利他主义","道德高尚者,莫不抱利他主义,尽力社会",而"既尽义务,即不能不酌受权利以遂其生"②。之后,则对"孜孜为利者"以及"重生命重种姓者"不以为然,对立德立言立功者大加推重,以为"人不能赖权利以为营养",师范学生"宜加诸意",女子师范学生尤是。因为"昔者女子伏处深闺不闻外事,有应尽之义务而不能尽,有应享之权利而不能享,可胜浩叹!自世界潮流日趋文明,于是女子亦得出而问世:有为工商者、为教员者、为选举权

---

① 璩鑫圭等编《中国近代教育史资料汇编料——实业教育 师范教育》,上海教育出版社1994年版,第1063页。

② 《蔡元培先生演讲义务与权利》,《北京女子高等师范文艺会刊》,1919年6月第1期。

者、间有能牺牲权利专为慈善事业者,要皆有益于世者也"①。对于时人为免除家室之累所提出的"独身主义",其只持"钦佩"而不以"认同",以为该论在家族主义的国度难以立足,主张晚婚及婚后社会家庭两相兼顾,进而倡议家庭改良家事分工各事其是。最后则严肃指出,女子师范学生毕业即为家庭羁绊不事社会,一来致使入不敷出的教育经费更加窘困,二来致使自己沦为只享权利不履义务的食言背约之人;结果只能是:"诸君有负于国家,亦使国家有负于人民",与"国家造就之初意"相背离②。

十分显然,女子师范生毕业服务的问题,在蔡元培看来,不仅是关乎女子人格"独立"的问题,也是关乎女子人格的"完成"问题,同时还是关乎国家和人民的问题。蔡元培一向主张女子通过学校教育,养成完全人格,达到自立,以期争取和男子同等社会地位和经济地位,故对女子教育极其重视,对女子师范生更是寄予了厚望;因此,对女子师范生的毕业服务现状有着更甚于常人的关切与忧心,这也是他为什么首次于女高师演讲就谈此话题的原因,更是他为什么会在此后不久,为女高师学生李超因封建家庭迫害殒命而痛惜所在。

女高师时期的毕业服务情况有了极大的改观,第一章有关"女高师民国十三年毕业生就业意向情况调查"相关数据显示:女高师毕业生有志毕业服务教育的占 88.2%;有志于教学又乐意兼顾管理工作的占 45%。如此数据所折射出来的女师学生高涨的职业热情,前所未见。另外,女高师"国文部毕业生概况"的统计数据,则可视为进一步的相关印证,即:该部毕业生,共计 31

---

① 《北京女子高等师范文艺会刊》,1919 年 6 月第 1 期。
② 《北京女子高等师范文艺会刊》,1919 年 6 月第 1 期。

人,毕业服务教育者 27 人,占 87%;从其有关职业岗位的分布情况来看,人们还可以欣喜地发现,该部学生的组织与管理方面能力十分凸显,即:从业的 27 人当中,校长 3 人,教务长 2 人,舍监 3 人,舍监而兼教员 3 人;教员 14 人,悉数担任国文及其史地这样一些传统学科课目的教学,而这些领域曾一度为男教员所把持①。如此情形表明,女高师的设立,为女子深造提供了一定的可能,由此也为女子在就业领域获得更多与男子同等的发展空间提供了充分必要的支持。女师毕业服务情况的改变,固然有着多方面的原因,但与蔡元培及其《新青年》同人所竭力倡导与培育的"人格独立"思想意识有着密不可分的联系。

(二)提倡"白话文"

集会众多,是北京女高师的一个特点。仅其高等部在 1918 年 3 月至 1919 年 3 月,就先后组织发起了学生自治会、文艺研究会、数理研究会、博物研究会、幼稚教育研究会,继之还组织发起英语研究会、图书研究会、体育研究会、音乐会、辩论会、哲学教育研究会、平民学校、英文学校等。其中由"国文部"发起的文艺研究会是女高师著名的学生社团组织,成员一度多达 37 人之多,后来蜚声文坛的黄庐隐、冯沅君、苏雪林、陆晶清等五四女作家皆在其列。由于该会刊身份双重,即是女高师文艺研究会及女高师学生自治会"全体会员商量学术,发表思想的机关",始终得到来自五四文化精英的悉心指点和热情支持,陈独秀、胡适、周作人、李石曾、黄炎培、陈宝泉、梁启超等社会文化名流以及海外著名学者杜威、罗素、勃拉克、爱狄夫人、爱罗先柯等,都曾有

---

① 《北京女子高等师范周镌》,1924 年 6 月 1 日第 69 期。

篇章录入其中①。蔡元培与之联系也颇为紧密,除为该刊题写封面外,还应"毛、陈二先生"之邀,作了"国文之将来"专题演讲。所谓"毛、陈二先生",即方还的继任者毛邦伟校长和曾一度辞职后再次受聘女高师任国文部主任的陈中凡。

此番演讲,既可视为蔡元培先生对未来国文教师重视"白话文"研究及其推广普及的嘱托,同时还可视为对于擅长文墨、勤于写作的国文班的一次"文学革命"思想的洗礼。蔡元培认为,语言文字是用来表达与传递思想的,现在的国文有着文言与白话的区别,即:"以古人之语,述今人之事,是为文言;以今人之语,述今人之事,是为白话";断言"将来之国文,必为白话战胜文言"。因为,"今人为今语,自辞达而理举,若必强为古语,则译白话以为文言,犹译英文为中语"②。此外,西洋废拉丁文、日本重文言合一情况也充分表明白话替代文言的势在必行;尽管在其"替代"的过程之中,东西洋也遭遇过反对,但终无以逆转。在缕析我国古来文言白话演绎历史及其优长劣短之后,蔡元培以为文言之淘汰犹如拉丁文不可能悉数净尽;由此进一步指出,随着共和的巩固、教育的普及与科学的发展,"文言必为少数特嗜之人所专擅,而白话则尽人所当必习"。进而勉励聆者:"诸君今日肄业高师,即为教授中学师范之预备;则潮流所趋,不可不察。中学校虽不必尽废文言,⋯⋯自亦不得不重白话文,而白话文亦有一定之文法,非空言可致,甚望诸君之从事研究也"③;并提出

① 《北京女子高等师范文艺会刊》,1919—1923 年第 1—5 期。
② 《蔡孑民先生讲演"国文之将来"》,《北京女子高等师范文艺会刊》,1919 年 6 月第 2 期。
③ 《蔡孑民先生讲演"国文之将来"》,《北京女子高等师范文艺会刊》,1919 年 6 月第 2 期。

列"白话"为"专修",文言为"选修"的主张。不难分辨,蔡元培有关"国文"的看法与主张,与倡言文学革命及其白话文运动的《新青年》同人基调一致。稍有区别的地方则在于,蔡元培立论的平和与理性及其对文言问题的客观与审慎。如此布论风格,无疑更具说服力和鼓动力。《北京女子高等师范文艺会刊》创刊于1919年6月,终刊于1924年初,前后共出版6期。就1919年6月出版的第1期而言,该刊有着浓郁的旧文学色彩,所有的文章均为文言体式,不仅文艺作品均系格律诗词及文言骈散文体,论说文也具有相当显著的八股文章特征。然而,第2期该刊面貌有所变化,白话体裁的文章开始出现;此后,白话文学篇幅日渐增多,白话文学的体裁也渐扩大。

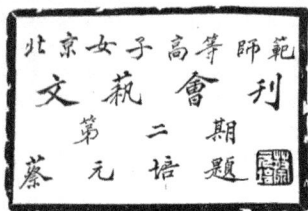

图 3-1 蔡元培为《文艺会刊》题写封面

有着新旧过渡特征的《北京女子高等师范文艺会刊》,没有像同时期刊物《学衡》《国故》等走向新文学的对立面,而是呈现出十分明显的对于新文学的接受和容纳姿态,其意义不仅体现为对于激活女高师学生从事文学创作的自觉意识,并通过各种历史机缘汇入新文学的创作阵营提供了可能;而且,由此所产生的思想意义也不容小觑。

（三）解说"学生自治"

"学生自治"，是蔡元培在北大改革教育推行现代大学制度的重要内容，发展学生个人自治能力和高尚人格，是它的总目的。其旨在通过学生对团体生活的自行组织管理，发掘学生本能、锻炼学生能力、为其日后走向社会提供一定的团体生活训练和民主管理经验，进而改造社会；同时，它也是作为学生参与学校管理的一种有效形式，是大学自治的一个组成部分，是"教授治校"的有益补充。

其思想源自杜威的"学校即社会""教育即生活"的实验主义教育观。杜威是19世纪初世界性改革运动"进步主义教育"的倡导者与推动者，他的教育思想，对中国现代教育影响最深、收效最大，1922年的新学制，即"壬戌学制"，便是在其思想指导之下的产物。作为一个民主主义者，杜威强调教育的社会改造功能，强调学校应当为民主社会培养新人。他以经验主义、实用主义哲学为基础，颠覆了19世纪在赫尔巴特教育学影响下形成的学科中心、教师中心、课堂中心的教育模式，提出"儿童为中心"的理论，要求根据青少年生长的实际需要组织教学。他建立起学校与社会、学习与经验之间的密切联系，认为学校即社会，教育即成长、教育即适应，重视让学生在活动和游戏中学、在做中学，自己去获得经验。强调学生的个人自由和完善的发展，注重学生的主动性和创造性；认为学校生活、组织管理形式和课程要适应社会的变化，反对学校在精神上对学生的压抑。杜威的进步主义教育运动深刻改变了西方教育的面貌，使之由传统进入现代。

杜威教育思想在中国五四时期盛极于一时，但其思想的传播并非始于五四或限于杜门弟子。中国知识界、教育界中较早接受和宣传杜威教育思想的是蔡元培。早在 1912 年其任民国教育总长制定民元学制时，因感于中国社会最大问题就是"人民失业至多而国家甚贫"，"美洲德费伊（即杜威——引者）派学说"的教育观主张，"以人民生计为普通教育之中坚"，实为中国"当务为急者"；因此，把"实利主义"教育列为教育宗旨之一。此后，蔡元培还一再通过文章和演说向国内教育界介绍杜威学说。就职北大之后，蔡元培更是将杜威的教育思想渗入具体的教育改革实践之中。①

自 1917 年任北京大学校长始，蔡元培即着手现代大学的改革。他一方面注重将民主与自由的现代观念注入大学理念之中，强调"大学并不是贩卖毕业的机关，也不是灌输固定知识的机关，而是研究学理的机关""大学者，'囊括大典、网络众家'之学府""大学以思想自由为原则——大学教员所发表之思想，不但不受任何宗教或政党之拘束，亦不受任何著名学者之牵制——此大学之所以为大也"②；建立与之相应的大学制度，通过"教授治校"，实行民主办学；同时还改革教学和管理体制，组织各种学术活动，实行学生自治，由此开创了北大兼容并包、学术独立、思想自由的局面和精神，北大不仅逐渐成为国内首屈一指的高等学府，更成为现代思想学术的重镇和新文化运动的策源中心。北大学生也在方方面面崭露头角，成为五四运动中的弄潮儿，其学生自治模式"风靡全国"，一时间，学生自治组织几乎遍布中国中等以上的学校。1920 年 3 月 17 日《申报》中的"北京通信"曾如此写道：

① 元青：《杜威与中国》，人民出版社 2001 年版，第 171—178 页。
② 《〈北京大学月刊〉发刊词》，1918 年 11 月 10 日。

　　自蔡子民长北京大学而后,北大始以"学生自动""启发学生本能"为主旨,而校中之举学生集会遂递增,学生自治会、哲学研究会、书法画法研究会、数理学会、体育会,会名以数十计,莫非由学生自行组织,数年以来,成绩斐然可观。北京各校,大都坐依而行。①

女高师的学生自治组织,便是在如此背景之下建立的。其最初状态,《申报》曾有披露:

　　女学中之最高学府,实为北京高等女子师范,其近状国人欲知之者,谅不在少数,惟以其女学故,内中详情,外人颇难探悉。兹特调查其半年来(八年九月起至上星期止)学生集会之大概情形,及其成绩,以餐国人望。

　　女高师学生自行组织之会,其已成者凡五……学生自治会,有会员二百五十六人,于八年十二月十七日开成立会,其宗旨为本互助之精神,谋个人能力之发展,及校务之发达。内分三部:(1)评议部,(2)干事部,(3)纠察部。评议部,议决会中应行事项,其开会八次,议决案三十六件,规定公约六种。其所定公约与前此校章相仿,大便利于学业,而不便于嬉游。干事部内分四股:(1)庶务股,(2)贩货股,(3)讲演股,(4)出版股。干事部之责任,为执行评议部议决事案,并其他应行事项,公开会六次。出版股之出版物,为自治月刊一种,其第一期不日出版,以后按月一期。纠察部为纠察值日之勤怠者,每教室自修室、每日有值日三人,寄宿舍每室每日有值日一人,其责一如前此之班长室长,不过班

―――――――――――

① 《女高师半年来之学生集会》,《申报》,1920 年 3 月 17 日。

长室长为固定之一二人,而此则由全体轮流耳。纠察部曾开会四次……除以上各种长期会外,尚有各种临时会,以学潮之进行而开之会最多,其次数已不可稽考……尚有可报告之一事,即此次学潮,该校学生于课业上并未受何种重大影响。是盖去冬今春之学生群运动,大半在星期日或星期六,皆与上课不相冲突,而各校学生多有藉此怠学者,惟该校则始终上课,学生缺席人数与平素相仿佛,此则其学生自治会布置得法之结果也。吾以是知女学生之自治能力,实不下于男生。①

对于女高师学生自治的最初状况,《申报》似乎比较认同;但是,女高师的学生有着不同感受。对于"学生自治"的基本要旨及其意义,女高师学生有着比较一致的认识,但对学生自治会初始的运行状态,也有着不满。时为学生自治会干事的王世瑛在《学生自治》一文中道:"'学生自治'之义为何?本学生意志之自由,为道德之服从,以维持学校之秩序,并所以使学校之生活与社会一致也";并认为"学生自治"的意义在于"养成适于社会生活之完全人格","培养对公共生活的兴味与公共责任心",以及"激发理想,进取向上";同时也认为教育者须"因势诱掖其'理',勿使'意气',从事而自恣"②。学生林宝权在《学生自治在教育上的价值》中则着重强调:"团体的'学生自治',不是'个人自主'的,也非'代治'的。"她认为:"学生自治,普通的解释,就是学生能够自己治理自己;切实说明,就是学生自己发展个人本能,来应受教育指导,以做成一个完全的人。因为恐怕个人单独行动,

---

① 《女高师半年来之学生集会》,《申报》,1920年3月17日。
② 王世瑛:《学生自治》,《北京女子高等师范文艺会刊》,1920年第2期。

有时不免有点不对的地方，所以大家联合起来营共同的生活；互相发达，连同一气，发表精神。这种形式就是'自治会'。"对学生自治偏于"管理"的现象提出了批评："学生自治会，是法国英国提倡起来，美国先实行底。他们底教育精神是怎样？我国许多教育家都不用心细察，看见他们底整齐样子，就以为学生自治可以在管理方面帮忙。个个提倡起来，几乎到处学校都有了学生自治会。可惜多在管理范围以内，那会内职员，都是一个个传达命令，代执行干涉手段的役使。这也叫做'自治'？是误会得很了。不如改称'代治'，倒极名副其实罢。"①

事实上，女高师学生自治会成立之初，就处于某种紧张之中，有关报章曾披露道：

> 北京女子师范自治会成立后，对于校中之专制恶习，虽不敢一旦推翻，但亦渐渐着手革新，旧职员所以怀恨自治会。校长夫人因此久不到校治事，以示反对。有诸监学者，更宿意与自治会为难。近因学生回家事，两方意见发生冲突，事前学生之在京有家者，星期六回家，星期日午后即须回校，后经自治会通过，准于星期一清早回校，已得校长同意照行。乃诸监学则执意以为星期六不回校必须说明事故，格外请假，否则记过扣分。自治会方面同诸说与原议不合，据理与争，诸甚愤，闻正在运动解散自治会。自治会之危机已至，未知该校学生将何以打破此难关也。②

无独有偶，类似情形实际上较为普遍，经亨颐1921年就任

---

①　林宝权：《学生自治在教育上的价值》，《北京女子高等师范文艺会刊》，1920年第2期。

②　《女高师自治会之危机》，《晨报》，1920年4月23日。

北京高师学生自治指导委员之际就曾宣讲道:

> 中国"师道之重"有特别的积习,所以,一般做校长、教员的多不愿意学生自治,其结果双方误解,竟是有宣战的样子,非但不指导,要指导也不成。它不是因为学生自治问题,惹起校长、教员和学生的恶感,自有学生自治会以来,教员和学生比从前更加隔绝了,长此下去,恐怕学生自治的真意永远不能表示,学校信用永远不能成立,到底也不是教育的本意。[①]

图 3-2 《自治之成因与范围——蔡孑民先生演讲》[②]

---

① 璩鑫圭等编《中国近代教育史资料汇编——实业教育 师范教育》,上海教育出版社 1994 年版,第 639 页。

② 《北京女子高等师范周刊》,1923 年 1 月 7 日第 14 期。

五四之后,"自治会"成为学校中很流行的一种制度,作为"学生自治"最早提倡与发起人的蔡元培,对各学生自治组织十分热心,就"学生自治"问题,不断应邀到有关学校进行相应的演说。在女高师就有两份关于这方面的演讲材料。

《蔡孑民先生演讲"学生自治"》一文,刊登在1920年出版的《北京女子高等师范文艺会刊》第2期。蔡元培着重谈到了三个方面:一是强调"自治会可以试验学生办事的能力、独立的精神",有助于学生完全人格的养成;二是从"学校即社会"以及尊重学生个性出发,对以"学生没有自治的能力"而反对学生自治的言论加以批驳;三是鼓励女高师借鉴北京大学"学生会"的经验,办好"自治会"。考察此次演讲的意义或影响,有两个情况应一并兼顾,即女高师学生自治会成立伊始,因为女学之故所遭遇的压力或挑战非同一般。再就是,女高师行政管理体制尚未进行相应改革,"校长治校"仍一以贯之;然而,作为一校之长的毛邦伟,非女高师"旧人",其权能时常受到前校长方还保守势力的限制,作为有限。这方面的情况,1921年1月11日《京报》署名果航的《北京某女高师黑幕所闻》一文,有十分详细的披露;《晨报》对此也刊登过署名易家钺的《我对于北京女子高等师范学校的希望》一文,对横行于女高师腐朽势力进行了揭露与批判,提出"我们虽不能不要制度,但制度成为老朽的时候,我们就要去革新它"[①]。如此情境之下的如此演讲,其寓意及影响不言而喻。此外,还应注意的是,蔡元培此番演讲中,对于"学生自治"制度的建立及其推广所投射出的乐观与信心。

---

① 易家钺:《我对于北京女子高等师范学校的希望》,《晨报》,1920年2月25日。

　　"学生自治",仅就其"制度"层面而论,其"意义"毋庸置疑。问题在于,"良好"制度的实施并释放出其固有的"意义",需要与之相应的资源支持,诸如社会政治、人文传统与现代素养,等等;而这一切正是五四以来所面临的亟待正视与解决的问题,这也是以后的"学生自治"与其初衷渐行渐远的症结所在。蔡元培再次莅临女高师,再度演讲"学生自治",与之不无关联。本次演讲的重点,集中在《自治成因与范围》问题上。演讲的记录整理稿,刊登在 1923 年 1 月 7 日《北京女子高等师范周刊》。蔡元培演讲时,首先"就自治消极积极两方面去立论和引证",由此进一步强调学生自治的"治理性"与"互助性",主张本着民主平等的原则,处理团体自治活动中有关兴废、行止、人我、群己等问题。再就是,对"学生自治"活动中,偏离"管理自己"的自治本义,擅干校务以至引发"风潮"的现象,提出了批评,主张在校务改革问题上"守则"与"改良"并举,认为易卜生笔下"娜拉"式反抗,只能是"见义当为"的最后实施的手段,对于少数学生不顾整体、不顾大局、不顾多数人之意愿,武断决绝动辄破坏,不以苟同。他说道:

　　　　从前的学生,到不得已时,全体都慎始慎终的改革,还没有好结果。现在呢?任凭几个人的武断,闹得现在农专法专都不像样子,所以我们在这潮流之中,都不知不觉的受其害。这点还望诸君注意!现在贵校办得很好,很有条理,学生自治会也能保守自治的本意,真是前途希望无穷!今天承诸君来此听讲,非常觉得感谢![①]

　　学生自治,自 1917 年发生以来,虽然不断遭遇旧势力的攻

---

　　① 蔡元培:《自治成因与范围》,《北京女子高等师范周刊》,1923 年 1 月 7 日第14 期。

击,但也一直为蔡元培等教育精英们所关心并呵护,当然更得到广大青年学生的拥护。然而,几年发展下来,其所暴露出来的问题,着实让一直给予它极大热忱的蔡元培充满了忧虑,尤其是民国十一年,学校风潮蜂拥而至,林林总总,不仅有偏离"学生自治"之范畴,而且严重影响了学校正常秩序,与其发起创立之初衷,时有出离。周作人在《学校的纲常》一文中道:"有一个时候,学生是天之骄子,无论做什么事都是对的,旁人没有批评的自由。到了近来,湘皖地方发现了'丘九'的徽号,于是名誉有点坏了起来,但是只要和校长教员为难,人家总还是不敢说他们不对的。"①据相关研究表明,民国十一年为《晨报》《申报》《时报》《时事新报》《民国日报》等报章披露的学校风潮就有 101 起,其中高专、大学 25 起,中等学校 66 起,小学校 10 起。当年常道直和余家菊曾进行过专门深入的考察,认为这一时期学校风潮的原因不外乎两大类:(1)起于新旧思想之不融洽。具体表现或反对校长拒绝新校长,或反对教职员拒绝新教职员,或挽留旧校长旧教职员,或反对考试,或对于学制课程之要求,等等。此类风潮中的学生,其思想多受舆论的转移,学生所反对的校长及教职员必多为不合时代理想所定的标准的人员;学生所挽留的校长及教职员,必多为旧势力所排挤以去的人员(结党营私的当然在外),足见教育界欲脱离时代思潮的影响是不可能的。(2)起于学生之自我伸张冲动。具体表现或反对学校当局之处分、或要求经济之公开、或反对加增费用、或反对辱没人格之待遇,等等。指出其中不乏专断性要求,譬如要求经济公开这类参加校务的要

---

① 陈子善、张铁荣编:《周作人集外文》(上集),《学校的纲常》,海南国际新闻出版中心 1995 年版,第 522 页。

求,认为练习国家服务不能做参加内阁的理由,练习社会服务亦不能做参加校务的理由。认为在"学校风潮"责任的问题上,学校学生、当局和社会三方都脱离不了关系。因为:(1)从历史上看,中国自有学校起就有风潮发生,初起风潮时错处每每在学校当局,因为最早的最有势力的风潮大概是为国政而起,而学校当局于此而加以抑制焉得不败? 由是就酿成一种无形的公论,以为"当局总在错的一边,学生总在对的一边"。所以当局者每每畏事而多以因循敷衍,直至一发不可收拾。(2)中国的学生界习尚素有几分名士派,以不守法为荣,以敢犯规为勇,又加之现代的名人某某曾在某校闹过风潮,某某曾在某校受过开除,于是"大人材必不羁","不入牢狱不算志士"观念风行。无论是法理论还是身心发展论,学生的"独立人格"仍在形成过程中,有过错应原谅,但不能要求教员偿其责任。关于如何救济的问题,蔡元培提出了三点主张:(1)教育者自己解决,教员及教师以身作则;(2)教育行政上解决,如慎选校长之类;(3)从教育舆论上解决。即在平时各种主张务求在事实上可行,勿徒作痛快之论,免致学生的理想与"可能的实际情形"相去太远;一来可以减少学生精神上的骚扰,二来可以减少教育界的纠纷。在有风潮的时候,务求洞悉真相,然后下严正的评论;如果是教员的不是,不妨口诛笔伐,如果是学生的不是亦不可推波助澜。总之,中国社会是处在变动中,持论最不容易。但现时要救济风潮最有效的方法就是舆论。[①] 蔡元培演讲中提到的农专、法专风潮正起于该时期。详情如表 3-1 所示:

---

① 蔡元培:《自治成因与范围》,《北京女子高等师范周刊》,1923 年 1 月 7 日第 14 期。

表 3-1　北京法专、北京农专风潮情况（1922）[①]

校名	历时	原因	结果	附记
北京法专	10 月 21 日至 12 月末（未决）	学生组织"改良校务同志会"与"法政大学促进会"，前者为激进派主张去校长，后派主张留校长，12 月 21 日两派在教部冲突，王校长辞，部另委一人，学生不承认	教部 12 月 29 日委新校长学生不承认，迄 12 月末未决（学生与教员要约任上课）	学生组织改良同志会，要求（1）由学生代表与教员代表共同组织教务会议（2）财政公开（3）改建大学，自此遂生芥蒂（十二月初旬）
北京农专	10 月 21 日至 12 月 15 日	学生不满意校长，推代表请退位，并限 10 月 22 日答复，否则呈教部并宣布罪状，校长某即辞职；11 月中，部委教员某代理，学生不允，开除二人，遂于 22 日起罢课	12 月中，教部委章行严为校长，学生于是月 15 日开欢迎大会	该校自暑假以来风潮即断断续续不接，此番乃其爆发

　　在蔡元培看来"办得很好，很有条理，学生自治会也能保守自治的本意，真是前途希望无穷"[②]的女高师学生自治会，在女学界颇为活跃，是五四时期北京女学界联合会的主要力量，也是后来女权同盟会的发起人，此外还是平民教育的生力军，凡是有关学联发起的社会运动，都会有她们。在女高师所有的学生社团组织中，学生自治会是一个最为重要的主导性、枢纽性团体，它不仅组织严密，而且其他学生社团都与之有着重要的人事联系和工作关系；譬如，其与文艺研究会就是两块牌子一套人马，其主要成员也多参与校内外其他社团的活动。另外，它还对学校的各项管理事务介入较深，在历任校长去留问题上，都努力作为

---

　　①　常道德，余家菊：《学校风潮的研究》，教育杂志社商务印书馆 1926 年版，第42—80 页。

　　②　蔡元培：《自治成因与范围》，《北京女子高等师范周刊》，1923 年 1 月 7 日第14 期。

过,在学生中颇有声威。由于人才众多,深孚众望,"其他各女校的活动,无不以女师马首是瞻"[①]。相较于其他高校的学生,由于求学的机会来之不易,女高师的学生十分珍惜学校光阴,一般情况下都不影响日常的学习,有关社会活动多在业余时间进行。本次演讲反映了蔡元培对于学生自治"失范"态势的忧虑,也表现出对于女高师的关怀与勉励。

二　胡适与女高师

胡适(1891—1962)

胡适作为《新青年》的健将、文学革命的"急先锋"和女高师"中国哲学史"课业教授,其对于女高师的联系及影响多面多义。从当年有关史料及其亲历人后来相关回忆来看,胡适参与主持的《新青年》对纲常礼教文化的批判及其所力倡的白话文运动,以及其主导下由"李超事件"所引发的有关妇女解放命题的再讨

---

① 中国人民政协全国委员会文史资料委员会编:《五四运动亲历记》,吕云章著《五四运动中的北京女学生》,中国文史出版社1999年版,第24页。

论,对于女高师学生影响尤为深刻。

(一)《新青年》主将蜚声异常

胡适讲学女高师,为1918年执教女高师的北大毕业生陈中凡所请。陈中凡,1917年毕业于北京大学哲学系(当时叫哲学门),留校任预科补习班国文教员,北大"进德会"成员。陈中凡受蔡元培的影响,不论做学问还是交朋友,均持"兼容并包"的态度。他在北京大学学习及任教期间,与陈独秀、李大钊、胡适、刘师培、黄季刚等新旧各派人士均有交往。他在担任女高师国文部主任兼教员时,革除学校封建保守习气,既邀请北大"新派"教授,如李大钊、胡适等,也邀请"国故派"教授,如刘师培、黄季刚等来校讲课。《中国哲学史》的讲授,胡适丢开唐、虞、夏、商,改从周宣王以后讲起,似与传统叫板的做法,就令当时的北大的才子们和中国的思想界震动并叹服。对此,顾颉刚曾回忆道:

> 这一改把我们一班人充满着三皇、五帝的脑筋骤然作一个重大的打击,骇得一堂中舌挢而不能下。许多同学都不以为然,只因班中没有激烈分子,还没有闹风潮。我听了几堂,听出一个道理来了,对同学说,"他虽然没有伯韬先生读书多,但在裁断上是足以自立的"。他又年轻,那时才二十七岁,许多同学都瞧不起他,我瞧他略去了从远古到夏、商的可疑而又不胜其烦的一段,只从《诗经》里取材,称西周为"诗人的时代",有截断众流的魄力,就对傅斯年说了。傅斯年本是"中国文学系"的学生,黄侃教授的高足,而黄侃则是北大有力的守旧派,一向为了《新青年》派提倡白话文而引起他的痛骂的,料想不到我竟把傅斯年引进了胡适的路

子上去,后来竟办起《新潮》来,成为《新青年》的得力助手。[1]

顾氏正是在胡适的学术思想影响之下建立起学术的地位。因此,有的论者就此推论道:

> 顾氏终生忘不了这一深刻的心理经验,便可见当时他在思想上所受到震动之大。在中国近代思想史上只有梁启超1890年在万木草堂初谒康有为时的内心震动可以和顾颉刚、傅斯年1917年听胡适讲课的经验相提并论。[2]

尽管胡适《中国哲学史》的教授,在北大取得了巨大的成功,但在女高师难见类似反响。曾经聆听其讲授的女高师学生程俊英,在有关回忆文章中先后两次提到胡适的授课,仅一笔带过,即:在《回忆女师大》中的"胡适老师教我们中国哲学史,讲义是用崭新的白话文写的"[3],在《五四时期的北京女高师》中的"胡适,他在五四运动以前就有名。……他教我们中国哲学史,对我们也很有影响"[4]。最能说明该问题的,当是苏雪林在《浮生十记》中的有关文字:

> 我只受过胡先生一年的教诲。那便是民国八年秋,我升学北京女子高等师范国文系的事。胡生在我们班上教中国哲学史,用的课本便是他写的那本《中国哲学史》上卷。我的头脑近文学不近哲学,一听抽象名词便头痛。胡先生

---

① 顾颉刚:《我是怎样写〈古史辨〉的》,《中国哲学》(第二期)1980年版,第332页。

② 余英时:《中国思想史上的胡适》,见欧阳哲生等主编《解析胡适》,社会科学文献出版社2000年版,第969页。

③ 程俊英:《回忆女师大》,《档案与史学》,1997年第1期。

④ 程俊英:《五四时期的北京女高师》,北京师范大学校史资料史编,北师大出版社1984年版,第124页。

那本哲学史所讲孔孟老墨,本为我们所熟知,倒也不觉烦难,不过当他讲到墨经所谓墨辨六篇,我便不太听得进了。再讲到名家坚白同异之变,又《庄子》天下篇所学二十一例,更似懂非懂了。胡适先生点名时,常爱于学生姓名下缀以"女士"字样,譬如钱用和女士、孙继绪女士……常使我们听得互相而微笑。他那时声名正盛,他来上课,别班同学有许多来旁听,连我们的监学、舍监及其他女职员都端只凳子坐在后面。一间教室容纳不下,将毗连图书室的窗隔打开,黑压压的一堂人,鸦雀无声,聚精会神,倾听这位大师沉着有力、音节则潺潺如清泉非常悦耳的演讲,有时说句幽默的话,风趣横生,引起全堂哗然一笑,但立刻又沉寂下去,谁都不忍忽略胡先生的只词片语。因为听胡先生讲话,不但是心灵莫大的享受,也是耳朵莫大的享受。杜威先生来华演讲,每天都是胡先生担任翻译,我也曾去听过一二次。杜威的实验主义当时虽曾获得学术界的注意,并有若干演讲纪录刊布出来,却引不起我钻研的热情,实际上是由于我的哲学根底太浅,不能了解的缘故。[①]

显然,在女高师的课堂上,胡适有关中国哲学的满腹经纶,因着学生"哲学根底太浅",而没有北大讲堂的共鸣更遑论觅得傅斯年般的惺惺相惜。然而,胡适的"盛名"、晓畅的表达以及别开生面的"绅士"做派,无疑深深吸引了课堂的聆听者,更何况胡适所参与主持的《新青年》杂志有关新文化运动的申论,早已在女高师学生之中引起极大震动。《苏雪林自传》中曾有这样的

---

① 苏雪林:《浮生十记》,《适之先生与我的关系》,江苏文艺出版社 2005 年版,第 201—202 页。

记载：

> 我诞生于一个极端保守的家庭，虽幼年饱受旧礼教之害，但幼年耳濡目染的力量太强，思想究竟保守的。入了安庆一女师肄业数年，几个国文教师又都是热心卫道之士，所授文字无非宣言伦常礼教，他们是大冬烘，我们也就是小冬烘。为什么一到北京不久我即以"五四人"自命呢？原来我的改变也非来到北京才开始的，在五四运动尚未爆发的前一年，我尚在母校附小当教员时，我们组织了一个国文补习班，请原在女师授课国学最优长的陈慎登师授课，他终日痛骂陈独秀、胡适之诸人，指为异端邪说，洪水猛兽，因他骂的太激烈，倒引起我的好奇心，想把这类书刊弄来看看，究竟是何种东西。恰有一同学家里有《新青年》《新潮》《星期周刊》，虽零落不全，阅读后也知其大概。《新青年》反对孔子，我那时尚未敢以为然，但所举旧礼教之害，则颇惬我心。想起我母亲一生所受婆婆无理压制之苦及我自己那不愉快的童年，还不由于此吗？所以我未到北京前思想已起了变化了。[①]

同为国文班同学的陈俊英也有类似的回忆：

> 《新青年》中的《文学改良刍议》一文提出"八不主义"，给我的影响尤大。我们过去一直作文言文或骈文，认为只有俗文学的明清小说才用白话写，是不登大雅之堂的。经他在课堂上的分析、鼓吹，我们从1918年起就不做堆砌词藻、空疏无物的古文了。但对新诗还有保留的意见，如胡老

---

① 《苏雪林自传》，江苏文艺出版社1996年版，第37页。

师《尝试集》中的"一对黄蝴蝶,双双飞上天;掉下一个,孤单怪可怜"。总觉得它的味道不如旧诗词含蓄隽永,所以仍跟着黄侃老师学旧诗。

　　五四运动后,我渴望能看到全部的《新青年》杂志,而我校图书室的这种杂志又零乱不全。有天我和舒之悦同学到南池子胡老师家借《新青年》杂志,看门的领我们走上正门房的第一间,门外挂着"来访座谈不超过五分钟"的长木牌。进书房后,他正在伏案写作,我们说明来意,他很爽快地把书橱里的全部《新青年》取出来,我们立刻告辞,他说:"女学生不在此限,多坐一会儿。"又说:"最初这杂志是陈独秀办的,现在由他和我、李大钊等六人轮流编。"回校以后,我一口气从第一卷读到末卷,顿觉头脑清醒,眼睛明亮,好像从"子曰诗云"的桎梏里爬了出来。①

不难看出,胡适及其《新青年》有关新思想、新道德、新文学的阐发,给女高师学生以极大震动和影响。其实,五四新文化运动渐兴之初,女高师的旧学气氛仍很浓重。后来成为知名作家的黄庐隐,曾先后接受过教会学校与北京师范学校教育,工作两年之后再回到母校深造的她,仍不免为自己国学根基不深,而一度战战兢兢,她在自传中回忆女高师最初生活时道:

　　当我进学校时,看见那些旧学生,趾高气扬的神气,简直吓倒了。并且我们这一班的同学,又是由各省师范毕业生、或小学教员里选拔出来的,中文都很有根底,所以我更觉得自惭形秽了……我对于这些新学说最感兴趣,每每买

---

① 程俊英:《回忆女师大》,《档案与史学》,1997年第1期。

些新书来看,而同学之中十有九是对于这些新议论,都畏如洪水猛兽。我还记得,在我们每星期五晚上的讲演会上,有一个女同学,竟大胆的讲恋爱自由,……有脸上露出鄙夷的表示的,也有的竟发出咄咄的怪声的。而那位(演讲的)同学,雪白的脸上,涨起了红潮,她是咬牙在忍受群众的压迫呢。散会后,我独去安慰她,同情她,而且鼓励她勇敢前进。这样一来,我也被众人认为新人物,时时被冷嘲热骂,有几个更浅薄的同学,常常讥讽我。因为我不懂旧文学,所以只好极力学新的——据她们的脑筋,以为新文学,是用不着学就会的。只有她们满肚皮的四书五经,是我们不学无术的人望尘莫及——当然我对于这种讥讽也只得承受,无论如何,我肚子里是没有典故的。[①]

《北京女子高等师范文艺会刊》是女高师文艺研究会会刊,创刊于 1919 年 6 月,终刊于 1924 年初,前后共出版 6 期。就 1919 年 6 月出版的第 1 期而言,该刊旧文学的色彩很浓,所有的文章均为文言体式,不仅文艺作品均系格律诗词及文言骈散体,论说文也具有相当浓厚的八股文特征。然而,第 2 期该刊面貌则有所变化,白话体裁的文章开始出现;此后,白话文学篇幅日渐增加,白话文学的体裁也日渐扩大。如表 3-2 所示:

---

① 《庐隐自传》,林伟民编选《海滨故人庐隐》,人民文学出版社 2001 年版,第 195—196 页。

表 3-2 《北京女子高等师范文艺会刊》新旧文体数量变化情况①

期刊	出版时间	旧诗词	骈散古文	文言小说	新诗	白话小说	散文
第 1 期	1919 年	51	14	0	0	0	0
第 2 期	1920 年	71	7	1	0	0	0
第 3 期	1921 年	64	7	1	0	2	0
第 4 期	1922 年	98	0	1	10	0	0
第 5 期	1923 年	43	0	1	6	1	0
第 6 期	1924 年	33	0	0	19	3	1

　　可见,白话文的渐趋深入到为女高师学生所认同经历了一个"蜕变"过程。若没蔡元培、胡适等《新青年》同人的一致关注并极力倡导,很难想象庐隐、冯沅君、苏雪林、石评梅、陆晶清等能很快地进入文学中心,而成为新文学第一代女性作家。有着新旧过渡特征的《北京女子高等师范文艺会刊》没有像同时期刊物《学衡》《国故》等走向新文学的对立面,而是呈现出十分明显的对于新文学的接受和容纳姿态,由此所产生的思想意义不可小觑。语言是思想和表达的载体,一个民族语言任何激烈的基本变化,都必将引起社会和精神生活方方面面的巨大变化,这也正是林琴南们对于《新青年》同人所推动的新文化运动所最为齿痛的地方。而今的周策纵先生在论及五四白话文学意义时说:"语言表达的方式可以影响到人们的思路、思考和行为。白话文的推展,可能已促使中国文字变色和变质了。这无疑的是胡适对于中国文化的最大贡献。自然,这是五四以来,无数作家和知

---

　　① 王翠艳:《女高师校园文化活动与现代女性文学的发生》,《中国现代文学研究期刊》,2005 年第 5 期

识分子共同努力的结果。"①

（二）"李超"事件

1919年8月，北京女高师国文部学生李超的病逝，对于女高师学生来说不啻为"惊心动魄"：这不仅仅因为李超的"死"令女高师学生如此近距离目睹了旧文化、旧家庭的罪恶；而且在胡适等《新青年》同人借此发起的有关女子解放再讨论中，女高师学生对旧制度的专断与旧文化的残忍有了更为清醒的认识，从而开始以更为激烈和决绝的姿态与旧势力相抗争。

胡适，和其同时代的思想精英们一样，对中国女子的命运及其发展一直关注并关怀着。早在其在编辑《竞业旬报》时，就先后撰述《敬告中国的女子》《论家庭教育》《观爱国女校运动会纪之以诗》《世界第一女杰贞德传》《中国爱国女杰王昭君传》等一些激励女性的文章。学业之余，考察美国社会制度及其风物人情是胡适留美生涯中的一项重要内容，其中包括对于美国妇女日常生活状况及其蓬勃兴盛的女权运动的考察。相关见闻与见地见诸《美国的妇人》之文稿，并于1918年9月15日演讲于北京女子师范学校（即女高师前身），后刊布于《新青年》第5卷第1号。胡适认为"美国妇女特别精神"，便是"超于良妻贤母的人生观"，换言之，便是"自立"的观念。所谓"自立"，就是要发挥一个人的才性，可以不倚赖别人，自己能独立生活，自己能替社会做事。它不排斥"贤妻良母"的基本要义，只是不将人生的目的局限于"贤妻良母"。用胡适的话来说就是："'做一个良妻贤母，何

---

① 周纵策：《胡适对中国文化的批判与贡献》，见欧阳哲生主编《解析胡适》，社会科学文献出版社2000年版，第133页。

尝不好。但我是堂堂地一个人,有许多该尽的责任,有许多可做的事业。何必定须做人家的良妻贤母,才算尽我的天职,才算做我的事业呢?'这便是美国妇女精神的一种代表"①,是良善社会绝不可少的条件。这种"特别精神"的养成,在于"教育",即美国女子教育的普及和男女同校制度的实施。胡适还认为,要改良中国的社会,务必用"美国妇人的特别精神",来补助我们的"倚赖"性质,来补助我们的"良妻贤母"观念,"使中国产出一些真能'自立'的女子,渐渐的造成无数'自立'的男女,人人都觉得自己是堂堂地一个'人',有该尽的义务,有可做的事业。有了这些'自立'的男女,自然产生良善的社会"②。在《新青年》除旧布新的思想解放运动中,胡适不仅对历行弥久的传统"贞操"论以近世民主观人道观为观照加以拷问,还对拒绝"陆沉"独战社会的易卜生主义和伸展"个性"、不与庸众相妥协的娜拉精神予以讴歌和呼唤。其对于中国女子的关怀和期望,发乎中溢于言。

感于李超的志气更愤于旧家庭的黑暗,胡适于 1919 年 11 月 26 日撰述了数千字的《李超传》,并在北京学界追悼李超的大会上散发,后又分别刊登于《晨报》和《新潮》杂志。

"李超的一生,没有什么轰轰烈烈的事迹",《李超传》是胡适"参考他的行状和他的信稿"书就的。李超的"生平事实不过如此":家境尚好却不幸失去双亲,家中一切继兄独断。不甘于重蹈传统命运的轮回,李超立志向学:"民国初年,他进梧州女子师范学校肄业,毕业时成绩很好。民国四年,他和他的一班同志组织了一个女子国文专修馆。过了一年,他那班朋友纷纷散去了,

---

① 胡适:《美国的妇人》,《新青年》,第 5 卷第 1 号。
② 胡适:《美国的妇人》,《新青年》,第 5 卷第 1 号。

他独自在家,觉得旧家庭的生活没有意味,做发愤要出门求学。他到广州先进公立女子师范后进结方学堂又进教会开的圣神学堂,后又回到结方,最后进公益女子师范。他觉得广州的女学堂不能满意,故一心要想来北京进国立高等女子师范学校。民国七年七月,他好容易筹得旅费,起程来北京,九月进学校,初做旁听生,后改正科生。那年冬天,他便有病。他本来体质不强,又事事不能如他的心愿,故容易致病。今年春天,他的病更重,医生说是肺病,他才搬进首善医院调养。后来病更重,到八月十六日遂死在法国医院。死时,他大约有二十三四岁了。"①由梧州而广州而北京,惜财如璧及"男尊女卑"和"女子无才便是德"旧俗旧习,令其继兄悍然切断李超所有经济联系,直至李超病逝之后仍咆哮:"执迷不悟,死有余辜。"

李超惨淡而短暂的人生历程令胡适沉痛并凝思:

> 我替这一个素不相识的可怜女子作传,竟做了六七千字,要算中国传记里一篇长传。我为什么要用这么多的工夫做他的传呢?因为他的一生遭遇可以用做无量数中国女子的写照,可以用做中国家庭制度的研究资料,可以用做研究中国女子问题的起点,可以算做中国女权史上的一个重要牺牲者。我们研究他的一生,至少可以引起这些问题:
>
> (1)家长族长的专制。"尔五叔为族中之最尊长者,二伯娘为族中妇人之最长者。若不禀报而行,恐于理不合。"诸位读这几句话,发生什么感想?
>
> (2)女子教育问题。"侬等祖先为乡下人,所有远近乡邻女子,并未曾有人开远游求学之先河。今尔若子身先行,

---

① 胡适:《李超传》,《晨报》1919 年 12 月 2 日。

实属罕见创举。乡党之人必多指摘非议。""举廷五叔及甫弟等均以为女子读书稍明数字便得。"诸位读这些话,又发生什么感想?

(3)女子承袭财产的权利。"此乃先人遗产,兄弟辈既可随意支用,妹读书求学乃理正言顺之事,反谓多余。揆之情理,岂得谓平耶?"诸位读这几句话,又发生什么感想?

(4)有女不为有后的问题。李超传的根本问题,就是女子不能算为后嗣的大问题。古人为大宗立后,乃是宗法社会的制度。后来不但大宗,凡是男子无子,无论有无女儿,都还要承继别人的儿子为后。即如李超的父母,有了李超这样的一个好女儿,依旧不能算是有后,必须承继一个,"全无心肝"的侄儿为后。诸位读了这篇传,对于这种制度,该发生什么感想?[①]

胡适上述发问,锋芒直指渗透封建宗法思想的家庭制度和为男尊女卑观念所浸淫的社会文化与女子法律地位。五四时期有关"妇女解放"的讨论,也因此由对封建思想文化的批判扩展到对封建社会制度的拷问及如何加以改良等领域。其意味其影响,胡适深谙并宣言弟子。《苏雪林自传》有这样一段相关文字:

> 我未到北京前,知道女高师有一生李超乃广西富家女,其父以无子,承继一侄辈为子,死后遗产悉归嗣子,李超乃亲女反不得一文,升学北京,贫病而死。其友梁某为作文宣扬。记得胡适为李超写了篇《李超传》,在班上对我们说他这一篇文章比《史记》的《汉高祖本纪》《项羽本纪》还有价值

---

① 胡适:《李超传》,《晨报》1919年12月2日。

得多。吓得我们舌挢而不能下。我们那时把《史记》看成天下第一的著作,胡先生居然说他的文章胜过《史记》,岂非荒天下之大唐吗?当胡先生文出,女子要求继承遗产权者相继不绝,宪法为之修改,效力果然大极,谓胜过《汉高祖本纪》《项羽本纪》,绝非夸诞之辞。[①]

李超为社会黑暗迫害致死的悲惨命运,让社会震惊,更让同情女性、伸张女权的学界激愤并关切。1919 年 11 月 29 日,北京学界精英聚齐女高师隆重追悼李超女士。相关情况,除《申报》以"消息"刊布外,《晨报》则披露得较为详细:

> 昨日为北京学界假座女子高等师范学校,开追悼李超女士追悼大会之期。该校会场本不甚大,故筹备处不得已,特发男宾入场券,少事限制。然,是日莅会者仍甚多,男女约共千人以上,会场几无容足地。赠送诗文挽悼者,不下三百余份。会场大门及马路大门均扎彩棚,一座中置李女士遗像上有蔡子民先生题"不可夺志"横额一幅,左右置花圈二十余,会场中并散发女士遗像及胡适之先生所撰传。下午二时宣告开会,先奏乐次主席周家彦致开会词,次全体行三鞠躬礼,同时奏乐,次读祭文,次奏乐,乐止。该校国文班同学唱追悼歌,次同乡李某君报告女士事略,次演说。是日,特请演说者为蔡子民先生、陈独秀先生、蒋梦麟博士、李守常先生,均如约而至,均淋漓尽致,全场感动,满座恻然,无不叹愤家庭之残暴,表同情于奋斗之女青年。次来宾自由演说,则有梁漱溟、黄日葵、罗家伦、张国焘四君。极沉痛

---

① 《苏雪林自传》,江苏文艺出版社 1996 年版,第 37 页。

而该校国文部同学孙继绪、陶玄两女士演说识解尤其高超,谓李女士受家庭专制之苦如此,其烈而并未向同学道过只字者,全以女士尚有两种观念未能打破,即"家丑不宜外扬"与"以穷困为耻"之观念是也,我辈女青年对于旧家庭之压迫,不可再抱家丑不外扬之陈腐观念,宜即宣于大众云云。[1]

不日,有关演讲内容相继刊布于《晨报》"论坛"专栏:

蔡元培(1868—1940)在演说中指出:"女士遭遇非其一人之厄,是若干人之厄"[2],并且男子落入此种悲惨境遇也颇多,认为与会发言者的主张与办法皆有可取之处,但立场有所"偏执",即"偏于女子一方",引导人们立足所有受厄者不论男女的立场思谋解决问题的办法;并提出了"三步"法,即:经济问题的解决,改变现在经济组织,实行各尽所能各取所需的公则,以杜绝此类悲剧;退一步是"教育问题的解决",推行"义务教育";再退一步是"教育界的一部分的解决",实施"基金"制度,诸如北大的"成美学会"形式,等等。

陈独秀(1479—1942)在演说中指出:"女士之死,乃社会制度迫害而死。"[3]认为男欺女、男欺男、女欺女的社会制度由来已久,根深蒂固,皆为人的"占有性"演成恶习所致,认为男女共同协力是解决问题的正途。

---

① 《晨报》,1919年12月1日。
② 《晨报》,1919年12月2日。
③ 《晨报》,1919年12月2日。

蒋梦麟(1886—1964)在演说中指出,追悼李超女士的意义,在于追悼其"奋斗"的精神,"人生是一个奋斗,不是一个游艺会",此女子虽在世不久,但其生活在人生奋斗史上立了一个经验,做了一个好榜样,"我们可用我们的生活,作一场奋斗,前赴后继,把这种恶家庭、恶社会扫得干干净净,才算是不空做了一世人"①。

梁漱溟(1893—1988)有感于"男宾多于女宾"的会议现场,无限感慨道:"现代妇女解放,还是先别倡论,女子都没有什么动作。"认为"富于感情是东方人的精神"②特征,激发人们这方面的感觉或情感,是解决问题的首要任务。

孙继绪,女高师学生自治会骨干,李超国文部同学,在演讲中则着意强调,社会制度的改良与家庭旧习的革除,女子需要"教育"的帮助提高知识与能力;女子摒除千年制度所养成的被动与盲目,进而积极主动地活动于社会,需要"男女教育平权"早日实行,只有个个具有相应的智识与能力,社会的改良才有希望,否则即使"有少数学者"来提倡"什么社会改良""什么平等""什么解放",恐怕也无济于事③。

王光祈(1892—1936),《少年中国》的主持人,也是当日与会者,因时间关系当场演说不及,后投书《晨报》"妇女问题"专栏。认为当务之急,是发起一种家庭革命的实际运动,救出将死未死的女子,而不是忙于哀叹李女士的不幸和旧家庭之罪恶。主张

---

① 同上。
② 《晨报》,1919 年 12 月 2 日。
③ 《晨报》,1919 年 12 月 2 日。

由女子自己组织一种"周刊",刊布有关消息沟通
彼此信息,引起社会同情;此外,号召为生计和求
学所困厄的女子,组织女子生活互助团体与旧家
庭相抵抗①。

　　上述与会演讲者身份不尽相同,演讲的内容
也各有侧重,但对"妇女问题"的关切是共同的,对"李超事件"所
暴露的社会问题认识也基本一致。需要注意的是:第一,有关各
方对于"李超事件"的反响。参加李超女士追悼会的人士,主要
由两部分人员组成:李超生前女高同学和北京大学教员及其学
生,没有一个外人,甚至连当时女高师校长毛邦伟,以"该校前故
学生向无追悼"为由缺席,也未挽联。用王光祈的话说:"这个追
悼会可以算是北京大学和女子师范主办,与社会上不生什么关
系,因为社会上觉得这个追悼会,是小题大做。"②李超继兄嚣张
依旧,李超乡谊则"拟在京觅一名胜地以葬女士,俾触目惊心常
留一警惕于社会庶几旧俗有打破之一日"③。第二,"妇女解放"
论者内部之紧张,主要表现为一种相关问题上的性别认识差异。
演讲中,蒋梦麟、梁漱溟对于"女子穿戴华丽阔绰坐汽车在街上
逛,而什么'妇女解决'问题都没有理会"④的现象颇有看法,王光
祈文章中也有类似意见。

　　北大学生罗家伦(1897—1969),更是在其刊布于1919年
10月《新潮》杂志中的"妇女解放"一文中大声疾呼:

　　　　质之于伦理、心理、生物、社会、政治、经济种种的原理

----

① 王光祈:《改革旧家庭的方法》,《晨报》1919年12月4日。
② 王光祈:《改革旧家庭的方法》,《晨报》1919年12月4日。
③ 《晨报》,1919年12月1日。
④ 《晨报》,1919年12月3日。

和现象,妇女不能不解放!证之以西洋现在的情形,与中国各方的观察,妇女更不能不解放!解放!妇女解放!解放的总步趋是:教育!职业!儿童公育!

　　我一气写到此地,豪兴勃发,但是忽然心里有一种很深的感想。就是觉得为什么要我们男子来谈妇女解放?男子自己现在还有种种思想的束缚、知识的束缚、社会的束缚、生活的束缚,自己都解放不了,还配为人家解放吗?也正如《星期评论》记者所谓我们作"楚囚对泣"罢了!我念至此,不禁欲泣。但是我对面的泣声呢?我念至此,更不禁加上一层伤感。中国二万万的女子,也有喉舌,为什么不响?也有手指,为什么不动?也有心思,为什么不用?不然何以不见他们有点表现,而任商务印书馆的《妇女杂志》去登《大学不宜男女同学》论;更听《时报》的《新妇女》去登咏女学生的"洛浦灵妃乍见之,神光离合费凝思"的轻薄诗呢?他们切肤的利害问题,为什么自己不来讨论?何以我没有看见他们有一种出版品?他们难道就以此为满足吗?这几个疑问,实在扰了我半天,而不得一个回答。所以非常望女界中赶快有人出来作种种组织,切实研究一切关系重要的问题;以女子研究女子问题,当然有比男子真切的地方,因为惟自己能知道自己的要求。研究有得,一面有种机关披露出来,一面能够自己有组织的实行去,方才可以有补;不然专靠他人来提倡,就是万分好的理想也是没有用的。所以我最后想说的一句话就是:妇女固然应当解放,而

妇女解放尤赖妇女自己解放起！[①]

对此，女高师学生孙继绪认为：

> 我们断定社会制度是非标准，并不是说古来的都是不好的、现在的都是好的；中国的都不是好的，西洋的都是好的；应该以不背公理、合于人道的为标准。若要有这种判断的能力，必定要受充足的教育。若不受教育，就没有这种知识。即使有人来提倡解放、提倡改良，他也不会活动。就是有活动的，不是出于被动，就是出于盲从。被动的效力很小，而且不能长久；盲从的不明是非，危害更大。现在中国女子的知识，当然不如男子，勿容深讳，然亦是数千年社会制度所养成的。就是现在的男子，能像今天教育名家的又有几人呢？所以我们要求与男子平等，必定要想要求教育的平等。要女子在社会上能活动，必定要使他有这种能力，有这种知识。这是仅就女子一方面说。若说到平民主义的社会改良，是必定要个个人有这种智识，有这种能力，然后才有希望。若不是这个样子，就是有少数学者来提倡"什么社会改良""什么平等""什么解放"，这多数的平民，也未必就能改良、能解放、能平等。恐怕连这几个名词还解释不清楚呢！[②]

蒋、梁、王、罗，对于在"妇女解放"社会运动中女子的"被动"与"沉静"的不满及责词，反映了"妇女问题"之于社会改革的重要性与迫切性，也反映了作为这场社会运动主导者的知识精英

[①]　罗家伦：《新潮》，1919 年第 1 期。

[②]　《晨报》，1919 年 12 月 3 日。

们在各种社会习惯势力压迫之下的焦躁与忧虑。相形之下,作为这场社会改造运动同盟军的女子,也有着满腹的委屈,千百年来的封建枷锁不仅令社会"偏枯",更使女子身心俱"废"。甲午海战之后,女学方兴,裹足才去,巾帼才俊寥寥无几,一时远远无以满足时代发展与社会进步的需要。普及教育开启心智、教育平权男女平等,因此成为五四新文化运动的一个重要内容,同时也深植于女高师学生心中。孙继绪陈词恳切地强调"教育",揭示了女子在有关"自身解放"的问题,此后类似命题的讨论仍在女高师校园中深入讨论着。

好学倔强的李超,因着家庭的压力,平素内敛静默,但在校园社团活动中仍积极作为,是女高师文艺研究会成员,曾担任过蔡元培演讲时的记录,在文艺研究会组织的演讲会上作过有关"人生观"主题演讲。她的"弱"去,让女高师同学唏嘘不已,悲愤出诗:

图 3-3　李超像

悼李超同学（程俊英）

不堕青云志,宛鸠气自雄。才高伤命薄,学富叹途穷。

多病同秋草,孤生等泽桐。精灵应未沫,彤管想英风。

亦有好门基,句书岂乏资? 如何鸩入室,转令鹊无枝。

长吉修充梦,渊明乞食诗。遗篇重检点,感旧泪如丝。①

挽李超同学（罗静轩）

梧桂钟灵地,芝兰绝世资。少孤能自立,多难畏人知*。

有志一生重,无才两字危。前车今已覆,后死尽堪悲。

文采希班左,汾乡负盛名。十年钻蠹简,万里阻鹏程。

同本煎何急? 斯人疾自成。重泉斋自去,感逝泪盈盈。

(*君病时常锁眉不快,余讯之则笑曰无它,不过因旷课耳)②

挽学姊李超（张雪聪）

枉说遗金尚满赢,苏秦裘敝困燕京。

一身孤露嗟何及,万里长风负此行。

咏絮才华馀凤慧,燃萁心事太无情。

壮怀未展身先死,重捡遗篇百感萦。③

挽学姊李超（朱学静）

命宫磨蝎剧堪怜,草虫名兮胡燕过。

毕竟才名噪东国,芳魂也足慰重泉。

---

① 《北京女子高等师范文艺会刊》,1920 年第 2 期。
② 《北京女子高等师范文艺会刊》,1920 年第 2 期。
③ 同上。

荆州永识恨绵绵,问道兰摧倍黯然。

同舍州人齐涕泪,祖先会此着先鞭。[①]

在胡适等学界精英的引导下,女高师学生痛悼同学李超的同时,还就相关问题进行了深入思考和认真讨论并付诸一定的行动。多少年过去之后,程俊英对过往的一切仍记忆犹新:

> 1919年,我班发生了一件惊心动魄的大事——同学李超之死。她是广西梧州人,父母早亡,只有两位姐姐。父母无子,以弟之子为子,作为他家继承人。家产丰厚,都掌握在继承子的手里。李超从小就有志气,勤奋自学,梧州女子师范学校毕业,成绩优越,作文精通。立志到北京深造,于1918年秋考入我班旁听生,一学期后,改为正科生。平时很少和同学交谈,总是愁眉不展,引起了世瑛和我的注意,主动和她谈天,问她有什么困难,我们愿意尽一臂之力。话没说完,她不禁热泪盈眶,唏嘘地说:"哥哥嫂嫂要我停学回家,已代我找到素不相识丈夫。"说着泣不成声。从此,她以我们为知己,有一天,又哭着说:"哥嫂不但不借给她费用,还阻止亲戚的支援。我的姐夫欧寿松很好,帮我不少钱。"并取出《答欧信》见示,中有一段云:"吾家虽不敢谓富裕,而每年所入亦足敷衍。妹年中所耗不过二三百金,何得为过分?况此乃先人遗产,兄弟辈既可随意支用,妹读书求学乃理正言顺之事,反谓多余,揆之情理,岂得谓平耶?静思其故,盖家兄为人惜财如璧,且又不喜女子读书,故生此闲论耳。"我们读后,愤慨异常,正计划筹助的策略,可是不见她

---

① 同上。

到教室上课,原来是生病了,吐血。经医生检查,断为肺病,住院治疗,至八月,竟与世长辞。身后的事由她的同乡料理,医院费用由她姐夫欧君还债,最后她哥哥来信说:"妹妹致死不悔,死有余辜。"是年冬,我校同学举行李超同学追悼会,参加者还有陈独秀、胡适等老师。学校到处都贴满了挽联(那时不送花圈),讲话的人很多,陈独秀老师激昂慷慨地讲:"李超同学已经在旧礼教的压迫下牺牲了,今后我们一定要继续对旧礼教作无情的斗争,妇女才能得到解放。"博得大家热烈的掌声,接着胡适老师发言,大意是:"我提出几个问题请大家讨论:(1)家长族长应不应专制?(2)女子应不应受教育?(3)女子有无承袭家产的权利?(4)生女儿是不是无后?"后来他写了一篇《李超传》,发表在《胡适文存》里。李超的死和追悼会,给我班的刺激很大,激起了反封建婚姻的怒潮,大家都说:胡老师忘记提"封建包办婚姻要不要反对?"的重要一条。于是冯沅君同学带头和几岁时在河南订婚的未婚夫退婚。其他同学纷纷响应。我当时不禁联想到李大钊老师说的"只有社会性质改变,到共产主义,妇女才能得到彻底的解放"的金石名言。①

经过五四新文化运动洗礼的女高师学生,热血勇敢不乏敏锐与犀利。无论何种角度看,"封建包办婚姻要不要反对"的问题,绝非"胡老师忘记提",之所以"不提",原因不外乎两个方面:一是李超事件中,最为直接的祸首是宗法制度与旧家庭积弊;二是"胡老师"身陷"包办"尴尬之中,其所发明的"名份的爱"说是最好的注释或托词。如此问题,反映了新旧时代转换过渡中的

---

①　程俊英:《回忆女师大》,《档案与史学》,1997年第1期。

艰难、复杂、矛盾和痛苦。

（三）《晨报》启事

考察胡适与女高师的联系，不能不提胡适因"呜呼苏梅"事件携高一涵在《晨报》所作启事。因为该事件不乏"个人意气"及"站队圈子"的因素，以往多在轶事层面提及。其实，作为该启事诱因之"呜呼苏梅"事件，对于当事者中的女高师学生苏梅（苏雪林）甚至女高师来说，绝非"轻松"之事。苏梅因之不待卒业，便远涉重洋留学法国；胡适自此不肯再兼职女高师，与其近密的友人也婉辞女高师教职；时掌女高师校务的熊崇熙亦因不慎卷入而遭到女高师学生反对而黯然引退，皆与之干系。

所谓"呜呼苏梅"事件，系指发生在1921年4月至7月间，因女高师学生苏梅撰文于《益世报－女子周刊》批评谢楚桢的《白话诗研究集》，而引发与《京报－青年之友》的"笔墨官司"。由于《晨报》副刊、《民国日报－觉悟》的相继跟进，以及一干当红新文化人士的悉数卷入，引得世人惊呼："这事件，差不多把北京所谓'新文化运动者'牵扯了一大半进去了，此中不少人格破产者"[①]。

事件初燃于1921年4月23日至5月5日，论争的双方因对谢楚桢《白话诗研究集》的意见相左而起干戈。谢楚桢是湖南新化人，曾与胡适同学于中国公学。当胡适已然被北大学生目为"文化运动的最高领导者"时，谢楚桢仍以学子的身份踟蹰于北大校园。相较于被女高师同学誉为"才女金刚"的苏梅，以及被胡适在日记里称作"新名士""小名士"、主持《京报－青年之友》

---

① 薇西：《北京学界底人格破产者》，《民国日报－觉悟》，1921年5月25日。

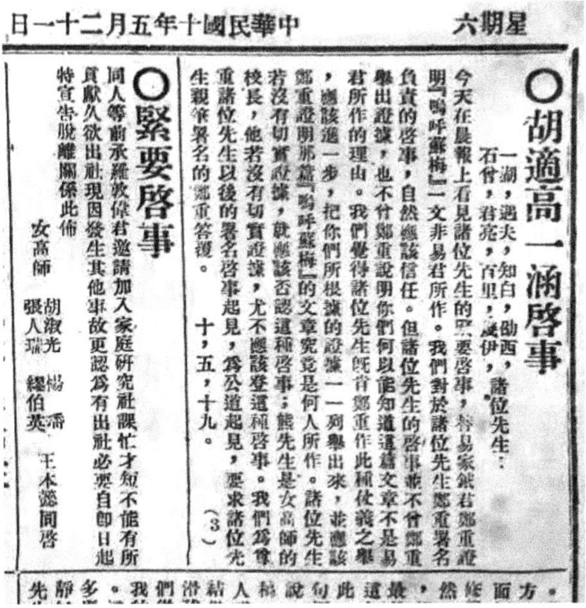

中華民國十年五月二十一日　星期六

○胡適高一涵啓事

一涵，遇夫，知白，勛西，石曾，君亮，百里，凌伊，諸位先生：

今天在晨報上看見諸位先生的那篇啓事，特易家鉞君重鄭重署名"嗚呼蘇梅"一文並非易君所作，自然應該信任。但諸位先生既肯替易君鄭重證明，何以知道這篇文章不是易君所作？我們覺得諸位先生既肯替鄭重證明，此種仗義之舉，不應該草率。諸位既肯替鄭重證明那篇"嗚呼蘇梅"的文章究竟是何人所作，熊先生是女高師校長，他若沒有切實證據，就應該否認這種啓事。我們以為諸位先生鄭重道這一步，把你們所根據的證據一一列舉出來，並應該重蕭這位先生以後的署名啓事，尤不應讓這種啓事起見，要求諸位先生親筆署名的鄭重答覆。

十，五，十九。（3）

○緊要啓事

同人等前承羅敦偉君邀請加入家庭研究社課忙才短不能有所貢獻久欲出社現因發生其他事故更認為有出社必要自即日起特宣告脫離關係此佈

女高師

胡淑光　張人瑞　楊澍　繆伯英　王本蕊同啓

图 3-4　《晨报》(1921 年 5 月 21 日)

的北大法科学生罗敦伟、易家钺等风华正茂的"五四"宠儿，谢楚桢不仅年长一截，而且还相当贫困，用《京报—青年之友》的编辑人亦是其湖南老乡罗敦伟的话来说，就是"穷得一'榻'糊涂"，即："床上的被盖都不完整，窗纸上破一个洞，即是痰盂，一口一口的老痰从洞中穿出去。"尽管如此，受了新思潮激荡的谢楚桢，却分外地努力精进，不仅时常手持刻有"中华民国一青年"和"更要努力！更要改进！"自励字样的个人名片出入社会，还曾自称代言全国女界"新青年一分子"，致信蔡元培呼吁北大开放女禁。"醉心新文化运动，醉心到类似发了狂"的谢楚桢，对五四时期有关的"家庭问题""自治""废兵"以及"白话诗"的研究与创作等，皆倾注了极大心力和热力。惊动"五四"出版界的"呜呼苏梅"事件，便是为其所著的《白话诗研究集》的出版与行销所触发。

　　对于谢楚桢的《白话诗研究集》，当代《诗学大典》是这样介绍的："《白话诗研究集》，谢楚桢编，分上下二册。上卷收入胡适、罗家伦、钱玄同、傅斯年、郭沫若、田汉、宗白华、俞平伯、蔡元培等 15 人论新诗的文章，以及论述旧诗的改革和新诗的作法之作。下卷收入作者的新诗 120 首，并选录了陈衡哲、胡适、刘半农、康白情、王统照等 30 多人的诗作 37 首。故此书系我国早期新诗论与新诗的合集。北京大学出版部 1921 年春出版。"有研究者认为，若按出版顺次论，谢楚桢的《白话诗研究集》，当在胡适的《尝试集》与郭沫若的《女神》之间。如此一来，"我国第一部新诗集是 1921 年 3 月出版的胡适的《尝试集》，第二部新诗集是 1921 年 8 月出版的郭沫若的《女神》"，这一长期为学界普遍公认的说法就有失偏颇；还有论者认为，将谢楚桢的《白话诗研究集》称为"我国第二本新诗集的同时，也是第一本新诗理论集"似更妥帖。无论如何，紧随胡适《尝试集》之后出版的谢楚桢《白话诗研究集》，即早于郭沫若的新诗集《女神》，是不争的史实。这样一部专书的出版，曾激起当时"喜欢读新出版物"的文学青年怎样的阅读期待，是完全可以想象的。更何况其售书广告不余遗力地渲染，即：一方面竭尽溢美之词，诸如"是书系谢楚桢先生苦心孤诣之作""思精笔美""诚为新文艺中别开生面之书""凡有志研究新诗的人，当无不先睹为快"；另一方面，还郑重其事地推出由"沈兼士、孙几伊、杨树达、李煜瀛、陈大悲、郭梦良、孟寿椿、罗敦伟、陈顾远、易家谦、瞿世英、徐六畿"等名动一时的文化名流、学者教授、北大燕京新进学子所组成的豪华荐书方阵。此外，包括寄售网点遍设于"北大、中大、高师、女高师、清华等学校琉璃厂中华书局，青云阁、宴宾楼、劝业场、东安市场各书庄、各省各埠文化书社、巴黎中国书画社"的营销策略，等等，撩得"醉心白话诗"者踊跃预约。

时乃女高师国文班的高材生苏梅，自幼深受古诗文的濡染，因旧学新说兼善而意气风发，名扬校园，其时正受聘于北京《益世报》主持《女子周刊》副刊。据易家谦回忆，"头一个买预约的人就是苏梅"。不幸的是，在热心读者苏梅"纯以研究文学的眼光"中，谢书非但没有令人期待的"放言高论"、"妙议微旨"，反而现出"立意的悖谬、遣词的不通、议论的浮薄荒唐"的面目，叫人不吐不快。极度失望与不满的苏梅，愤而撰稿给《益世报－女子周刊》，对谢书大加斥责。苏梅这篇题为"对于谢君楚桢白话诗研究集的批评"一文，主要针对谢书中"旧诗应改革的理由"立论，并分三次连载于1921年4月23日至5月16日的《益世报－女子周刊》。其首篇文字，洋洋二千余言，要旨有二：先是对谢楚桢滥用名人"做护法天王"，行销名不副实之著述的行为表强烈不满，并直言"新诗才萌芽的时代"和"免人踏我们的覆辙"乃其立论动机。其后，则以大量的篇幅，对谢书有关"旧诗应改革的理由"，即"旧诗无论是古风，是绝律，总不外束缚思想的自由"说进行了集中批驳。文章认为"诗譬如屋宇，字面格律，譬如斧盘。只有匠人用斧盘去造他意想中法度中的屋宇，万不会反有斧盘用匠人去造房屋的道理。明白了这话，就不再闹出古风格律束缚思想自由的话了"；并举"杜甫渼陂行"和"李颀牛渚矶行"加以例证。显而易见，同为五四新文化和白话诗的追随者，苏梅对"旧诗"的态度持有相当的保留。这固然与苏梅自幼接受传统文学教育的成长背景有关，同时也反映了当时北京学界的"国故派"对北京女高师的深刻影响。富有"继绝学，扶微业"学术情怀的"经学大师刘师培"和"才子老师黄侃"，都曾于1919年前后执教女高师,并为苏梅所在国文班的女学生们分别主讲过《文学概论》《文学史》《古代文选》《诗选及诗学源流》,且深孚众望,以至女高师国文班的学生,一度沉迷于六朝文体的效法和古典诗词的唱和。更有甚者,曾经一度"她们也学着老师的口吻对校外那场正如火如荼进行中的文学革命进行攻击和反驳,为老师们声援。"与苏梅同班同学的庐隐,就曾因旧学根底浅而苦恼不已。如此情形,无独有偶。当时北大的学生也分作两派,其中一派以傅斯年和罗家伦为代表,创办《新潮》,追随胡适、陈独秀,为文学革命张目;另一派以张煊为代表,紧跟刘师培、黄侃,创办《国故》,对文学革命持保留意见。从苏梅当时的相关文字来看,趋新护旧是《益世报—女子周刊》时期的苏梅对新旧文学的基本态度。其对谢书说辞的不予苟同并大加挞伐,乃情理中。当然,其情绪之冲动,戾气之深重,浮游通篇,诸如"拿腔作势""拾人唾余""暴殄天物""恶木荆棘""抹牌喝酒""不祥之气"等怨怼之词,联袂频出。

然而,苏梅的文字才见报端,便遭到《京报—青年之友》的猛烈回击。《京报—青年之友》一面继续大肆刊登"名人加持"的售书广告,一面则接续推出反批评的署名文章。其中,署名 AD 的《同情与批评》(1921 年 4 月 28 日)是《京报—青年之友》回应苏梅的首篇文字,其旨有三:一是认为对谢楚桢这样"受环境压迫的青年,不去蝇营狗苟,不甘堕落的青年","应该拿出人类高尚的同情心,替他拥护他的个人的人格,至少不应该侵害他,剥夺他","对"他的人格、著作,不分门类,揉在一块,作一个总攻击"。二是对苏梅主持的《益世报—女子周刊》极尽嘲弄之能事后,更对其批评文字以"断章截句""夸大狂""出风头""文不对题",没有同情心的"闭眼胡说"和"乱骂"等来回怼。三则是对"出版界批评要素"问题提出了相关意见,并提出基于"对于著者人格上一种同情心起见",所作批评"不必在出版物上公布",或以"平心静气的、温柔尔雅的、不失读书人的本色"示人。最后,则特以"主张对于信口骂人的人,应该有一种极富恶意的报答他"来敬告与警戒。俞锟的署名文章《批评-废话-谩骂》(1921 年 5 月 4 日)首先就"出版界"及其"批评"立论,认为"出版界的威权很大",直接关系着出版物或"洛阳纸贵"或"糊壁覆醢",故此提出批评者出言务必"慎重";其次,指出批评的本质与使命在于"监督"与"向导","有的放矢"是出版界批评公正高明的内在要求,"废话"和"谩骂"不能与之混为一谈;真正的批评,"无论公开,或私人都是有利益的"。最后,批评苏梅文字充斥着"没有关系的废话,和顶厉害的谩骂",其与 AD 君之骂,皆与批评"本意"相违,是"出版界的不幸"和"批评界的堕落"。如此而论,《京报-青年之友》回应文字渐趋客观与理性,而其中有关"出版界批评"意义层面的思考,显然不乏建设性。遗憾的是,此番"笔墨官司"并未以"报章"为限。《白话诗研究集》的作者谢楚桢,竟在致苏梅的私函中扬言"索赔"之外,还要求女高师校长迫苏梅"谢罪",否则将诉诸"司法"云云,令苏梅不得不作《答谢楚桢的信和 AD 君的批评与同情》,并期见刊以息争,结果不为《京报-青年之友》所理睬。

　　事件延烧于 1921 年 5 月 6 日至 6 月 27 日间,因苏梅将答辩文状转投《晨报》副刊,以至事态愈演愈烈,论辩的焦点也发生了移位,即由对谢楚桢专书的批评,转为苏梅与《京报-青年之友》编辑之间事关"信用荡然,人格扫地"的文字交锋,亦即演化"《京报-青年之友》是否因'左袒'而'堵塞言路'""引燃公愤的《呜呼苏梅》是否为易家谦所炮制"的诘责。因《晨报》副刊、《民国日报一觉悟》以及五四风云人物的纷纷涉入,出版界由此酿成"大的风潮"。相关前者的论辩文字,主要往来于《京报－青年之友》主编罗敦伟和已深陷此番文字风波中的苏梅之间。有趣的是,彼此论辩的文字皆为答辩状形式,即依次为苏梅的《答谢楚桢的信和 AD 君的批评与同情》、罗敦伟的《不得已的答辩》和苏梅的《答罗敦伟君"不得已的答辩"》。苏梅的《答谢楚桢的信和 AD 君的批评与同情》,即此前为《京报－青年之友》所拒登的那篇文字,后见登于 1921 年 5 月 6 日《晨报》副刊。时掌《晨报》副刊的乃为后来新闻史学界称作"副刊大王"的孙伏园,其刚从北大毕业接棒李大钊主持《晨报》副刊。为苏梅的相关申言所动,《晨报》副刊冒着"多事之嫌",将苏梅的答辩状即时刊载。在这篇几经转辗方得面世的文字中,苏梅除了对谢楚桢前番信函中的指责与恫吓加以回应,便是对 AD 君言辞中的自相矛盾及其"以'同情'取代'批评'"的主张提出了批评。对此,《京报－青年之友》主编罗敦伟加以紧急回应。其刊登在 1921 年 5 月 7 日《京报－青年之友》上署名"仰韶"的文字,即《不得已的答辩》显然是对此前拒登苏梅文字的申辩。这位素以"和平""诚恳"自居的《京报－青年之友》主编,在文中声称自己是受了苏梅"剑及履及"的胁迫,而身不由己地沦陷。其大呼"无辜"外,更多的则是大吐拒登苏梅文字的苦衷,即指控苏梅的文字是"骂人自画供"和"言论自由的附会",而《京报－青年之友》本是研究学术的地方等等。对此,苏梅则很快以《答罗敦伟君"不得已的答辩"》回应。在这篇发表于 1921 年 5 月 12 日《晨报》副刊的六千余字巨幅中,苏梅首先直揭罗敦伟所谓"苦衷"之内里,即:一是罗敦伟君主持的编辑部决定"此类訾毁'本报所登之稿件'的论调,不能代登";二是罗敦伟君为顾全其"与谢君和 AD 君的交情,以全忠厚"；三是罗敦伟君"于谢君的生计计"；四是罗敦伟君认为谢书没有批评的价值，等等。洞悉《京报－青年之友》"左袒"内情的苏梅，本着正直公平乃记者和编辑本应恪守的立场，对作为《京报》馆记者与《青年之友》主编的罗敦伟加以排炮式诘问。在苏梅咄咄逼人的义正辞严之下，罗敦伟的辩词"左支右绌，跋前疐后"，不堪一击；其以"私"而"遏制言论"之真正"苦衷"，昭然若揭。

　　作者署名以"右"的《呜呼苏梅》一文，刊登在 1921 年 5 月 13 日的《京报－青年之友》。这是篇充满骂詈色彩的文字，也是胡适日记中言及的"用极丑的话骂苏梅"的文字。"骂詈"，即"以恶语加以人"，或解作"使用粗野或者是恶意的话去侮辱人"，包括恶言恶语、粗言脏语和淫语秽语。《呜呼苏梅》篇幅不过千八，却"詈词"密布满篇：既有对苏梅文字嘲骂以"环球第一超等骂人名角苏小梅女士，近来假借北京各家报纸的大舞台，唱了许多'凤阳花鼓''十八扯''辛安驿带洞房'"；也有对苏梅品行污以"挑拨恶感的奸妇"、"泼妇"和"与某君密件"以及"大作里（或身体里）有某君成分"的龌龊；还有"自比于狗""赌棍""丘八""野兽种族""哺乳动物""裸步""裸舞"等肆意的谩骂；更有"帝制余孽""投身北海""宋玉抬魂而呜呼"的诅咒，等等。语言是文化的一面镜子，折射着一定的观念态度和价值取向。作为语言现象一种的骂詈，古来有之。它是发语人以"斥责""攻击""讽刺""辱骂""漫骂"等言语形态，对受语人及其相关事物表强烈否定之极度不满情绪的宣泄。因此，发语人的生活态度、价值观念和人生诉求，亦尽显其中。语言学者指出，骂詈的粗俗与恶意程度，有深浅、强弱之分。其中，恶意程度最高的是与性有关的詈言，如"娼妇、妓女、野鸡、杂种、乌龟"等；而次一等的则是那些与身份、品行等有关的詈词，如"畜生、不要脸、狐狸精、下贱、孽种、骗子"等；恶意程度第三等级的,则与生理缺陷、智力或能力缺乏等有关,如"废物、蠢材、饭桶、傻子"等。以此观照,《呜呼苏梅》中的詈词詈言,既有直截了当的无端漫骂,更有暗示以"性"的肆意谩骂,足见作者"右",为"污名化"苏梅,粗俗恶劣之极得无以复加,几近到了理性丧尽的地步。

十分显然,《呜呼苏梅》骂詈中所折射出的粗鄙下流卑劣的丑陋嘴脸及其陈腐阴暗霸凌的男权文化心理,不但与五四时代精神相背离,而且也与《京报》惯以秉持的"公平真确"、新闻人"品性为第一要素"的理念诉求相冲突。更为重要的是,当所有或明或暗的证据线索皆指向"易家谦"即《呜呼苏梅》作者之"右"时,舆论界更是哗然一片。易家谦何许人也,乃湘籍"晚清文坛祭酒易实甫"之后,少小便因才华出众而闻名乡里,负笈东洋后又进入北大。现身过"火烧赵家楼"的现场,曾因"力言遍游天下一等名山水,结交天下第一等文人的实甫先生不可学"而引一时轰动,并得胡适文章力挺。其还加入过"少年中国会""马克思主义研究会""文学研究会"等;其诗文论说频现于五四时期各大报副刊。此前,其还曾与罗敦伟携手发起"中国家庭研究社",所编辑的《家庭研究》月刊由同为创造社东家的上海泰东书局出版发行,后合著而成的《中国家庭问题》更是一版再版。罗敦伟回忆说:该书因专门讨论"男女贞操、新旧恋爱以及有关男女之间种种问题,看的青年特别多,真是不胫而走,乃至南洋各地都有我们的读者"。因此而名动社会的易家谦、罗敦伟,竟被地方目为"大学者""名教授",竞邀讲学和办学,一时风头无两。然而,五四时期一般青年心目中的北大才俊和时代精英,竟是《呜呼苏梅》一文的炮制者,知行如此分裂,怎不令人瞠目结舌,势必遭到社会的反对。对此,在声援苏梅和追责《京报—青年之友》的汹汹舆论声中，《京报》总编辑邵飘萍不得不率先专此发声，急急将"调停"姿态换成"致歉"模式，并做"邵振青特别声明"，置顶于1921年5月17日的《京报－青年之友》，即对"《青年之友》栏内，误登'右'字署名投稿一文"，表"负完全责任，除亲向苏梅女士面达诚意外，并在本栏详细声明，免社会对于苏女士有所误会"，同时还表示"今后自当竭尽其绵力，彻底革新"。自此，相关各方的"启事""申明"，骤然云集《晨报》副刊。如下所示：

1921-5-17	苏梅特别启事（头条）
1921-5-19	北京大学新知书社启事；成舍我特别启事；罗敦伟紧要启事；易家钺紧要启事；瞿世英、周长宪、徐其湘、杨树达、郭梦良、罗敦伟、黎锦熙紧要启事；紧要启事彭一湖、杨树达、熊崇熙、黎锦熙、李石曾、戴修瓒、蒋方震、孙畿伊
1921-5-20	北京大学新知书社特别声明；北京大学新知书社股东公鉴；胡适高一涵启事；郭梦良特别启事
1921-5-21	胡适高一涵启事、紧要启事；女高师胡淑光、杨潘、张人瑞、缪伯英同启；成舍我敬答郭梦良先生
1921-5-22	胡适高一涵启事；青年自立会启事；易家钺罗敦伟紧要启事；易家钺不得已的最后启事
1921-5-23	杨道钧吴镇华忠告易家钺君
1921-5-24	李石曾、蒋百里、彭一湖、孙畿伊致易君左启事；紧要启事女高师韦琢如（卓如）启
1921-5-25	李石曾、蒋百里、彭一湖、孙畿伊致易君左君启事；熊崇熙、黎锦熙致易君左启事、少年中国学会紧要声明
1921-5-27	女高师学生自治会特别启事

需注意的是，继苏梅呼吁社会公鉴启事，后续启事和声明的纷至沓来，虽也因了《呜呼苏梅》，但诉求各有不同。辩诬与作

伪、盲证与质证、左袒与切割,林林总总,兼具并立。作为苏梅和《京报－青年之友》居中人的成舍我,率以"信用荡存,人格扫地"之启事,揭事实真相,为苏梅辩诬,以至割袍断义。罗敦伟们一边做着有违事实"左袒"启事,一边故伎重施,继续蒙蔽不明就里的新文化"名流""大腕",仅凭"相知有素"盲目站台力挺,惹得"生平对于社会上滥用名字的行为,最为痛恨"的胡适,携高一涵,义无反顾地刊出质询"证据"的启事。经此不堪,相关社团与个人纷纷登启事,与《京报－青年之友》诸人诸事相切割。北京女高师学生自治会的启事,貌似最晚刊出,但因此前"群情愤懑"的函询不曾得到回应,故其表"请社会公论"的腔调,甚是幽愤。

值得进一步关注的是,与此同时,启事之外相关各方的力言与立论。《晨报》副刊相继登出系列批评文字,其中有周作人署名"子严"的《批评的问题》(1921 年 5 月 14 日)和《疑问五则》(1921 年 5 月 27 日)。前者主要就"批评家的职务"发声,指出"批评家实在是文学界上的清道夫兼引路的向导",对苏梅批评之举以勉励;后义则针对《京报－青年之友》后续出现的问题给予严厉的批评:既严斥"口孽"之后不声不响的"右"人格之堕落,也讥刺冒天下之大不韪相庇护短的"小名士"们"还有这样古风,能够如此之仗义与忍辱"。署名嵩山的作者在《骂詈的进步》(1921 年 5 月 20 日)一文中,对"右"之詈文讥诮道:"从顿足大骂起,以至能用高尚的文字,缀成浏亮的诮句,借着两性的意义,骂得格外刻毒,这至少在骂詈里面,要算得最为进步的了。"署名PP 的作者,在《骂詈》(1921 年 5 月 23 日)一文中,则对"右"文的编辑刊发者的把关不严以及擅权遏制言论的垄断行为,提出了批评。《晨报》副刊记者"止水"也借《编辑余言》(1921 年 5 月 31日),及时将社会各界的关注频频传达,并奉劝当事者行忏悔与改过之美德,摒除心灵的黑暗与罪恶。此一时期,《京报一青年之友》相关讨论性质的文字唯有陈顾远作的《对象底批评和感动底冲动》(1921 年 5 月 14 日),其在对批评及其批评家的意义予以肯定性揭示的前提下,用力于"批评对象的确立"与"感情冲动的克服"之于批评及其批评家意义的阐释,并由此指出"笼统式的总攻击",不应为批评家所持的态度。《益世报一女子周刊》这一时期的相关文字,主要出自苏梅及其女高师同学之手笔。其中苏梅的《最近的感触》(1921 年 5 月 9 日),篇幅虽短小,但因其中贮满苏梅对"AD"文字中轻薄无赖之气的怨愤,而分外讥刺笑骂,以至脱口以"狗"相斥。动物詈语来源于社会价值观念所形成的对禽兽行为的禁忌,是传统的天地万物等级格局带来的人贵畜贱观念的一种反映。汉语狗族语汇含有强烈的贬义,如果把人贬作为"狗",不仅意味着被贬者丧失人格,而且还寓意着如"狗"一般卑贱、势力以及无赖,任何被贬者都无法不动怒,更何况风头正健、自视甚高,正忙于帮腔谢楚桢的"AD"君。罗敦伟回忆说:"这些话都不是年少气盛的君左(易家谦字)所能忍受的。一气之下,'呜呼苏梅'那篇名作,在十多分钟之内脱稿了。"易家钺事后也自供道:"苏梅用最尖锐的句子,指用 AD 作这篇文章的一定是易家谦,至少有易家谦的成份,正像英文中 DOG ＝狗,AD 一定等于易家谦。于是我冒火了,即写'呜呼苏梅!'一篇文章,比苏梅的文章作风更泼辣,极嬉笑怒骂之能事。"其他相关文章,除指出苏梅有所偏激和抨击《京报一青年之友》罗敦伟、易家谦之行径外,则更多地以为"五四"所启蒙的一代知识女性的立场加以思考并发问。其中不乏对素以敬爱的启蒙者们的质问或质疑,也有表应在女子解放的声浪中继续努力奋斗与担当,还有"保存着新青年的团结力去和那些腐败的顽固党去宣战"的疾呼。《民国日报－觉悟》虽然远在上海,但对发生在北京出版界的"呜呼苏梅"事件,也加以跟踪并发声。其既在《奉告喜欢买新出版物的同志》(1921年5月3日)一文中,对苏梅"购书上当"遭遇及其所作批评表以同情与支持;更在《可怜的青年》(1921年5月19日)中,怒斥《呜呼苏梅》之文是"拆白党"骂人的口吻,是侮辱女性的兽性表现,指出炮制与出笼如此"人格迷失"文字的"右"之流,是"北京学界底人格破产者"(1921年5月24日)。因痛心于"呜呼苏梅"事件中,一帮"受了高等教育以新青年自命的人"之"自堕信用",《民国日报－觉悟》呼吁应以"北京一件事的两个教训"(1921年6月2日)为鉴,"尊重别人底人格,保全自己的信用"。此外,在"呜呼苏梅"事件尘埃落定时,《民国日报－觉悟》还专就"文章署名"的问题,展开了近十余次的讨论,前后历时一月有余。尽管彼此意见对立,但立论的各方始终不逾学理范畴且和平收场,故而被目为彰显批评之善的范例及范式。由于《呜呼苏梅》原稿因罗敦伟为朋友两肋插刀地即时销毁,使得易家谦终得以强词"此次风潮与敝人丝毫无涉,原无自辩之必要"而避走。时过境迁,涉事的各方似都做到了"相逢一笑泯恩仇"。

这场震动五四出版界的事件,看似一场关乎现代批评人和现代出版界如何理性发声问题的大讨论,但其所暴露出的问题对相关当事方的影响颇为沉重:一是笔战中的"党同伐异"及其对女子竭尽"丑诋"之能事的旧文士恶习,显然让女高师学生苏梅颇感"创伤"。这位因着求学、升学曾与旧家庭抗争几近拼却性命的女子,就读故里师范学校时期年年考得第一,进入北京女高师获赐于胡适、李大钊、周作人、陈衡哲、吴贻芳等新学先驱,更是如鱼得水,学术研究兴味渐萌,文学才华日显。其所发表在《晨报》副刊、《益世报》特刊上的文字"渊雅清逸,名满一时"。如

图3-5　1932年胡适与国立武汉大学教授合影（前左五苏雪林）

期肄业的话"至少可任一个初级女子师范或女子中学校长"[1]的前景，对于那时的校园女子而言，是最好不过的去所。突发的"事件"迫其改弦易张之外，文坛旧习也令她默然涩味。另是，胡适及其好友对于女高师因此亦有所规避，致使后来女高师的师资情况发生了比较大的变化，此后《现代评论》派动辄"某籍某系"的因由此而种下。经此一劫，苏雪林对胡适师感恩钦敬毕生。1962年2月24日，当从美国回到台湾的胡适心脏病突发去世时，苏雪林掩面大哭，并用七尺白布书挽联："提倡新文化，实践旧德行，一代完人光史册；武士死战场，学者死讲座，千秋高范仰先生。"此后还将所写《冷风凄雨哭大师》《适之先生和我的关系》等七篇追忆文章，结集成《眼泪的海》面世。

---

[1]　《苏雪林自传》，江苏文艺出版社1996年版，第45页。

三　李大钊与北京女高师

《新青年》同人中，与北京女高师联系最为持久且密切的是李大钊先生。从 1919 年五四运动之际到 1926 年"三一八"惨案，集学者、教授和马克思主义传播者以及中共早期领导人于一身的李大钊与女高师、直至由此改制的"女师大"有着多方面联系，尤其在有关"妇女解放"问题方面，给女高师及其 20 世纪中国妇女解放运动留下了不可磨灭的历史影响。

1920 年 11 月，北京女高师，国文系欢迎胡小石（中排右四）来京，前排左二为程俊英，中间正面戴礼帽者为李大钊，中排右一为张耀翔

图 3-6　1920 年女高师校园师生合影①

---

①　"几十年来，我一直珍藏着一张照片，那是一个林木扶疏的女高师的小园，假山上高高低低地散立着十几个稚气未脱的女学生，还有几位年长的老师。其中的一位，灰布棉袍黑马褂，八字胡须，圆圆的脸上透着一股慈祥。他就是中国共产主义运动的先驱者、我敬爱的李大钊老师。"朱杰人、戴从喜编《程俊英教授纪念文集》，华东师范大学出版社 2004 年版，第 317 页。

(一)传播马克思主义的"妇女解放"思想

出身"北洋法政"的李大钊,在新文化运动方兴之时,对于法政思想和国家制度及其国际政治关注得比较多,这在他早期所主持的《甲寅》和《晨报钟》中皆有体现。随着民国初期复辟与反复辟政治势力的反复较量,思想文化领域复古与反复古的交锋也日趋激烈,"妇女解放"问题因此日益凸显,并成为以《新青年》为代表的新文化势力除旧布新的重要突破口。作为中国最早的马克思主义研究者与传播者,李大钊对于中国的"妇女问题"以及世界范围内方兴未艾的女权运动有着比《新青年》同人更为深刻的认识。

运用马克思主义的唯物史观和阶级斗争观点来分析问题,是李大钊有关"妇女解放"理论阐释的重要特征。李大钊指出:"依马克思的唯物史观,社会上法律、政治、伦理等精神的构造都是表面的构造。它的下面,有经济的构造作他们一切的基础。经济组织一有变动,他们都跟着变动。用一句话说,就是经济问题的解决,是根本解决。经济问题一旦解决——女子解放问题、工人解放问题,都可以解决。"[1]妇女不是从来就受压迫的,妇女受压迫是人类历史发展到一定阶段的产物,即社会分工和私有制的产物;妇女受压迫的社会现状,必将随着经济结构的变革而改变而成为过去。"妇女在社会上的地位,随着经济状况的变动而变动"[2],没有一成不变的伦理与道德,更没有万古不变的制度与规范。由于西方工业文明对于中国农业文明的冲击,中国农

---

① 《李大钊文集》,下册,人民出版社1984年版,第586页。
② 《李大钊文集》,下册,人民出版社1984年版,第144页。

业经济的基础发生根本的动摇,孔门伦理的崩溃,及其妇女贞操问题、节烈问题、妇女参政问题、妇女教育问题、妇女就业问题、妇女的法律地位问题等,都将被提出来重新界定。他指出"将来资本主义必然崩坏,崩坏之后,经济上发生变动,生产的方式由私有的变为公有的,分配的方法由独占的变为公平的,男女的关系也必日趋自由平等境界,只有人的关系,没有男女的界限"①,且提出,妇女解放是"民主"社会不可或缺的重要内容,妇女解放的程度是民主社会的重要标志。对此,李大钊这样阐释道:"妇女解放与 Democracy 很有关系。有了妇女解放,真正的Democracy 才能实现,没有妇女的 Democracy,断不是真正的Democracy,我们若是要求真正的 Democracy,必须要求妇女解放。"②在揭露批判西方民主政治"漠视妇女利害关系"的虚伪性之后,李大钊对十月革命后的苏俄妇女解放的新气象予以高度赞扬,认为:"马列主义给妇女指出了一条正确的道路,只有社会性质改变了,只有在共产主义社会,妇女才能获得真正的解放。"③

此外,李大钊还指出妇女解放具有阶段性特点,并由此而最早提出了有关妇女解放运动的统一战线的主张。李大钊用阶级分析的方法,把"中产阶级的妇人"和"靡有资产、没有教育的劳动阶级的妇人"分开,并认为"两种阶级的利害,根本不同;两种阶级的要求,全然相异"。"中产阶级妇女的利害,不能说成妇人全体的利害;中产阶级妇人的权利伸张,不能说成妇人全体的解

放。"①所以,妇女解放运动必须两步走:第一步是进行资产阶级
民主革命性质的妇女运动,第二步是无产阶级社会主义性质的
妇女解放运动。但他又认为:"以中国现在妇女运动之情状看,
不是单独进行可以完全收效的"②,须建立妇女解放运动统一战
线"非不能达成完全解放的目的",即中产阶级的妇女和无产阶
级的妇女"合群",结成团体,互通声息,相辅相成,共同推动妇女
解放;另外,还须实行妇女与劳工的联合,形成"阶级的力量",以
期"一方面要和合妇人全体的力量,去打破那男子专断的社会制
度;一方面还要合世界无产阶级的力量,去打破那有产阶级(包
括男女)专断的社会制度"③,从而实现妇女问题的彻底解决。

　　显而易见,李大钊以马克思主义的唯物史观、阶级斗争学说
为立论依据,对妇女解放的有关任务、方向、策略等问题进行了
探索,并把妇女解放与整个社会解放与劳动解放结合在一起,把
妇女问题与社会主义联系起来,这就为中国妇女解放找到了新
的正确道路,实际上提出了新民主主义革命时期妇女解放运动
纲领性的主张,为中国无产阶级妇女运动理论的形成与发展奠
定了基础。李大钊不愧是我国妇女解放运动的先驱。

　　李大钊 1918 年 2 月因章士钊的推荐,进入北大,开始任图
书馆主任直到 1922 年底,1920 年 7 月被北大聘为教授。1920
年 9 月,李大钊与进步教授陈启修合作,在北大政治系举办了
"现代政治"讲座,讲授的内容主要是十月革命后的苏维埃俄国、
世界各国工人运动以及中国劳工状况等。10 月初,他在北大开
了"唯物史观研究"这一重要课程,以后又讲授"史学思想史""史

---

① 《李大钊文集》,上册,人民出版社 1984 年版,第 640 页。

② 《李大钊文集》,下册,人民出版社 1984 年版,第 627 页。

③ 《李大钊文集》,上册,人民出版社 1984 年版,第 640 页。

学要论""社会主义与社会主义运动"等多种课程,并同时在北京
女高师、师范大学、朝阳大学、中国大学等学校兼课。他所开设
的"唯物史观研究"、"社会运动史"和"史学思想史"等科,是中国
现代教育史上第一次在大学教学中出现的贯穿了历史唯物主义
的课程。他是中国现代史上在大学讲坛讲授马克思列宁主义的
第一位教授,并以勤于治学、勇于任事、坚贞自立、热忱待人、学
而不厌、诲人不倦,而成为深受青年学生仰慕的革命导师。"在
党的创立和第一次大革命时期,高师、女高师、师大、女师大的学
生中,曾经有不少人接受马克思主义,成为共产主义战士,这在
很大程度上,同李大钊的影响分不开"①。

与胡适等人一样,李大钊与北京女高师结缘,一并为任职女
高师的北大哲学门毕业生陈中凡所请。李大钊在北京女高师先
后开设了"社会学""女权运动史"和"伦理学"课程。当年女高师
学生程俊英在《怀念李大钊老师》文中道:

> 我永远不会忘记第一次见到李大钊老师的情景。那是
> 1919 年的深秋,北京女子高等师范学校开学了,星期一早
> 上,上课的钟声响了,级任主任陈中凡老师同李老师登上讲
> 台,大家马上起立鞠了九十度的躬。陈老师说:"守常先生
> 是北大图书馆主任,还在北大、男高师上课,李老师于百忙
> 中答应为我级担任'社会学''女权运动史'两门课,诸位应
> 特别感谢。"我们又全体起立鞠躬。我心里想:同学们在"五
> 四"运动时,早已了解李老师是一位马克思主义者,在《新青
> 年》杂志上读过他的《青春》《今》《我的马克思主义观》等文
> 章。"五四"运动是李老师团结北大向往共产主义的爱国学

---

① 张静如:《李大钊和北京师大》,《北京师范大学学报》,1984 年 6 月。

生青年发动起来的。当时女高师同学的口号是"罢不罢,看北大"。由此可见北京的青年学生无不以他的马首是瞻。今天能够做他门徒,亲聆教诲,无不引以为幸。

李老师开始讲课,他说:"今天上社会学,后天上女权运动史,这两门课的内容虽不同,但是互有联系的,如妇女解放,就牵涉到社会性质问题。……"接着,李老师介绍了马克思的生平,又简要地介绍了马克思的学说。我们从此了解他的学说是唯物主义的,是科学的,也初步懂得了经济基础和上层建筑的相互关系,无产阶级社会革命的原因等等。李老师的讲课深入浅出,不似哲学老师所介绍的其他外国哲学家的言论,玄之又玄,所以同学们都爱听。李老师把讲堂作为宣传马克思主义的阵地,激昂地阐述革命的道理。他指出,十月革命的胜利,是庶民的胜利;并指出,只有摧毁官僚、军阀、资本家和地主阶级的统治,我们中国才有出路。他就这样满腔热情地把革命的种子撒在我们青年同学的心里。

在"女权运动史"课上,李老师介绍了各国妇女争取自由平等、女子参政、保护女工同工同酬等的动态,说明世界妇女已经觉醒和她们的迫切愿望。李老师又指出:"但这不过是企图枝节的改良,不能彻底解决问题。只有社会性质改变,只有实现共产主义社会,妇女才能获得真正的解放。"

1920年,"女权运动史"课程结束,代替它的是"伦理学",李老师在讲课中批判了封建的伦理道德,指出忠、孝、节、义等的实质、虚伪及其毒害。他说:"古代三从四德这些教条,把历史上千千万万的妇女都捆死了。……新的伦理学,是高举民主和科学两面鲜明旗帜反对旧伦理、旧政治、旧宗教,什么礼法、贞节、礼教都要丢到垃圾堆里去。"[①]

十分显见,在女高师的课堂上,李大钊一是大力介绍宣传马克思主义,运用唯物史观分析社会历史的发展,结合俄国十月革命指出中国妇女解放离不开社会制度的变革;二是指出 20 世纪是被压迫阶级的解放时代,亦是妇女的解放时代,以"享受与男子同等的教育机会""任何职业选择的自由,与同类工作的同等报酬""妇女参政权"以及在法律上、生活上的男女平等为主要内容的女权运动,是合理的且应该努力为之实现;三是指斥"三纲五常""三从四德"等封建礼教是束缚妇女的精神枷锁,疾呼只有打碎旧的世界,女子才能从其桎梏获得自身解放。由此,不仅使女高师学生初步接触到马列主义的理论,了解俄国十月革命的情况、世界劳动妇女争取自由平等的动态;同时,还增强对社会性质的改变与妇女解放深刻联系的认识[②],从而以更为自觉的姿态投身于五四妇女解放以及社会改造的热潮中。

(二)以热切的现实情怀引导学生

李大钊讲课,不仅思想深邃,立论新颖,逻辑性强,而且特别善于联系实际演绎相关学理,如此传道释惑对女高师学生启发极大,反响热烈。不满足每周两节课受教的女高师学生,经常抽空结伴到北大听李大钊讲课,诸如理科缪伯英、国文班陆晶清、英文科的刘和珍、杨德群,等等。苏雪林曾回忆道:"李大钊先生讲说极有条理,上课时滔滔千言,如瓶泻水,但你永远莫愁他的

[①] 朱杰人、戴从喜编:《程俊英教授纪念文集》,华东师大出版社 2004 年版,第 317－318 页。

[②] 朱杰人、戴从喜编:《程俊英教授纪念文集》,华东师大出版社 2004 年版,第 276 页。

笔记难记，因为他说话只直说下去，不着一句废话，也没半点游姿余韵，所以一点钟的话记述下来，自然成为实实在在的一章讲义。他的朴实诚恳的面貌和性格也同他的讲授一般，很引起我的敬爱。"①对此，《冯沅君传》道："李先生是革命家，是新思想的传播者。他宣传马克思主义、苏俄革命，在青年中名气很大。他来讲课，女学生欣喜异常。李先生很有吸引力，他能把枯燥抽象的革命理论，用简明扼要的语言、生动有趣的实例表述的清楚易懂，他的课富有知识性、启发性、鼓动性，让人难忘，令人折服。他的教学方法也新颖，除了自己朗诵式的讲解外，也启发学生发表意见，或提出问题展开辩论。"②

由李大钊所主导的因"主观"和"客观"学理辨析而引出"不自由，毋宁死！"的课堂讨论场景，当年的亲历者仍记忆犹新：

关于"主观"和"客观"的辩论，极为精彩，连先生自己都说深刻。讨论中，有同学提到"客观是一个现实世界，主观顾及客观现实，目标才能实现。如果客观上条件不允许，你硬要去做，就会失败"时，有人立即反问："客观现实对妇女的要求是三从四德，做贤妻良母，难道我们也顺从吗？主观就不能改造客观吗？"观点对立，辩论进入了白热化，姑娘们情绪激动，发言踊跃。如果客观现实是一个苦海，也要顺从它，往下跳吗？一位南方同学站起来，她咄咄逼人的目光向大家扫视了一圈：我的一个同学，她聪明好学活泼漂亮，他父亲因为生意亏本，把她当抵押品许配给了大老板的傻儿子。她该怎么办？是从父命，还是不从？同学们面面相觑，

---

① 《苏雪林文集》，安徽文艺出版社 1996 年版，第 63 页。
② 严蓉仙：《冯沅君传》，人民文学出版社 2008 年版，第 17 页。

谁也没有回答。她听从了父亲的安排,顺从了客观现实,明知前方是个苦海,她跳了下去。她所以要这样做,是为了家庭,孝顺父母。然而,她要面对的将是和这个低能的傻子生活一辈子!那位同学目光炯炯,眼眶里溢着泪水。我们无数的姐妹们就是被这种无形的绳索拉扯着,走向苦难,走向死亡。我认为,我们新女性就是不能顺从这种客观现实,任人宰割。我们要自己主宰自己的命运,要用我们的斗争来改变这种病态的社会现状。如果旧势力过大,我们无力改变,也绝不能妥协。不自由,毋宁死!教室里的空气凝固了,大家低着头。李先生站起来带头鼓掌,大家也跟着鼓起掌来。①

女高师学生大多来自传统世家,不同程度地为传统的礼教文化所羁绊,"不自由,毋宁死"之申论,于女高师学生而言不啻于灵魂深处之惊雷。当年背负着父母之命媒妁之言的冯沅君在日记中道:"谁让我们是女人,谁让我们生在今日之中国!我们的悲哀只能作为历史记载下来,让后人来追悼了。"②所幸的是,经此之后的冯沅君并没有听任命运的摆布,而是挣脱礼教束缚在现代女性解放的路上迅跑,成为著名的作家与学者。

在为女高师授课之时,正值李大钊筹建中国共产党日夜忙碌之刻。这位共产主义先驱者,为着对第一代获得和男子同样接受高等教育权利的女学生灌输新知识,增强反封建、反礼教的信念和勇气,还着力于引导女高师学生对社会周遭加以考察与批判。1919年秋,当女高师当局忌惮连锁反应,而对女高师学生

---

① 严蓉仙:《冯沅君传》,人民文学出版社 2008 年出版,第 17—18 页。
② 严蓉仙:《冯沅君传》,人民文学出版社 2008 年出版,第 9 页。

图 3-7　右起：李大钊、胡适、蔡元培、蒋梦麟

李超身后事低调以对的时候，在李大钊等《新青年》同人的呼吁与支持下①，"北京学界追悼李超女士大会"在女高师学生自治会主席王世瑛的主持下如期进行。"家有万贯财产，贫病而亡；家有万贯财产，无钱缴纳学费；家有万贯之财，却不能继承分文。这一切，均因李超是个女子。我们成天高喊男女平权，平权到底在何方！"②当意识到朝夕相伴的学姊李超惨遭困厄与牺牲，不过是中国无数女子争自由而不得的命运之写照时，女高师学生和她们的导师一样义愤填膺，心绪难平。

　　新文化运动以来，话剧成为在校学生喜闻乐见的舞台表演

---

　　①　"北京学界追悼李超女士大会"的举行，旨在用血的现实控诉封建宗法制对妇女的迫害来教育学生青年以及警示社会；为此，李大钊挺身而出奔走呼告，不仅联动蔡元培、陈独秀、胡适、蒋梦麟、梁漱溟、王光祈等北京文化界中人为之鸣不平，并且亲自执笔追悼大会启事。

　　②　严蓉仙：《冯沅君传》，人民文学出版社 2008 年版，第 30 页。

形式，特别是五四运动以来更加成为反映社会现实、宣传新思潮的主要载体。如此情形之下，素有传统的学生业余演剧活动出现了一个高潮，并且成为这一时期话剧运动的中心。北京大学、燕京大学、燕京女校、交通大学、民国大学、师范大学、政法专科学校、北京高等师院、女高师等院校纷纷成立业余剧社，每逢活动都举行演出，吸引了广大师生和社会上的戏剧爱好者。经过五四运动洗礼的女学生们，反封建意识日益浓厚，为表达争取恋爱、婚姻自由的理想，在李大钊倾力支持下，女高师学生把古乐府《孔雀东南飞》改编成话剧，并在李大钊邀请而来的戏剧家陈大悲(1887—1944)①的指导下，将旧剧舞台上的程式化和文明戏的生活化相结合，把该剧所要表达的主题"思悠悠，恨悠悠，直到铲除封建礼教方始休。兰芝赴清池，仲卿挂枝头。生命诚可贵，爱情价更高"诠释得淋漓尽致。一时间舆论鼎沸，媒体更是点赞其为："爱情之千古绝唱，礼教之血泪控诉。不是名角，胜似名角。女大学生粉墨登场，开新一代文明风尚"②。该剧的演出，竟然还与鲁迅先生相关联，即演出所在地手帕胡同的教育部礼堂，正是通过当时任职教育部的鲁迅先生租借的，为了表示对学生反封建的热情支持，鲁迅还免费借用。是时，连演三天，场场爆满，盛况空前，意义非常，以至在65年之

---

① 陈大悲，笔名蛹公，杭州人。早年在苏州东吴大学读书时，加入文明戏班，为春柳社成员之一。1921年与沈雁冰、欧阳予倩等组织民众戏剧社(后改名中华戏剧社)。同年11月发起组织北京实验剧社。1922年与蒲伯英接办《戏剧》月刊，并任人艺戏剧专门学校教务长。1928年在南京国民政府外交部任职。1935年组织上海乐剧院。次年在南京组织新华剧社。1940年春又在汪伪外交部任职，后去武汉组织话剧团。他是中国话剧创始者之一，对话剧的理论、创作、教育等均有贡献。

② 严蓉仙：《冯沅君传》，人民文学出版社2008年版，第25—26页。

后，程俊英对当年演出的细枝末节仍记得清清楚楚。

在女高师课堂上，李大钊在努力引导学生学习马克思主义的同时，还格外注重引导学生运用马克思主义对有关"妇女解放"社会问题深入实际加以观察与思考，为此，曾组织女师学生通过妇女会深入皇城根几个贫民区进行社会调查。面对"妇女文盲比例为 98％；已婚妇女中 96％为包办婚姻；有收入自己养活自己 5％（底层居多）；能读点书看点报，知点国家大事者更是凤毛麟角"[1]的社会状况，女高师的学生们对为"三纲五常"封建枷锁压迫下的中国广大妇女痛苦不堪的生活有了更为具体深入的了解与体认，痛心疾首之余，纷纷从伦理学角度，对生活在社会底层妇女悲惨命运、男女不平等的个体原因和社会基础加以思索立论，相关文章先后刊登于《北京女子高等师范文艺会刊》。详情如表 3-3 所示：

表 3-3 《北京女子高等师范文艺会刊》有关文章刊登情况[2]

刊期	文章	作者
第二期（1920 年）	1. 我国之妇女问题	张龄之
	2. 进取与保守	程俊英
	3. 道德进化说	刘云孙
	4. 女学生与家庭	柳　介
	5. 今后吾国女子道德问题	冯淑阑
	6. 贞女平议	钱用和
	7. 节烈问题	孙继绪
	8. 修身科之改革	蒋粹英
	9. 我之人生观	王世瑛

---

① 严蓉仙：《冯沅君传》，人民文学出版社 2008 年版，第 37 页。

② 参见《北京女子高等师范文艺会刊》，1919—1923 年第 1—5 期。

续表

刊期	文章	作者
第三期(1921年)	1.论古人妇德说之纰缪 2.女性与文化的关系 3.中国古代妇女在社会上之地位 4.今后女子教育的希望 5.女子教育问题	罗静轩 高晓岚 吴湘女 关应麟 田隆仪
第四期(1922年)	1.章实斋妇学篇的批评	史佩英
第五期(1923年)	1.文学女士社交之今昔观 2.旧婚姻的杂异谈	罗敦健 净 子
其他刊物	家庭和女子《京报》1921年4月6日	缪伯英

上述文章中,女学生们对于"妇女问题"及其相关社会问题的考察及立论,既有从世界经济制度的发展与变更的现实现象出发,也有从历史渊源及文化传统入手,其提出问题、分析问题与解决问题的立场、方法,深受李大钊所传布的马克思主义的唯物史观、伦理思想及其女权观念的影响。正是在李大钊的关心指导下,女高师的学生缪伯英、周敏、王孝英等走出校门走出北京,分别参与到"女子参政运动"和"北京女权运动同盟"。尤其是后者,其主要负责人及基本成员均为女高师的学生,其会所设于女高师内,于1922年8月23日成立,周敏被推为正会长,李大钊到会并发表讲话,强调要争取女子选举权和劳动女工的合法保护。该会与前者最大的不同就在于,其要求人权平等的范围更加广阔,旨在扩张女子在法律上、教育上、职业上的权利及地位的平等,而不仅以参与政治为目的,其基本精神具见该会《宣言》。该会组织机构严密,曾出过"女权运动特号",主张男女一切平等。适逢天坛宪法起草之际,该会即上书请愿,要求明确

规定男女平等的条文,同时还向交通部提出邮电各机关任用女职员及交通大学开放女禁的要求,并派代表分赴各地接洽组织支会事宜。浙江、上海、南京、山东、直隶、湖北等地均予响应,女权运动,声势一时。由于对妇女解放运动关注、支持和帮助,李大钊受到包括"女权运动同盟会"在内的各进步团体尤其是妇女团体的敬重,因此李大钊常为一些团体所邀请,或演讲或指导工作。1921年他参加了北京女学界联合举办的"五四"纪念会并发表了演说;1923年2月3日,他应湖北女权运动同盟会邀请,就世界妇女运动的潮流、性质和中国妇女运动进行的方法发表了演讲;1925年5月8日,在北京召开的中国妇女第一次纪念三八国际妇女节大会,就是他亲自领导和发起的。为了更好地宣传妇女解放运动,他还从英、日文材料中对各国妇女参政运动作了一番考察,并在北京大学政治系的讲演"绪论"之中予以介绍。李大钊对于女高师学生的思想成长以及五四时期女权运动的影响非同一般。

为女高师敬重的李大钊,是马克思主义的热情传播者和女权运动的悉心指导人,同时还是女高师的捍卫人及其学生进步运动的支持人、领导人。李大钊在女高师卓有成效的工作和谦恭诚恳的为人,深得女高师教职员的尊敬和信任。1921年在北京八所国立专门以上学校教职员向军阀政府索要薪金的斗争中,李大钊被女高师推选为该校代表。后索薪团主席马叙伦在请愿中被打伤了左眼,李大钊被推选为代理主席。在长达四个月之久的索薪斗争中,他领导索薪团与政府进行了不屈不挠的斗争,直至八校教职员的薪金和经费得到解决。但是在影响颇大并被定性为"这是青年学生和封建势力的一场激烈搏斗"的"女师大风潮"事件中,李大钊似乎深沉不露,表现出少有的内敛。对此,人们一般采信的说法是:1925 年,女师大发生了驱逐校长杨荫榆的风潮,这是青年学生和封建势力的一场激烈搏斗,也是李大钊长期在女师大工作的结果。在为时一年的反对封建迫害的斗争中,李大钊及北方区委一直密切注视事态的发展,并直接领导了这场斗争。斗争初期,李大钊就指示学生,一定要争取进步教师的支持,特别是争取鲁迅的支持。当发现有国民党右派插手运动后,李大钊与赵世炎立即进行研究,由赵在党的机关刊物《政治生活》上发表文章,提醒学生"谨防扒手""打破操纵",指出有少数不良分子混入队伍。李大钊委派北方区委中主管妇女和共青团工作的刘清扬、夏之栩作为联络员,经常深入女师大了解情况,帮助解决具体问题。在李大钊和北方区委的领导关怀下,女师大进步学生的斗争取得了胜利。上述材料,充分肯定了李大钊在"女师风潮"中的作用及影响。如果对那段历史再多一份深入关注的话,那么人们对于女高师所处的历史情境和李大钊所倾注的关怀会有更为深切的感受。

"女师大风潮"由"驱杨"与"逐章"前后两个阶段组成。作为此次"风潮"的冲击对象无论是杨荫榆还是章士钊,与李大钊都有不同程度的联系。作为女权运动的热忱推动者,对于杨荫榆这位中国女子教育发生以来国立最高女子学府的第一位女性校长,李大钊是寄予厚望的,虽然还没有这方面的直接材料加以印证,但是,从为李大钊所影响的女高师学生自治会的相关呼吁和李大钊曾极力斡旋于新校长与旧僚属的动静中,可以察知。杨荫榆的前任是许寿裳,这位蔡元培先生的追随者和鲁迅先生的挚友,自 1922 年 7 月就任到 1924 年 2 月离职,在不到两年的时间里,效法北大,厉行改革,广聘名师,在办学条件相对恶劣的情形下,仍然将女高师带入了新的发展阶段,有关改建"女子大学"

的事项,启动于此时。立志于把女高师办得更好的许寿裳,并没有因此脱离若干前任的宿命,最终迫于种种压力黯然离去。诸种压力中,来自极端鼓吹"女权"的学生自治会的分量不可低估。如此情况,当时的媒体均有反映,具体内容在前章有所显示。对于深知故交章士钊,李大钊持守"君子和而不同",未以公然挥斥。在"三一八"事件中,身为组织者,身先士卒,英勇大义。他热烈的现实情怀,对有志改造社会与人生的青年学生是莫大的激励与鼓舞。女高师学生缪伯英便是在李大钊的引领下,成长为中国北方第一位女共产党员的。

图 3-8　李大钊与女高师国文部第一届毕业班学生合影(后排左三)①

①　程俊秀:"举行毕业典礼那天,许多老师都要应邀来校,谈些勉励的话。……最后,在大礼堂前小花园拍照留念,我们四人穿着浅灰布衣和黑裙,手牵手地坐在前排。这张照片,现挂在李大钊老师纪念馆的墙上,永留人间。"朱杰人、戴从喜编《程俊秀教授纪念文集》,华东师范大学出版社 2004 年版,第 309 页。

马克思主义的唯物史观、争取女子权利的妇女解放运动、投身改造社会的革命情怀,是李大钊给予北京女高师的最为深切的历史影响。李大钊先生是北京大学的教授,在女高师只是兼课,他家住在石驸马大街的一个胡同里,毗邻女高师,故而和女高师学生的亲近并不亚于北大学生[①]。在女高师学生的心目中,李大钊先生是业师亦是人师。李大钊先生不幸罹难尤令其痛彻,石评梅一首《断头台畔》有着诉不尽的满腔悲愤和哀悼:

> 狂飙怒卷着黄尘滚滚如惊涛汹涌,
> 朝阳隐了这天地只剩下苍黑之云;
> 一阵腥风吹开了地狱禁闭的铁门,
> 断头台畔僵卧着无数惨白之尸身。
>
> 黑暗的宇宙像坟墓般阴森而寂静,
> 夜之帷幕下死神拖曳着长裙飘动;
> 英雄啊是否有热血在你胸头如焚,
> 醒来醒来呼唤着数千年古旧残梦。
>
> 红灯熄了希望之星陨坠于苍海中,
> 瞭望着闪烁的火花沉在海心飞逆;
> 怕那鲜血已沐浴了千万人的灵魂,
> 烧不尽斩不断你墓头的芳草如茵。
>
> 胜利之惨笑敌不住那无言的哀悼,
> 是叛徒是英雄这只有上帝才知道!

[①] 严蓉仙:《冯沅君传》,人民文学出版社 2008 年版,第 24 页。

"死"并不能伤害你的精神如云散烟消，

你永在人的心上又何须招魂迢迢。[①]

四　周氏兄弟与女高师

五四时期的周树人与周作人,兄弟怡怡,同声共气,且先后执教于女高师并与之结下不解之缘,即使后来兄弟失和,在"女师大风潮"和"三一八"事件中,仍同进共退,对女学生的正义行为竭尽支持与声援。其人其文其思想言行深刻影响着女高师及后来女师大的学生们。

一九二三年四月十五日,前排左起:王玄、吴空超、周作人、张禅林、爱罗先珂、鲁迅、索福克罗夫、李世璋;後排左起:謝鳳舉、呂傅周、羅束傑、潘明誠、胡企明、陳昆三、陳磐樹、馮省三。

图 3-9　周氏兄弟与俄盲诗人爱罗先珂合影

---

① 录自《石评梅全集(诗歌—小说卷)》,中国书籍出版社 2014 年版,第 172—173 页。

(一)相继"西席"女高师

周氏兄弟中,周作人执教于女高师,起止于其兄之先后,即从1921年至1927年,前后历时七年有余。周作人在女高师讲授"西洋文学史",每周2个学时。从相关材料来看,周作人对于在女高师的教课之初颇感索然,辞席之心之举几经发生但皆不得以遂愿,结果反成为女师大最后维持人之一。有关这番经历,周作人在《知堂回想录》中写道:

> 讲到女高师,——它之改称女师大,只是在杨荫榆来做校长之后,这以前都是称为北京女子高等师范学校的,我和它很有一段相当长的历史。在民国十年还是熊崇熙长校的时代,有钱秣陵来说,叫我去担任两小时的欧洲文学史,第二年生了半年的病,这功课就无形的结束了。到了十一年,由许寿裳继任校长,——我那里担任了一年课,到了第二年即一九二三年八月里,我就想辞职。在旧日记里有这几项记载:
>
> 八月十日,寄季茀函,辞兼课。
>
> 九月三日,季茀来,留女高师教课,只好允之。
>
> 十二月二十六日,寄郑介石函,拟辞女高师课。这时郑君或者是兼职国文系的主任,但辞职人没有准许,虽然在日记上没有登载。一九二四年夏天许季茀辞去校长,推荐后来引起风潮的杨荫榆继任,杨女士是美国的留学生,许君以为办女校最好是用女校长,况且美国是杜威的家乡,学来的教育一定是很有进步的,岂知这位校长乃一婆婆自居,把学生们看作一群的童养媳,酿成空前的风潮,这是和他的希望正相反了。我本来很怕在女学校里教书,尤其怕在女人底

下的女学校里，因此在这里更想洗手不干了，在日记里记着这几项，可以约略的知道：

七月二日，晚杨校长招宴，辞不去。

七月十一日，收女高师续聘书，但还之。

七月十四日，送还女高师聘书。

七月二十二日，仍送还女高师聘书。

七月二十七日，上午往女高师，与杨校长谈，不得要领。

九月二十一日，马幼渔来，交来女高师聘书。

即此可以看见，我对于女师大的教课一向并无什么兴趣，特别是女校长到任以后更积极的摆脱，可是摆脱不了，末了倒是有北大"某籍某系"的老大哥马幼渔，不晓得是怎么样找来的，出来挽留我。于是我不得不继续在那里做一名"西席"，后来成为女师大事件中支持学生的一个人，一直到大家散伙之后，还留下来与徐耀辰成了女师大方面唯一的代表，和女子大学的学长林素园交涉以至冲突，想起来实在觉得运命之不可测。①

据上述材料看，体质弱和"很怕在女学校里教书，尤其怕在女人底下的女校里"，是周作人急于告辞的原因，而女高师的诚聘与"乡谊"的情面又使得周作人无法坚却。如此陈情固然着实无疑，只是还有一个因素不应略去，女高师学生苏梅曾回忆说："周作人教我们西洋文学概论，口才欠佳，不能引起人兴趣，倒是他与鲁迅合办的《语丝》，我每期都读。"②所谓"口才欠佳"，指的

---

① 周作人：《知堂回想录》，《女师大与东吉祥（一）》，河北教育出版社 2000 年版，第 500 页。

② 《苦雨斋主—名人笔下的周作人》，东方出版中心 1998 年版，第 56 页。

是周作人讲课声音低微,"口音"较重,加之"闲逸清顺"而"冷"的性情,自然不易"引人兴趣",尽管如此,他的"博识、谦虚与真诚"及其作为《新青年》同人,"思想的前进,学识的渊雅,笔墨的锋利,态度的积极,也正和他的阿兄一般,周身充满了光辉,实在给青年们不少的影响。当时的文化界多把他俩比之于法国龚古尔兄弟"[①]。加之在"西洋文学史"方面的造诣,时人难出其右,常风在《记周作人》中道:

> 周作人不仅精通日语,而且懂希腊文、英文和法文,他收藏西方书籍之丰富和他对于西方文化渊博的知识,以及介绍翻译外国文学的贡献,是专攻西方文学的他的同辈们所承认的。他的专业虽然是日本语文和日本文学,可是北京的西洋留学生、从欧美归来的学者都对他十分尊敬,都与他有往来,没有因为他留学日本就认为他只不过是日本文学专家。周作人从五四以前就开始在大学教授欧洲文学史,他第一个写下了《欧洲文学史》上卷(北京大学丛书),这本篇幅不大的书是他根据法国文学史家法格的原作编写的,内容简明扼要,文字典雅。这本书可以说是中国人编写的有水平的第一部外国文学史,也是第一部比较文学著作。我们可以说周作人和鲁迅都是最早注意介绍比较文学的。[②]

如此种种,以致周作人最终"摆脱"不得。

鲁迅与高师结缘,始于1923年7月,应时任北京女高师校长许寿裳之聘,在女高师国文系小说史科兼任讲师,这是鲁迅继

---

① 常风:《记周作人》,见刘如溪编《周作人印象》,学林出版社1971年版,第125页。

② 胡海勇:《时为公务员的鲁迅》,广西师范大学出版社2005年版,第212页。

1920 年和 1921 年先后受聘北大和北京高师之后又一次接聘。
不同的是,这回所面对的是一群经五四运动洗礼的个性解放、追
求进步的"女学生"。同年 10 月 13 日,鲁迅开始到女高师讲课。
1925 年 10 月,他被改任为北京女子师范大学教授,直至 1926 年
8 月离京去厦门为止。任女高师小说史讲师之前,鲁迅在北大和
北高师的小说史授课就取得了异常成功。当年的学生魏建功,
回忆 1922 年秋第三度听鲁迅讲授中国小说史的情形道:"小说
史上课时间排在星期二上午第三、四堂,教室在沙滩红楼西北角
上,四楼或三楼记不清了,每星期二上午第二堂课还没下,就有
赶来听小说史的人等在教室外边走廊里"①,听课的有本校生、有
旁听生,也不乏外校生,有时竟至人满为患。鲁迅饮誉京华教
坛,既在于他的敬业不苟,"总是先把讲义发给学生,并且在上课
时总要先校正个别错字,然后才开始讲"②;也在于他积学丰厚以
及对中国小说历史的稔熟与机锋独致的诠释。执教该课之前,
鲁迅对中国古小说已有专门深入的研究,并辑有《古小说钩沉》
文稿,后更名《中国小说史略》,与《呐喊》一并由新潮社出版。该
著述的问世,首次打破了中国小说自来无史的局面,同时又提供
了新的观点和方法,奠定了中国古典小说研究的方向,被后人誉
为"既有筚路蓝缕之功,又巍然为一座学术丰碑"。鲁迅讲课,不
照本宣读,不抽象笼统,恰当例证,具体发挥,连类而及,重点分
析,独见频现,给听众长时间的激励并鼓舞。鲁彦回忆说:通过
小说史的教学,鲁迅先生在"每个听众的眼前赤裸裸地显示出美
与丑,善与恶,真实与虚伪,光明与黑暗,过去现在和未来。大家

---

① 胡海勇:《时为公务员的鲁迅》,广西师范大学出版社 2005 年版,第 212 页。
② 顾明远等著:《鲁迅的教育思想与教育实践》,人民教育出版社 2001 年版,第
38—41 页。

在听他的中国小说史的讲述,却仿佛听到了全人类的灵魂的历史,每一件事态的甚至是人心的重重叠叠的外套都给他连根撕掉了。于是教室里的人全笑了起来,笑声里混杂着欢乐与悲哀、爱恋与憎恨、羞惭与愤怒……于是大家的眼里浮露出来了一盏光耀的灯,灯光下映出了一条宽阔无边的大道"[1]。

从1923年10月到1926年8月,约三年的时间里,鲁迅在女高师及女师大讲授小说史近80课时,授课风格一如既往毫不二致,深受女师学生的欢迎和敬爱。许广平在《鲁迅回忆录》中指出,鲁迅先生讲小说史,既注重文史流变的梳理与辨难,也关切与之联系紧密的文化思想的剖析和批判,讲述不限于讲义,但常常结合课文立足现代,针砭古今,驳虚妄斥礼教,引导学生在逡巡古代文史之林的同时,磨砺胆识。如此讲授不仅有助于深入浅出地演绎中国古代小说,拉近古今的距离,丰富学生的阅历;对日渐"觉醒"的"女学生",更富于积极的思想启迪意义。聆听过鲁迅授课的女学生回忆道:鲁迅在讲六朝鬼神志怪小说时,就曾指斥"魔鬼"本质的虚弱,鼓励人们勇猛地"扑向它吓退它",由此而悟到"他是要我们勇敢,要我们前进,不要我们畏惧怯懦"[2];鲁迅讲到传奇,则"批评宋不如唐,其理由有二:(一)多含封建说教语,则不是好小说,因为文艺做了封建说教的奴隶;(二)宋传奇又多言古代事,文情不活泼,失于平板,对时事又不敢多言,因忌讳太多,不如唐之传奇多谈时事"。讲到宋江故事时,鲁迅则说:"小说乃是写的人生,非真人生。故看故事第一不应把自己

---

① 顾明远等著:《鲁迅的教育思想与教育实践》,人民教育出版社2001年版,第38—41页。

② 许广平:《十年携手共艰危——许广平忆鲁迅》,河北教育出版社2000年版,第187—188页。

跑入里面。"又说："看小说犹之看铁槛中的狮虎，有槛才可以细细地看，由细看推知其在山中生活情况……切不可钻入，一钻入就要生病。"①如此文学观点不仅正确，对于当时为各种庸俗、荒诞小说麻醉的青年更有着清醒头脑的作用。诚如许广平言："虽说是讲《中国小说史略》，实在是对一切事物都含有教育道理，无怪学生们对于这门功课，对于这样的讲解都拥护不尽，实觉受益无穷。……鲁迅的讲学，他的说话，和演说时的讲话风格虽不同，精神则是一致的。"②

　　无独有偶，在杨荫榆任职之后，因不满于杨荫榆独断的行事作风，鲁迅也曾一度辞聘，后在校方一再诚挽和学生流泪恳请之下，鲁迅接受了续聘。

（二）先后宣讲女高师

　　周氏兄弟与女高师结缘及其"欲罢不能"，更深层的原因在于他们对传统女性命运的深切同情和对现代女性发展及其现代女子教育的满腔热忱，这也是《新青年》同人的一个共性。鲁迅平生第一篇白话文的论文是《我之节烈观》，他逝世前一个月写了《女吊》，可以说他始终关注着妇女——特别是中国妇女的命运。鲁迅一方面从历史和文化的高度，以科学家的眼光和诗人的心，热烈歌颂女性对人类创造和文化创造的伟大作用；一方面对于生活在现实社会纲常制度下女性备受残酷性道德、性伦理奴役与蹂躏的悲苦加以揭露和同情，同时对日渐形成的新式城

---

①　许广平：《十年携手共艰危——许广平忆鲁迅》，河北教育出版社2000年版，第187—188页。

②　王学珍等主编：《北京大学史料》，第二卷·三(1912—1937)，北京大学出版社2000年版，第2311页。

市女性的命运以清醒的现实主义姿态加以关注,目光敏锐立论发聩。周作人对于妇女问题关注得更早,清末他尚在日本留学之时,便以"独应"的笔名,在《天义报》上发表了《妇女选举权问题》。到了新文化运动时期,周作人作为文艺理论家,在刊登于《新青年》上的《人的文学》一文中,从人文主义人性论的宏观格局上,进一步提出了"灵肉一致"的人文观,对于中国的兽性的玩弄女性的小说《肉蒲团》《九尾龟》以及强迫女子禁欲的"守节"和强迫女子自杀的"殉节",进行过猛烈抨击,以"人的发现"、"女性的发现"和"儿童的发现"著称于思想界。五四之后,他仍就妇女问题从宗教、哲学、社会等层面有着进一步思考,提出"神性加魔性"的妇女观,强调中国妇女的经济解放的必要性,并在科学观照之下追问两性道德。周作人对妇女问题关注时间之长、著述之多、涉及之广、剖析之深,同时代恐无人比肩。

执教女高师时期,正值周氏兄弟就有关思想文化问题思考日趋深入之际。周作人在为"人的发现"、"女性的发现"和"儿童的发现"疾呼的时候,其先后受女高师女生自治会之邀和《北京女子高等师范周刊》纪念刊之请,做了题为"女子与文学"的专门演讲,撰写了《女子的读书》一文。

演讲活动,是五四校园传播新学、激荡思想的重要形式与途径,最早起于蔡元培治下的北大,蔡元培是实际的倡议人和积极的参与者,其乃外国平民大学之常见组织,仿效发起成立之旨在:"请国立高等学校各教员,以其专门研究之学术分期讲演,冀以唤起国人研究学术之兴趣,而力求进步。"①被鲁迅誉为"常为新的改进的运动先锋"的北大,秉承着"学术自由,兼容并包"的

---

① 周作人:《女子与文学》,《晨报副刊》,1922年6月3日。

治学精神,广纳海内外贤哲、专家教授、知名学者、社会名流精彩演讲。史料显示,仅 1918 年 2 月 25 日至 1918 年 6 月 29 日期间,北大举行各种学术演讲活动累计 58 次之多,涵盖数理、法政、经济、教育、英语、文史哲和书法艺术等学科领域。和北大有着广泛密切联系的女高师及后来的女师大,情形也大抵如此。莅临女高师的演讲者,除校外新学名流外,便是本校素有名望的专任或兼任教员。演讲内容都具有十分鲜明的针对性,即针对与女高师联系紧密的热点或焦点问题,加以学理的分析或进行现实的批判,由此极大地激励了莘莘学子追求自由、探索真知的科学民主精神和对社会改造的参与意识。周作人所做的演讲也秉承此道。

国语运动与白话文运动,经新文化人士的合力推动,在社会上尤其是校园中,日益普及与深入。其重要结果之一,便是新文学社团的崛起与新文学创作的兴盛,新文学受众日渐规模。继北大学生发起成立新潮社,创办了包括新文学栏目在内的文化综合性刊物《新潮》之后,女高师成立了文艺研究会,出版了《北京女子高等师范文艺会刊》,此外一些报章也纷纷增设新文艺副刊,著名的有《京报》副刊、《晨报》副刊、《国民日报》副刊《觉悟》和《时事新报》副刊《学灯》,就连曾经"鸳鸯蝴蝶"派重镇的《小说月报》,也因启用沈雁冰力行改革开辟新文艺专栏才止住日益下滑的颓势。活跃于新文艺园地的学生青年居多,其中为数不多的女作者绝大部分为女高师学生,蜚声当时文坛有黄庐隐、石评梅、苏梅、冯沅君、陆晶清、隋玉微、吕云章、孙尧姑、程俊英等。作为五四文学思想的重要阐发者与探索人,周作人对女高师学生高涨的文学热情有欣慰更有期许。

1922 年 5 月 30 日在女高师学生自治会所作的关于《女子与

文学》的演讲中,周作人首先就古代女子毫无文学地位的根源进行了揭露,认为皆为封建文学观与妇女观使然。他说:古代文学除了载道,便是文人吟风弄月之风流,所谓"载道",身为"附属品"的女子不得问津;有关"风流",于"男女之防"更是避之不及;所以,"中国古来的意见,大概以为女子与文学是没有关系的"①,纵使"妇女做诗,只落得收到总集里去的时候,被排列在僧侣之后,娼妓之前"②。他还指出和"文学的观念全然改变了"的现在,即:一方面,文学不再是用来教训或消遣的生活附属工具,而是人生的或一种形式的实现,以"个人主义"和"人道主义"为基本内核;另一方面,女子已作为人类的一分子,有独立的人格而不再是别人的附属物,如同世间公认与成人世界不同的儿童有文学的需要一样,女子对于文学的需要"自然更为切要,因为表现自己的与理解他人的情思,实在是人的社会生活的要素,在这一点上文学正是唯一的修养了"③。为了使聆听者领会"个人主义与人道主义"之所以是现代文学的基本精神,周作人在演讲中着重对其所言的"人类"问题进行了阐释:他所论及的"人类",不是抽象的名词或概念,而是有着具体实在的内容,即由成年男子、女子与儿童三个世界组成;这三个世界,虽然有着身心状态的不同,但在人类之前都是平等的。"人类或社会是个人的总体,抽取个人便空洞无物,个人也只是在社会中才能安全的生活,离开社会便难以存在了。所以个人外的社会和社会外的个人都是不

---

① 周作人:《女子与文学》,《晨报副刊》,1922 年 6 月 3 日。
② 周作人:《女子与文学》,《晨报副刊》,1922 年 6 月 3 日。
③ 周作人:《女子与文学》,《晨报副刊》,1922 年 6 月 3 日。

可想象的东西"①,个人实在是人类的一分子,个人的自然的行动都含有自己保存与种族保存的两重意义。由于个人与人类之不可分及其将利己与利他并作一处,因此个人主义与人道主义无非是一物的两面,文学的新观念由此而发生。就"女子与文学"内在联系的学理阐发之后,周作人对于当下"女子与文学"的实际情况谈了自己的看法。当时女界状况在他看来,有新气象,但似乎只有"国民的自觉,还没有到个人的自觉的地步"。所谓"个人的自觉",即以进化论的人生观为根本,积极地肯定人生,勇敢地追求"全面善美"的生活,它是"推己及人"的正当办法,是把握"个人主义"与"人道主义"这一现代社会与现代文学精神的关键所在。周作人以为"倘若没有女子本身的自觉来做根柢",所说的一切"也只是一番毫无效力的空话罢了",这也是《新青年》同人对"妇女问题"尤为关注的原因。所以,周作人告诫与会女生,务必建立"个人的自觉"态度,毅然肯定人间的根本的生活,打消现在对于女性的因袭偏见,以人类一分子的资格,参与人生的活动。在文学的参与活动中或"利用自由的文艺,表现自己的真实的情思,解除几千年来的误会与疑惑②;或通过研究鉴赏"承接他人的情思",得以启示和陶冶。不难发现,个人主义与人道主义一物两面论和对现代女性意识的呼唤,是本次演讲的重要内容,也是女高师校园文学书写及其五四一代女作家创作的重要主题,这里面自然蕴含了包括周作人在内的一代思想精英的辛勤和努力。

周作人嗜书如命,其阅读之富堪为《新青年》同人之最。对

---

① 周作人:《妇女运动与常识》,《谈虎集》(周作人自选文集),河北教育出版社2002年版,第261页。

② 周作人:《女子与文学》,《晨报副刊》,1922年6月3日。

于女子的读书,他尤其重视,在撰文《女子的读书》前的1923年1月,其就曾在《妇女运动与常识》一文中指出:"妇女运动在中国总算萌芽了,但在这样糊里糊涂,没有常识的人们中间,我觉得这个运动是不容易开花,更不必说结实了;至少在中坚的男女智识阶级没有养成常识以前,这总是很少希望的。"[①]以为妇女解放运动源于女子有了为人或为女的双重自觉,但是人们自以为是"万物之灵长",却不谙"生物"之一面,"个人必须对自己有一种了解,才能立定主意去追求正当人的生活"。在这样的社会里,均不会发生真正的自己解放运动的。故主张人们务必就"知道你自己"方面加强阅读增进常识,更希望"现在主持妇女运动的女子和反对妇女运动的男子都先努力去获得常识,知道自己是什么,人与自然是什么,然后依了独立的判断实做下去,这才会有功效"[②]。如此思想,一年之后再度重现于《女子的读书》中,因背景有变,故意蕴别具。所谓"背景",即:一方面胡适、梁启超关于"最低限度"国文书目意见纷呈;一方面,社会上又泛起一股"废论理心理博物英语等科目,改读四书五经"[③]的声浪。故此,周作人在文章中,对限制阅读的做法不以为然,认为开卷对于增强免疫力不无裨益;但同时又指出,鉴于判断力的养成和理性的发展,人们应先着重阅读"那些具体的说明自然与人生的科学书",筑下根基之后,便可阅一切。并就"近来胡适之梁任公诸先生都指导青年去读'国学'书"之事,议论道:"凡是书都可以读

① 周作人:《妇女运动与常识》,《谈虎集》(周作人自选文集),河北教育出版社2002年版,第261页。
② 周作人:《妇女运动与常识》,《谈虎集》(周作人自选文集),河北教育出版社2002年版,第261页。
③ 周作人:《女子的读书》,《北京女子高等师范周镌》,1923年1月3日第43期。

的，所以我并不想反对他们，但是总怀着不相干的杞忧，生怕他们进去了不得出来。我不反对人去读任何书，只是希望他先把根本知识弄好了再去。"[1]

很显然，周作人在女高师纪念刊发布该论，一是表明自己的相关态度，再是告诫女高师学生明白阅读的精义。五四学人思想的自由和个性的独立，由此可见一斑，女高师学生便是在这样独特的文化语境中成长的。无怪苏雪林在《周作人研究》中写道："与其说周作人先生是个文学家，不如说他是个思想家。十年以来他给予青年的影响之大和胡适之、陈独秀不相上下。固然，他的思想也有许多不大正确的地方——如他的历史轮回观和文学轮回观——但大部分对于青年的利益是非常巨大的。他与乃兄在过去时代同称为'思想界的权威'。"[2]

文艺研究会是女高师著名的学生社团组织，该会"以研究文艺为宗旨"，成员为"本校同学自愿研究文艺者"，"本校毕业同学及师长"则充为"特别会员"。它主要有两大组成部分：一是"编辑部"，负责编辑出版《北京女子高等师范文艺会期刊》。二是"讲演部"，主要负责开展"定期讲演"与"特别讲演"，前者为会员讲演，后者则是请"校外名人或本校教师莅临讲演"。"首开文学革命业绩"的鲁迅，兼得课坛魅力列入"特别讲演"乃应有之义。不同寻常的是，1923年12月26日鲁迅在北京女高师文艺会有关《娜拉走后怎样》的演讲，不仅论思独响而且意味深长，鲁迅固有的犀利与睿智、凝重与冷静更是毕现无遗，故被目为关于中国

---

①　周作人：《女子的读书》，《北京女子高等师范周镌》，1923年1月3日第43期。

②　苏雪林：《浮生十记》，《周作人先生研究》，江苏文艺出版社2005年版，第220页。

现代女性解放与发展的思想经典。也许正因为如此,该讲演作为著名文献,收入由中国档案出版社出版的《北大演讲百年精华》。本次讲演的不同凡响主要体现在两个方面:

其一,鲁迅把更多的关注聚焦于"娜拉"反叛的现实性问题上,以清醒的现实主义洞察"出走"的娜拉行将面临的种种现实困境,坦言娜拉式"出走",不是妇女解放的根本出路。

易卜生作为欧洲社会问题剧的创始人,以其敏锐的才思和杰出的才情,被誉为继莎士比亚、莫里哀以后欧洲戏剧的第三座高峰,对近代戏剧发展有着广泛的影响。他尤其善于把当时社会诸如道德、宗教、法律、教育、妇女地位等方面的重大问题和舞台艺术结合起来,并突破当时流行剧以故事叙述为主干的、结尾圆满的形式,采用现实社会中尖锐问题为剧本冲突的中心,主张以道德改善和个人主义的"叛逆精神"来改革社会,而且结尾大多不作任何直接评论。《娜拉》发表于1879年,是易卜生"社会问题剧"的代表作。剧本真实地反映了19世纪挪威中产阶级男女在家庭中的不平等关系。作者以冷峻的笔触勾画了作为丈夫"海尔茂"的自私、虚伪,与此相比照的则是作为妻子"娜拉"的纯洁、忠诚、善良和热情。全剧在娜拉终于意识到自己只不过是丈夫手中的"玩偶"而毅然离家出走时落幕,至于"娜拉走后怎样"则不得而知。《娜拉》剧充分表达了那一时期资产阶级女性的觉醒与反抗,也是易卜生对妇女解放这一社会问题的严肃思考。尽管以剧本论,《娜拉》缺点其多,远不如作者的《国民之敌》《海姐》等剧,但因其所揭示的女性尊严及其人格独立等问题,皆事关妇女解放这一当时重大的社会现实性命题,而这一命题业已成为五四时期中国社会反封建的一个重要突破口;因此,易卜生及其《娜拉》极为倡导新文化人士所激赏。文学革命先锋大将胡

适,对"易卜生主义"不遗余力地大擂大鼓:"我们的宗旨在于借
戏剧输入这些戏剧里的思想——注意的易卜生并不是艺术家的
易卜生,乃是社会改革家的易卜生。"①《新青年》更是不失时机地

图 3-10　挪威戏剧家易卜生像、《新青年》第四卷第六号封面

隆重推出"易卜生专号"。一时间,"这位北欧的大文豪作为文学
革命家,妇女解放、反抗传统思想等新运动的象征"②。以致茅盾
1925 年在《文学周报》撰文道:"那时候,易卜生这个名儿,萦绕于
青年的胸中,传述于青年的口头,不亚于今日之下的马克思和列
宁。"③后来阿英也在文章中回忆道:因契合了五四社会改革的需
要,"易卜生在当时的中国社会里,就引起了巨大的波澜,新的人
没有一个不狂热地喜爱他,也几乎没有一种报刊不谈论他,在中
国妇女中出现了不少的娜拉。在当时的妇女解放运动中,是起

---

①　胡适:《新青年》,第 6 卷第 3 号。
②　沈雁冰:《谈〈傀儡之家〉》,《文学周报》,1925 年 176 期。
③　沈雁冰:《谈〈傀儡之家〉》,《文学周报》,1925 年 176 期。

了决定性的作用的"[①]。

然而,众多的"欢呼"声浪,更多的是醉心于易卜生的战斗的个人主义;对于"娜拉"也多瞩目她"反叛"的姿态,至于"娜拉走后怎样"这样迫近而重要的现实性命题,则思虑不多。或许是对积弊沉重的现实黑暗有着一份比常人更为峻急的清醒,或许是对中国女性命运有着更为深入的体察和同情。相对而言,鲁迅对"娜拉"的前途与未来给予了更多的关注和思考,并发出迥然不同却掷地铿锵的声音:"出走"的娜拉,最终不是"堕落"就是"回来"。他析论道:离家的"娜拉",犹同一匹出笼的"小鸟",外面有"鹰"或"猫"以及"别的什么东西之类",侵害与威胁如影随形;此外,"倘使已经关得麻痹了翅子,忘却了飞翔",十分了然。在鲁迅看来,在现实社会环境尚十分险恶的情况下,娜拉式的"出走"不是妇女解放的根本出路。事实上,后来"娜拉"们的命运演绎,并未出离于鲁迅当年的析论。从文学世界《伤逝》中的"子君"、《日出》中的"白露",到现实社会里的女高师学生李超,作家丁玲、萧红、苏青、张爱玲等等,哪一位不是出走的"娜拉",哪一位没有体验"出走"后的苍凉。正如有论者指出的那样:"在人的觉醒的思想潮流中,娜拉的形象可以说是中国现代女性文学的原型。她的离家出走,构成了整整一代人的行为方式……娜拉的影响远远超过了'五四'这一代人。"[②]关于《娜拉》,鲁迅的思虑没有止步于其勇力与决绝,而是透过其反叛的姿态更进一步洞见了严峻的"以后",如此"冷静"与"尖锐",较之此前一味强调和颂扬"攻击社会,独战多数"的易卜生主义,无疑更多了一份

---

① 阿英:《易卜生的作品在中国》,《文艺报》,1956年第17期。
② 刘思谦:《"娜拉"言说——中国现代女作家心路纪程》,上海文艺出版社1993年版,第16页。

厚重与深邃；对觉醒于五四的"女学生"们以及方兴未艾的妇女解放运动，不失为一种深谋远虑性质的警醒与鞭策。

其二，鲁迅以为在旧的"经济制度"尚未改革之际，"娜拉"们的当务之急是用剧烈的深沉的韧性战斗取得与男子平等的经济权。

作为"反抗"的同路人和"独战"的先行者，鲁迅深谙"梦醒无路可以走"的痛苦，更领味"既然醒了，是很不容易回到梦境的"寂寥与凛然，对中国"娜拉"们的现实困境感同身受。就"娜拉"如何自救而不作"傀儡"这一命题，鲁迅提出当务之急是谋得"经济权"的主张，即："第一，在家应该先获得男女平均的分配；第二，在社会应该获得男女相等的势力。"①他直言道："自由固不是钱所能买到的，但能够为钱而卖掉"；但同时申言："经济方面的自由"，只是"留一点残喘，正如涸辙之鲋，急谋升斗之水一样"。很清楚，鲁迅有关"经济权"的主张，主要基于"经济"之于"生存"的"紧要"关系来考虑的，是针对切近的"有机体"保障需要而提出的。鲁迅对于"经济权"的伸张，无疑切中了中国"娜拉"们的"命门"。在"三从四德"的传统社会里，女性无任何"平均分配"和"相等势力"可言，即便在鲁迅讲演之时，民国已建立 10 年之久，有关"女儿平等权利"的问题，仍悬而未决。

更为重要的是，鲁迅一面看到"经济权"的"紧要"，一面也洞悉"经济权"实现的烦难。他指出：因为"不免面前遇见敌人"，看似"平凡"的"经济权"，远较"高尚的参政权以及博大的女子解放运动更为烦难"，唯有"剧烈的"、"深沉的"和"韧性的"战斗才能获得。所谓"敌人"，不言而喻。由于传统的父权文化根深蒂固

①　《鲁迅全集》，第一卷，人文学出版社 1981 年版，第 161 页。

及其社会转型过程中方方面面的参差错节,虽然"女儿平等继承权利"原则,最终为 1929—1930 的《民法》所采纳,根据民国民法的文字规定,女儿在中国历史上第一次享有和儿子一样的继承权;但在实践中法庭出于种种理由给予女儿的权利常常要少于民法所规定的。而当时因"经济权"的问题,女子受困顿、被戕害事件屡见不鲜。五四时期,因抗拒包办婚姻出奔京城求学而被继兄长断了经济来源以致贫病毙命的"李超事件",就发生在女高师。对此,北京教育界曾为之举行追悼大会,蔡元培、陈独秀、蒋梦麟、黄日葵、罗家伦、梁漱溟、张国焘等皆到会并发表演说,胡适还专门著有《李超传》。该事件所反映出的"父死子继"的父权统治对妇女的残酷性,及其所涉及的"不孝有三,无后为大"和"有女不算后"等封建意识问题,引起了思想界与文化界的重视,并由此把妇女解放问题和贞操问题的讨论引向深入。但是,该事件中迫人致死的其兄长竟"函其同乡大骂女士执迷不悟、死有余辜"①;而且,时掌女高师的毛校长,也以"该校前故学生向无追悼大会"为借口反对"举会",甚至"独未至且无挽联"②,以致引起舆论愤慨。

从这一轰动事件所引发的截然不同的反应,我们不难理解鲁迅为什么一边愤言:"中国太难改变了,即使搬动一张桌子,改装一个炉子,几乎也要血;而且即使有了血,也未必一定能搬动,能改装",一边仍不失希望:"不是很大的鞭子打在背上,中国自己是不肯动弹的。我想这鞭子总要来的,好坏是别一问题,然而总要打到的。"③当然,鲁迅了然:"如果经济制度竟改革了,那上

① 《晨报》,《本日学界开会追悼之李超女士》,1919 年 11 月 30 日。
② 《晨报》,《本日学界开会追悼之李超女士》,1919 年 11 月 30 日。
③ 《鲁迅全集》,第一卷,人文学出版社 1981 年版,第 161 页。

文当然完全是废话。"①如此言论，示意着经济权利的获得仅仅是男女平等的开端，经济制度的改革才是实现妇女解放的必由之路，激励人们在社会改造中获得根本的解放。对这一相去不久的情形，在场聆听本次讲座的《娜拉》剧迷们，感悟犹切。"这个讲演，对听众发生了很大的影响"②，当年的亲历者许羡苏③曾如是道。

图 3-11　演讲中的鲁迅④

（三）在"女师大风潮"中

社会动荡风潮迭起学潮不息，是 20 世纪 20 年代中国社会一大特征。如此社会情势，固然与风雨飘摇的北洋政府对社会控制力弱有关，自然也和新文化运动所带来的社会思想解放、民

① 《鲁迅全集》，第一卷，人文学出版社 1981 年版，第 163 页。
② 顾明远等：《鲁迅的教育思想与教育实践》，人民教育出版社 2001 年版，第 41 页。
③ 许羡苏（1901—1986），浙江绍兴人，毕业于北京女子高等师范学校。鲁迅日记中的"许璇苏""淑卿""许小姐"都是指她。
④ 朱正著文、王得后编图：《鲁迅图传》，广东教育出版社 2004 年版，第 161 页。

众对民主自由诉求呼声日高以及国民革命运动蓬蓬勃勃都有着内在的联系。仅学潮而言,那一时期此起彼伏的,大都与时政、经济、教育紧密联系。由于为近代中国特殊国情所囿,晚清始,新式学堂便是新思潮涌动的中心,青年学生便是民主运动的弄潮儿,五四时期亦复如此。确切地说,"女师大风潮"发生于"女高师"之后的"女师大"时期。因彼此紧随,一脉贯通,后来诸多的盘根错节皆与"女高师"时期有着挥之不去的联系,故不得不一并纳入考察的视界,尤其是对活跃其时的周氏兄弟相关行状的考察,更不得不伸展有关讨论的时域空间。

"女师大风潮",就其历时之久、关涉之众、冲突之激烈及其社会反响之强烈论,堪为一时学潮之最。该"风潮"从 1925 年 1 月起到 1925 年 11 月止,由"驱羊运动"和"反对章士钊"前后两个阶段组成。其最初的缘起,校长杨荫榆的任意专断是直接诱因,但更为深层的原因,则是她在五四个性解放、男女平权运动日益高涨之际,仍抱着"须知学校犹家庭,为尊长者断无不爱家属之理,为幼者亦当体贴尊长之心"①这一封建色彩极浓的办学理念不放,视学生种种抗争为"勃溪相向",一意孤行而招致师生的反对。更不堪的是,她在竭力"整顿学风"的段政府的支持下,为压制学生竟不惜动用警力武力,直至学界公愤而不得不黯然去职。某种意义言,杨荫榆实在是位"亦新亦旧"的社会过渡型人物。较之于旧时传统女性,她有着极可称述的"新潮"资质:家学渊源,留学日美,对东西洋教育皆有研究,曾被称为一位与最新教育潮流接近的女教育家和纯粹的学者;此外,作为最早的职业知识女性,她和女师大渊源深厚,在五四前就曾任教于斯并兼

---

① 《鲁迅全集》,第三卷,人文学出版社 1981 年版,第 69 页。

任学监主任三年，颇有口碑，这也是她一度为女师学生所欢呼，因此而成为第一位国立最高女子学府女性掌门。然而，走马上任后杨荫榆也委实"旧"得可以。所有这些，在当时女师大《驱羊运动特辑》和鲁迅大量文章中都有揭露，《京报》《申报》《晨报》《妇女周刊》等也曾——披露。

　　章士钊（1881—1973）[1]，"女师大风潮"矛头另一重要所向，曾经的反清志士，五四运动后的复古主义者，1924年至1926年间，任段祺瑞执政府的司法总长兼教育总长，负着段政府"镇定学界"的厚望。他认为："凡未成年之女子，殆无不唯家长阿保之命是从，文质彬彬，至可爱敬"，指斥"女师大风潮"："不受检制，竟体忘形，啸聚男生，蔑视长上，家族不知所出，浪士从而推波，伪托文明，肆为驰骋，仅愿者尽丧所守，狡黠者竟无忌惮，学纪大紊，社教全荒，如吾国今日女子之可悲叹者也。"故此，本着"本执政敢先父兄之教，不博宽大之命"旨意，[2]他一改上任伊始更换校长平息学潮的初衷，力挺杨荫榆，决计"依法从事，绝不姑贷"，致使风潮旷日持久，严重创伤教育，终因段政府的湮灭而远遁。毫无疑义，"女师大风潮"对于中国现代女子教育寓意深远：不仅意味着在五四运动的涤荡下，贤母良妻主义女学范式的彻底"破产"；同时，还意味着求人格独立反专制压迫业已成为五四一代知识女性的强烈心声和自觉韧性的抗争行动。这种孕育

---

　　① 章士钊，字行严，笔名黄中黄、青桐、秋桐，湖南省善化县（今长沙市）人，曾任北洋政府段祺瑞政府司法总长兼教育总长，国民政府国民参政会参政员，中华人民共和国全国人大常委会委员，全国政协常委，中央文史研究馆馆长。
　　② 《鲁迅全集》第一卷，人民文学出版社2005年版，第285页。

于五四思想语境的精神,不仅成为 20 世纪 20—30 年代妇女运动的内在动力,而且对于整个 20 世纪女性发展都有着极为深远的影响。

种种因素,鲁迅成为"女师大风潮"事件中的焦点人物。飞短流长、毁誉荣辱,既构成了中国现代女子教育史上最为纷繁芜杂的历史片断,也成为鲁迅迄今备受"讼论"的方面之一。平心而论,鲁迅在整个事件的过程中,虽不乏"浓墨重彩",但始终"淡入淡出",或者说,其前后经历了一个"旁观—介入—领导—淡出"的过程。确切地说,"风潮"初期,鲁迅一直"缄默"着,关于这一点,鲁迅日记和相关研究皆确证无疑。尽管此前,1924 年 4 月底,因对新任校长杨荫榆的专断不满,女师曾酿过"风潮",15 名教员联名宣布辞职,其他教员也相继停止教学,鲁迅则应学生束邀前往调解;同年 8 月,因与杨荫榆治校方针意见相左,鲁迅曾"寄还女师范学校聘书",宣布辞职,最后在校方诚挽下作罢。之所以"风潮"初始时期作"壁上观",显然和"许寿裳与杨荫榆是一种上下交接的关系,而自己与许寿裳的关系又是众所周知的。出于洁癖,他不愿惹那种无谓的'嫌疑'"有关。[①] 鲁迅"介入"于"驱羊运动"拉锯期,应该说与时为女师大学生自治会干事许广平[②]的"投书"相关。

---

① 林贤治:《人间鲁迅》(上),安徽教育出版社 2004 年,第 395 页。

② 许广平,笔名景宋,广东番禺人,鲁迅的第二任妻子。1917 年就读天津直隶第一女子师范学校预科,担任天津爱国同志会会刊《醒世周刊》主编,并在周恩来领导下参加了"五四运动"。1923 年考入北京女子高等师范学校国文系,成为鲁迅的学生。1927 年 1 月,鲁迅到中山大学任教,许任助教和广州话翻译,与鲁迅在白云路租房同居;10 月与鲁迅到上海正式同居。1929 年,生子周海婴。1932 年 12 月,与鲁迅的通信集《两地书》编辑出版。1949 年后历任政务院副秘书长、全国人大常委会委员、全国政协常委、全国妇联副主席、民进中央副主席、全国文联主席团委员等职务。

许广平(1898—1968),因杨荫榆的"恋栈","驱羊运动"陷入了僵局,极其苦闷的许广平,自1925年3月11日起,不断投书给自己的授业导师鲁迅先生请求教导。由于思想的相通和对青年学生的爱护,鲁迅无法再"局外人"。当"风潮"情势愈演愈烈,校长杨荫榆与教育总长章士钊上下联手,肆意蹂躏学生,摧残教育,而《现代评论》又一旁恣意"闲话"混淆视听的时候,鲁迅愤怒了,至此义无反顾地置身于女师大学生反抗当局的阵营之中。从代拟"呈文"、亲笔"5·27"宣言,到状告章士钊,揭露杨荫榆,笔战陈西滢;到校务维持会的事必躬亲、宗帽胡同的义务授课,等等。"俯首甘为"与"横眉冷对"的鲁迅,为女师大最终恢复竭尽了心力,功成之后则全身退出:与女师大校务维持会其他成员联名向政府当局举荐教育维持会主席易培基任校长,及时解散校务维持会,在欢迎新任校长的大会上代表校务会致欢迎词。

鲁迅在"女师大风潮"事件中的作用和影响是不争的事实。然而,对于鲁迅的"卷入",却一直有着所谓"某籍某系"的微词。当初以陈西滢的"闲话"为代表,当下也有同调,只不过进一步把相关的具体"背景"资源纳入了论域。"某籍某系"问题,其实是近代中国社会转型时期经济、政治和文化教育等诸方面发展不平衡所导致的一种社会现象,非某种人力因素使然,纵因某种区域文化的趋同性而具一定的内聚力,但它并无严密的组织与排他性。物以类别、人以群分,何况鲁迅时代的知识精英更是以文化志趣与精神诉求相揖别,诸如《新青年》不同于《甲寅》《论衡》等。诚然,"背景"资源的差异,分别培育了"某籍某系"的"幽愤"与非"某籍某系"的"优容",但以此"挑剔"鲁迅的"卷入",未免偏

颇,与事实也有出入处。许寿裳,作为所谓"某籍某系"的一员和鲁迅的好友以及杨荫榆的前任,其辞职的原因虽然复杂,但据周作人回忆,许寿裳也曾是杨荫榆校长人选的举荐人。再者,此番"风潮"之前,鲁迅的所作所为,也足以明辨"某籍某系"的质疑。需要指出的是,因为"闲话"所引发的枝枝蔓蔓,《现代评论》与《语丝》睚眦相向,新文化力量再度严重分裂。对此,胡适痛心疾首:"大水冲了龙王庙,一家人不认得一家人","我们的公敌是在我们的前面;我们进步的方向是朝上走"①。鲁迅在辑集这一时期的相关文稿时也不无感慨:

> 还不要满一年,所写的杂感的份量,已有去年一年的那么多……这里面所讲的仍然并没有什么宇宙的奥义和人生的真谛。不过是,将我所遇到的,所想到的,一任它怎样的浅薄,怎样的偏激,有时便都用笔写下来。说的自夸一点,就如悲喜时节的歌哭一般,那时无非借此来释愤抒情,现在更不想和谁去抢夺所谓公理或正义了。你要那样,我偏要这样是有的;偏不遵命,偏不磕头是有的;偏要在庄严高尚的假面上拔它一拔也是有的,此外却毫无什么大举。名副其实,"杂感"而已。②

还需特别指出的是,当年对于章士钊的许多守旧的主张及其总长期内许多"浮夸"与"轻躁"的行为,学界普遍不满;当章士钊为压制学生而擅自撤销"女师大"并以"女子大学"取而代之的时候,北大再度宣布"独立"以示抗议。但这一举措酝酿之时,北

---

① 韩石山:《老不读胡适 少不读鲁迅》,中国友谊出版公司2005年版,第227—228页。
② 《鲁迅全集》第三卷,人民文学出版社1981年版,第183页。

大内部曾发生过激烈的论争。有关"独立"的宣言，虽以微弱多
数通过，后来的执行却一波几折。异议者主要感于："北京教育
界自从1919年底，发起反对傅岳棻的运动以来，在政争的漩涡
里整整混乱了六年"，而"纷扰的效果"抵不过"各学校所受的牺
牲"；因此，主张学校"脱离一般的政潮与学潮，努力向学问的路
上走"，"同人要做学校以外的活动的，应该各以个人的名义去活
动，不要牵动学校"①等。这实际上是对近代社会以来"亦学亦
政"问题的反拨，也是近代学人为学术与政治纠葛"罹难"的一种
反映。然而，"人类进入近代以后思想文化与社会政治的关系变
得更为密切，尤其在近代中国，思想上、教育上、文化上的任何一
个问题几乎都有社会问题、政治问题的因素存乎其间，欲拒不
能"②。曾竭力倡导教育独立的蔡元培、胡适，其一生何尝不是在
"亦学亦政"中奔波。如此声音发生在章士钊解散女师大的非法
行为引起北京教育界和广大学生的反对之刻，虽终未能推翻原
案，却助长了压迫势力的气焰，这也是鲁迅对《现代评论》"闲话"
厉声有加的重要缘由。

　　"风潮"时期的周作人虽已与乃兄失和，但却在"事件"中与
鲁迅表现出了一致的坚定与默契。即："事件"发生之初，也一度
"壁上观"，"五七"之后才介入之中，签名《宣言》、论战《闲话》、撰
写《女师大改革论》《续女师大改革论》《答张菘年先生书》《忠厚
的胡博士》诸文，呼应鲁迅。之所以如此，其在《与友人论章杨
书》中曾有解说：

---

　　①　张晓唯：《蔡元培与胡适（1917—1937）——中国文化人与自由主义》，中国人
民大学出版社2003年版，第189页。
　　②　张晓唯：《蔡元培与胡适（1917—1937）——中国文化人与自由主义》，中国人
民大学出版社2003年版，第189页。

图 3-12 北京女子师范大学师生欢迎易培基校长

　　对于杨荫榆女士,我本人并无什么蒂芥。我在女师大接连过三年'兼任教员',末一年便是在杨女士治下,也是颇被校长所优容的。我对于杨女士总当她是位受过高等教育的女子,怀着相当的敬礼,一直到今年四月,并无什么反对的意思。五七之役,杨女士把自治会六职员当作暴烈分子的首要一律开除,这觉得这个办法不公平;随后继之以两系宣告并不反杨的启事,校长对于暴烈学生的文章不通手段卑劣的感言,我以为这于学风很有害处;八月一日又复带兵回校,并且百计破坏留校学生的饮食供给,阻止卧病学生的入院,手段恶辣至于如是,我真为杨女士可惜,受过高等教育的女子的影子真是一点都不见了。现在杨女士既已免去,往事本可不必重提,我只表明反对杨女士态度是这样逐渐造成的，也并不由于什么公愤或义愤，只是根据于我个人性格及思想的一种好恶，至于对于某省某县我别无嫌怨（倒反有一两个的朋友），当然不会因为杨女士是某籍人的缘故而和她为难的了。[①]

图 3-13　"风潮"过后女师大学生合影

关怀女学珍视女校亦被女师学生所爱重的周氏兄弟，实难坐视女师罹难而不加作为。"风潮"之后"三一八"惨案的发生，对于"请愿"素有自己看法的鲁迅亦悲愤难抑地写下："惨象，已使我目不忍视了；流言，尤使我耳不忍闻。我还有什么话可说呢？我懂得衰亡民族之所以默无声息的缘由了。沉默呵，沉默呵！不在沉默中爆发，就在沉默中灭亡！"[②]周作人则愤懑极度挽

---

① 《周作人集外文（904—1925）》，《与友人论章杨书》，海南国际新闻出版中心 1993 年版，第 741 页。

② 《鲁迅全集》第三卷，人民出版社 1981 年版，第 275 页。

联道:"赤化赤化,有些学者名流和新闻记者还在那里诬陷;白死白死,所谓革命政府与帝国主义原是一样东西。"①

---

① 周作人:《关于三月十八日的死者》,《语丝》,第 72 期。

第四章 "独立人格的生活"：校园"新女性"

陈东原在《中国妇女生活史》有关"近代的妇女生活"的章节中写道："自光绪二十年(民国前十七年)甲午之战以后,中国妇女生活,开始变动了,一直到民国四年,实算起来,足有二十年。这二十年中,由'无才是德'的生活标准,改到'贤妻良母'的生活标准;由闺门之内的生活,改到学校读书的生活;进步不为不快。但妇女有独立人格的生活,实在是在《新青年》倡导之后。而五四是一个重大之关键。"①这番话,将清末民初社会急剧变化时中国女性最为复杂的历史内涵揭示得淋漓尽致。从甲午之战到民国初的短短 20 年间,中国女性由传统纲常文化意蕴的"无才是德"角色,一变为具有维新意味"相夫教子"的"贤妻良母",再变为个性解放色彩的"独立人格"的"新女性"。话语变迁,是时代变迁的产物。有关女性"身份"内涵的改变,实则反映女性社会身份和社会角色的变化。至于女性"身份"变换如此之急剧,则反映了民族危机的加剧和社会转型的深入,对女性角色赋予新的内容与要求也随之越多越迫切;或者说,当传统中国在外来强

---

① 陈东原:《中国妇女生活史》,上海书店出版社 1984 年版,第 365 页。

势压力下,不得不厉行变革的时候,女性被规限于"私人领域",
则越来越不可能,近代女学的勃兴及其相关教育宗旨的嬗变,就
是充分的例证。显然,"回归社会""重返公共生活领域"是时代
的要求,是中国女性命运发展的必然;尽管这种"必然",在传统
渊源深厚的中国,之于欧美启动较晚并举步维艰,但对由此得以
从千百年"礼教"禁锢中解放出来的中国女性而言,不啻是震撼
与惊喜。当然,这种变化,并非对女性整体而言,只能是指那些
走在时代最前列的女性。随着农耕文明超稳定结构的松动,女
性群体多种角色并存的局面日益凸显。相关研究者曾指出:近
代以来,中国妇女走向社会,主要有三种途径:一是 19 世纪末开
始出现的产业女工,即传统意义上的就业,但数量很小;二是 20
世纪 20—30 年代出现的城镇知识妇女,活跃在文化教育领域,
人数不多,潜力很大,是中国历史上最早具有独立意识和自立能
力、最早自觉参与正常社会活动的女性;三是参战——对绝大多
数普通妇女特别是农村妇女来说,这几乎是摆脱封建家庭、走上
社会的唯一出路[①]。毋庸置疑,北京女高师学生,正是五四时期
"走在时代最前列的""最具独立意识和自立能力、最早自觉参与
正常社会活动的女性"。

一 在新思潮的激荡中觉醒

知识女性群体的出现是中国教育近代化的产物,也是中国
女性从传统向近代转化的重要标志。较之于戊戌、辛亥时期的
知识女性更关注妇女应尽的义务和应享有的权利,五四时期的

---

① 李小江:《女性/性别的学术问题》,山东人民出版社 2005 年版,第 2 页。

知识女性则更多地着眼于子女的人格独立。[①] 之所以如此，与《新青年》的倡导及其所推动的新文化运动有着极为紧密的联系，正如陈东原所言："妇女有独立人格的生活，实在《新青年》倡导之后""'五四'是个大关键"。《新青年》主编陈独秀基于固共和反复辟的政治诉求，针对尊孔复古的社会逆流，擎起"科学"与"民主"的旗帜，对儒家的封建纲常文化进行猛烈的抨击，进而提出"女子勿自居于被征服地位，勿为他人附属品"等妇女解放的主张，众多思想精英及其进步报章争相跟进竞相倡议，妇女解放思潮、妇女解放运动此起彼伏，蔚为壮观。如此历史情境中的女高师学生，深受《新青年》同人和北大文化的濡染，率先成为校园女性觉醒的一群。她们以中国女性从不曾有过的精神姿态，对传统女性命运和传统思想道德文化，进行了深入剖析和积极批判；对于新世纪所赋予的女性历史使命有清醒的认识和担当的自觉。

（一）质疑传统"妇德"

由《新青年》所积极推动的思想解放运动的深入，以及自我"女性"身份的关系，女高师校园的思想园地有关"妇女"问题的讨论极为踊跃，并时有文章见诸报端。其中，女高师自办的《北京女子高等师范文艺会刊》就有不少类似篇目。

在这场声势浩大的思想解放运动中，女高师学生对旧道德旧文化对女性的不公与束缚及其损害均有较为深入的体认与批判。女高师学生罗静轩在《论古人妇德说之纰漏》一文中指出：

---

① 郑必俊等主编：《中国女性的过去、现在与未来》，北京大学出版社 2005 年版，第 88 页。

道德是"具有理性者应该实行的一种规范",并内含三个基本要素,即:出于良心的自动,不受外物的指挥和禁止;道德是知情意三者发出的行为,不能违反心理;道德是社会上全体公认的规律,不能以一部分的意见为道德。古代所谓"妇德",不是"出于妇女良心自动的",是"专制皇帝的一种命令";是"扶持一部分人的,压制一部分人的",是"只问强权,不问公理的"。如此"妇德"并非从来就有,它起始于"耕稼时代,家族制度成立,男子握一族之权"之时,经原始儒教演绎,秦始皇会稽刻石,汉代班昭著述,程朱纲常名教,女子只尽义务男子独享权利的"三从四德""七出"等古之"妇德",日趋严密,形同网罗,将女子的人格剥夺殆尽。这般不合人道、不合公理的、片面的道德,恣意数千年,在于"名教先生"所养就的"妇人敬顺,光荣千万"的习俗力量,及其鼓吹的"不教而诛"的愚民策略。如此"妇德"不知养成并虐杀了多少自以为"下等的、低能的、阴险的"木偶般奴隶似的女子。不情愿做附属品服从于人家、做人玩物的当今女子,不仅断断不能接受"这个妇德的徽号",而且还必须把"活动的范围扩充了,由家庭、社会、国家,推到世界,都是女子发展的地方;决不能恭顺一人,保养一家"①。

表 4-1 《北京女子高等师范文艺会刊》"妇女问题"申论(1919—1924)②

文章篇目	作者	北京女子高等师范文艺会刊
论今日女子之责任	孙继绪	第一期(1919)
家庭改良之研究	关应麟	同上

---

① 罗静轩:《论古人妇德说之纰漏》,《北京女子高等师范文艺会刊》,1921 年第 3 期。

② 《北京女子高等师范文艺会刊》,1919—1924 年第 1—6 期。

文章篇目	作者	北京女子高等师范文艺会刊
我国之妇女问题	张龄芝	第二期（1920）
女学生与家庭	柳 介	同上
今后吾国女子之道德问题	冯淑兰	同上
贞女评议	钱用和	同上
节烈问题	孙继绪	同上
论古人妇德说之纰缪	罗静轩	第三期（1921）
女性与文化的关系	高晓岚	同上
中国古代妇女在社会上的地位	吴湘如	同上
今后女子教育的希望	关应麟	同上
女子教育问题	田隆仪	同上
章实斋妇学篇的批判	史佩英	第四期（1922）
文学女士社交之今昔观	罗敦健	第五期（1923）
旧婚姻的杂异谈	净 子	同上
北京女界商业储蓄两银行先后开幕的感想	叶家璧	同上
婚姻之我见	我 愚	第六期（1924）

颇有意趣的是，由于国学根底扎实又兼得新近西学陶冶，女高师学生对旧传统、旧思想、旧道德、旧文化的剖析可谓纵横捭阖、力透纸背，如钱用和的《贞女平议》、孙继绪的《节烈问题》等篇章。钱文依据"易屯之六二曰：'女子贞而不字'"，认为"贞"本女子天性，与"许字"与否不相干，目"贞女"为"夫死而以身殉，婚没而不改适者"，实则是世俗之论，不合论理、心理、伦理，也"非

礼经所许可也";并举古来先贤思想以力证,如:孔子曾对曾子的
"女子未庙见而死,则如何?"回答道:"不迁于祖,不附于皇姑,婿
不杖不菲不次,归葬于女氏之党,示未成妇也。"归有光也曾有类
似说:"女未嫁而为其夫死,且不改适,是六礼不备,婿不至迎,比
之于奔。"汪中道:"事苟非礼,虽有父母之命,夫家之礼犹不得遂
也。是故女子欲之,父母若婿之父母,得而止之;父母若婿之父
母欲之,邦之有司,乡之士君子得而止之。奈之何今之有司士君
子从而倡之哉?"其结果是"满城风雨,徒增堕泪之碑"。故而,直
斥数千年礼教沿袭至今毫无合理可言,仍树碑表彰,"其谬孰
甚"①。孙继绪的文章,也循此路径析论道:"节烈二字之本义,与
通俗之所谓节烈者不同。俗以夫死不嫁谓之节,夫死殉身谓之
烈。遍考典籍,并无此意,习俗相沿,以为习惯。"认为"节烈的由
来"源自君主专制,"是以君父待下之专制,推至于男子以是待女
子;而三纲之说由是生,节烈之风亦由是起矣";自秦皇以来愈演
愈烈,以至于伴生出近世的"饿死事小,失节事大之言"。并认为
"节烈之事",只要求于女性,是男女不平等最露骨的表现。以名
教之名绳之女子,弊端重重,惨无人理,当力挽之,从而保全人
道,改良风俗。② 在对旧道德文化的批判中,平等观与进化论成
为女高师学生最擅用的思想武器。如此论说视界,使之立论既
有历史深度,又不乏理性色彩,充分彰显出五四知识女性独特的
思辨风采。

　　如果说渗透封建纲常文化的传统"妇德",在女高学生那里
不堪一击的话,那么对于"贤妻良母"这一传统女性角色的质疑

---

① 钱用和:《贞女平议》,《北京女子高等师范文艺会刊》,1920 年第 2 期。
② 孙继绪:《节烈问题》《北京女子高等师范文艺会刊》,1920 年版第 2 期。

与否定，女高师学生也毫不踌躇。所谓"贤妻良母"，乃千百年中国女性角色的定格，即便进入近世启蒙与革命的时代，旧学新派皆不遗余力地倡之导之；虽具体内容不可同日而语，但将女子定位家庭，古今一致。女高师学生冯淑兰在《今后吾国女子的道德问题》中写道："欧化西来，女学滥觞，屈指三十余年，所教育之女生几何？悬贤母良妻为准的，以服务家庭为科律。政府不加提倡，家庭苟为束缚，有女不任其求学，有妇不听其谋生，潮流澎湃于前，而习俗仍四千年之古风。窃恐中国之伦脊，为期不远矣！虽然，此非一朝一夕之故，履霜坚冰，由来已久；历史的原因，儒家动以古礼欺人。殊不知礼由人定。代有更改，礼有损益。"[①]

除旧布新，是五四新文化运动的基质。继抨击旧道德之后，对于"今后吾国女子的道德"建设问题，女高师学生进行了积极思考。她们认为"人类思想，是前进发展的"[②]，"人生之可贵，即在此襄助进化之精神"[③]。女高师学生冯淑兰撰述道：道德既是"人类本着良心的一种行动，其内容是因时因地变化着的。其形式是不变的，合于他就是善，不合于他就是恶。时代先后不同，地方东西不同，境遇职业的不同，都能使道德生出种种的不同"。"从根本上说，三纲五常，是阶级制度的出产品，是宗法社会的出产品。现在'德莫克拉西'风行大地，先前黑暗污浊的专制政体，已经成了九秋树叶沙拉拉地落个不住。回首看看我们女界，尚在苦海沉沦，令人触目心伤。在这个民治主义盛行的时代，还不想个解脱的法子，恐怕二万万女同胞，永远没有出头的日子。这

---

① 冯淑兰：《今后吾国女子道德问题》，《北京女子高等师范文艺会刊》，1920 年第 2 期。

② 刘云孙：《道德进化说》，《北京女子高等师范文艺会刊》，1920 年第 2 期。

③ 王世瑛：《我之人生观》，《北京女子高等师范文艺会刊》，1920 年第 2 期。

就是我们根本上反对旧道德的一个大原因。"认为今后女子的道德建设问题,应从两方面着手:一是家庭。针对古代女子教育,多半用压制手段,多以绝对服从为女子立身处世的金科玉律的流弊,强调"发挥同情互助的真精神,以矫正不平等的习惯;应用学理改造家庭,免去坐吃山空的流弊;以民治主义的教育教导子女,一洗从前升官发财的妄想"。二是认为女子"不仅求做一个贤妻良母,还要想着在社会上做一个堂堂正正的人物;处事接物,应当发挥同情博爱的精神;行为必本着个人的良心,不学那旧式的女子,畏首畏尾,更不学那浮躁的女子趋势沽名,应当为真理而活动,为正义而活动"[①]。

女高师的学生,一面崇奉"男女平等"说,高扬主体精神;一面对"性别差异"有着清醒的认识。高晓岚在《女性与文化的关系》中道:"女性名词,在西文中叫'Feminine',译意作'柔弱'解,与男性'Masculine'处相对的低位。在生物学上,男女差异,非仅高等动物有明显特征,就是植物,也有这种表现。"男女差异有着身体与精神两方面的内容。由此,"女子有善于综合的优点,必长于艺术者",凡关文学、慈善事业、宗教、美术、工商业、教育事业等,皆适于女子。[②] 庐隐则在《女子在文化上的地位》中写道:"无论男女,在世界上都有他们应有的地位。不过上帝造人,很自然的有两性之别,且是很明确的,无论生理上心理上",中国方面如此,西洋方面同样如此。文化是指导社会进步的一种工具,用了这种工具可以把普通人类生活,由低处提高到高处,从不健全趋于健全,如教育、政治、经济、法律、文学、美术等等,都是属

---

① 冯淑兰:《今后吾国女子道德问题》,《北京女子高等师范文艺会刊》,1920 年第 2 期。

② 高晓岚:《女性与文化的关系》,《北京女子高等师范文艺会刊》,1921 年第 3 期。

于促进社会进步的一种工具。在诸如此类的文化事业中,女子自身的特点与艺术、文学、美术、教育、与世界和平等工作具有天然的相适性。只因为从前的女子,没有像今天这样接受教育,以致默默无闻、碌碌无为,抱憾一生,于家庭、社会及国家皆为憾事。故而大声疾呼:社会方面当改良教育宗旨,实行教育平权,普及女子教育,提高女子学识;家庭方面当尊重女子人格,儿童公育;女子自身当创造新的人生观,实现经济独立,参与政治活动[①]。吴湘如在《中国古代妇女在社会上的地位》一文中认为人类有史以来,女子在社会上的地位不断演变着,由与男子平等时期,到女子地位最高时期,到女子地位渐低时期,到女子地位最低时期。她认为女子要提高地位,在社会上做一个"人",第一步是教育平等,教育平等的达成,政治上就不怕没有我们的地位。[②]在女高师学生看来,女子解放的意味,就是挣脱传统命运的束缚,做一个与男子享有同等权利又能充分发挥女性才智的人,教育平权则是首要的关键因素。

做一个堂堂正正的"人",做一个人格独立的"女人",是女高师学生的精神诉求,也是五四新女性最为独特的一面。

(二)肩领女子责任

尤为可贵的是,经历五四风雨洗礼的女高师学生,有着极为自觉的社会担当精神。她们认为:"我国几千年来,女子除家庭以外,别无责任可言,即使家庭中也只主持馈助、祭祀、纺织而已,其责之轻故待之也薄。因此,男女教育遂有差等,女子知识

---

① 庐隐:《女子在文化上的地位》,《北京女学界文联合会刊》,1922年版

② 吴湘如:《中国古代妇女在社会上的地位》,《北京女子高等师范文艺会刊》,1921年第3期。

日益暗昧,相沿日久,女子自甘居于无足轻重的地位。这是女子的不幸,也是世运的不幸。社会事业男女各有应负之责,此方放弃他方担负必重。是故,我国工商学术不发达,未始非女子不能尽责有一定的关系。外观各国女子,她们以家庭、社会、国家、世界之职务为己任,与我国女子自甘居于无足轻重之地位,诚有天壤之别。近来少数学者虽也知女子责任之所在,然不过女界中千万分之一,实在可叹。"①女子对于家庭、社会和国家都应担负起相应的责任;家庭方面可包括经济、卫生、教育、养老、看护、交际、待雇役等;社会方面则可侧重于慈善事业、公益事业、劳勤事业、教育事业等;对于国家方面,占国家半数人口的女子,"虽不能驰骋疆场执干戈以为社稷,然直接间接影响国家"。对此,还以欧战中女子的杰出表现,力证女子与国家兴亡盛衰之关联,及其"保卫世界之和平,尽谋人类之幸福"之意义。针对"女界阴气沉沉,积重难返之势",主张趁"欧风美雨,如怒潮澎湃业已震撼我神州"之时,积极作为,指出"与其期诸自然,何若加以人力,既可减轻男子之责而补其不足,或者立国之本亦可赖以建不拔之基,原我诸姊妹起而谋之"②。

有关女子责任问题,女高师学生自治会主席王世瑛所撰述的《现在中国女子的责任》阐发得更为集中与深入。她指出:"男子、女子都是人,都有人所应做的事情。本着自己所处的地位和自己才力所能及的去赞助宇宙和人类的进化,是男子的责任,也是女子的责任。"同时又指出:"男女根本的性的关系不一样,历史的地位关系不一样,因而所造就的性格也渐渐地差异到现在

---

① 孙继绪:《论今日女子之责任》,《北京女子高等师范文艺会刊》,1919年第1期。
② 孙继绪:《论今日女子之责任》,《北京女子高等师范文艺会刊》,1919年第1期。

来。若全然不察,当现在盛倡男女平权时代,最容易说一句男子
所能的女子也能。忘了性的关系和地位的关系。一方面放弃了
本身所应尽的责任,去越俎代庖他性和他地位所应做的事:结果
两无所得,徒陷社会于纷乱之境。一方面能力不及,分外之求又
徒增加精神的痛苦。"诚如爱·伦凯女士说:"女子然应该要成为
一个'人',却不应该成为一'男人'。"并认为这些是谋中国妇女
解放,不可不特别注意的地方。同时还认为"现在是现代思想解
放的时代,又是经济变动的时代,因种种关系,妇女问题竟是社
会问题的重要问题。女权运动各国已奏奇功,就是我们中国沉
沉昏睡、麻木不仁的女子,到最近数年来也为潮流所激和生活上
需要,不能不有一番觉醒,求个性自决的方法了"。然而,"当此
觉醒时代,觉醒的程度不一样,社会的旧制度旧意识没有打破;
少数提倡的高调狂呼,多半半知半解地随声附和,有的能力不及
感着痛苦,有的根本误解,反而堕落",故又是"新旧冲突的恐慌
时代"。在"旧的已存在,新的又没有定出标准"时候,实际体察
社会情形,认定责任所在,去谋个人的安适和社会的幸福,刻不
容缓。这责任当包括三个基本内容:其一,对于家庭的责任。家
庭与社会互为联系,不能因旧家族制度之恶,而彻底否认家庭,
以致不尽家庭责任;改造社会须改造家庭,改造家庭方能更有利
于社会的改造。现在的中国女子应切实担当起应有的家庭责
任。其二,对于社会的责任。首先当直接的为女界谋幸福,努力
对旧制度旧势力宣战,破除礼教束缚,要求人格的解放和独立。
因此,一方面须进一步以身作则,做个战斗者的先锋;一方面须
实力提倡在社会上开辟女子活动的路径,让女子在社会上确实
有活动的机会。故非有彻底觉悟与强毅精神不可。其三,事业
的贡献。女子当就能力所及,热心于所做的职业,不要忘记自己

得做社会上生产的一人。"要想平权,必先尽平等的责任,地位所在就是责任所在,解放是人格的解放,不是形式的放任。"①

还应指出的是,女高师相关讨论与思考,并没有停留在单一的层面。女高师学生缪伯英②加入共产党组织后,自觉地站在马克思主义的立场上来观察分析问题。其在 1920 年 12 月 15 日写的《家庭与女子》一文中,较为系统地论述了家庭制度的起源与发展趋势,以及与妇女解放的关系,号召女同胞打破封建枷锁做新女性。她向妇女们大声疾呼:"顺着人类进化的趋势,大家努力,向光明的路上走。"③

缪伯英(1899—1929)强调人格的平等与独立,强调"女性"的特征与责任,是女高师学生有关女子解放讨论的重要内容,也是近代知识女性发展至五四时代的一个精神标志。尽管相关讨论不免存有种种的犹疑或局限,但毕竟昭示着中国女性在社会近代转型中的发展与觉醒,及其在女子解放道路上的探索与迈进,对现代女性的成长与发展具有积极的影响。

二 在社会参与中历练

五四时期是思想的大解放时期,也是社会变革运动轰轰烈

① 王世瑛:《现在中国女子的责任》,《北京女学界联合会汇刊》,1922 年版。
② 缪伯英,湖南长沙人,1919 年 7 月考入北京女子高等师范学校学习。1920 年初参加了北京大学马克思学说研究会,同年 11 月,参加了由李大钊组织的北京共产主义小组,成为中国共产党的第一个女党员。1929 年 10 月在上海病逝。
③ 缪伯英:《家庭与女子》,《京报》,1921 年 4 月 6 日。

烈的时期。在如此历史情境中,女高师学生一面以主体自觉的精神姿态著称于世,一面以极大的热忱投身于振发爱国精神、伸张女权的社会改造运动,充分展示五四一代知识女性的风貌与力量。

(一)"女子第一次的干政游行"

"中国有史以来女子第一次的干政游行!"这是几十年后曾经的亲历人程俊英,回忆当年女高师学生在五四运动期间冲破重重阻挠游行请愿时的感慨。所谓"第一次的干政游行",即1919年6月4日下午,女高师学生会同京城其他女校学生,首次以学校为单位,集体冲出校园,走向街头,示威游行。北京是五四运动的发源地,1919年5月初北京的男学生罢课后,女学生们得知情势,也想方设法参与其中。"6月3日,军警大批逮捕街头宣传与叫卖国货学生的消息传到各女校,她们忍无可忍"①,15校女生在石驸马大街的女高师开了大会,议决排队到总统府去,要求撤退军警,保全大学尊严,并请政府对学生的讲演不得干涉,尊重人民神圣不可侵犯的言论自由权。1919年6月4日午后一时,15校女生各穿校服,到天安门内会齐,女高师校长方还让人锁上校门以示阻拦,经奋力校门才被打开,女高师学生才得以排队出去。据当时记者估计,大约1000名女学生排队向总统府走去。到总统府门口时门卫不让进,女校学生就选举出4位代表要求见总统,徐世昌总统让他的秘书陈子厚接见。女学生当场要求4件事:(1)大学不能作为监狱;(2)不可拿待土匪的法

---

① 吕云章:《五四爱国运动北京资料选录——五四爱国运动》,中国社会科学出版社1979年版,第574页。

子来待高尚的学生;(3)以后不得再叫军警干涉爱国学生的演说;(4)对于学生只能告诫,不能虐待①。随后,北京的女学生组织起讲演团,到处演说,宣传女子解放、男女平等。轰轰烈烈的五四学生运动从此开始活跃着女学生的身影,由此揭开了中国现代女性参与政治的新历史。

图 4-1 五四运动中的北京女学生②

关于此次"游行请愿",有关追忆皆有较为详细的记载。如:程俊英的《回忆女师大》《五四时期的北京女高师》、罗静轩的《在五四运动中的女高师》、吕云章的《五四运动中的北京女学生》、陶淑范的《五四运动中的北京女高师》等。从这些亲历人的回忆文章中,可真切地感受到两方面的情况:一是五四运动的爆发及其所谓"第一次的干政游行",给作为当时国立最高女子学府带来的巨大震撼及随之而来的天翻地覆的变化。五四运动发生之时,确切地说,北京大学学生出于"外争国权,内惩国贼"的爱国义愤,火烧赵家楼之时,女高师学生恍若隔世,对此毫无情知,直

---

① 吕云章:《五四爱国运动北京资料选录——五四爱国运动》,中国社会科学出版社 1979 年版,第 574 页。

② http://www.chineseman.net/detail.asp? c=gg&id=12882 2007-6-26。

至同情并支持学生爱国运动的教员陈中凡，在课堂上向她们沉重讲述事件的发生及其严重事态的时候，女高师学生才惊悉并愤然。之所以如此，一方面是女校自设立以来，一直奉行全封闭性管理，出入行止整齐划一，规则细密，制度森严，即便是节假学生归家，也都要一一具结。虽然课堂因聘有北大新派教授李大钊、陈中凡等，科学与民主的思潮也有所传布，但终为因素种种，五四前夕的女高师仍貌类世外桃源般与喧腾的社会相隔绝。随着五四运动的爆发，北京学生联合会的成立，北京女学界的踊跃，女高师学生的爱国热情空前高涨。从最初加入学联响应罢课，到撰文编刊宣传演讲，及其撞开校门会同京城各校女生走向街头，举行"中国有史以来女子第一次的干政游行"。其直接结果是，促成被捕的爱国学生早日获释的同时，还促成了女高师自身改革的深入与发展。随着耿耿旧士方还校长的辞职南归，新校长毛邦伟的赴任，曾经有辱人格的封建的管理模式有所松动与改进；曾经遭打击的新派力量得以复苏。因着陈中凡效法北大对文科所实施的改革，以及更大量的聘任北大等新进师资，女高师校园显出一派从未有过的生机与活力。由此，也才会有后来许寿裳的接任，并继续秉承北大改革精神，对女高师进行了大刀阔斧的调整，女高师现代教育的品质也因此得以进一步地提升，从而成为名副其实的"全国女子文化的中心"。

对于女高师的学生而言，所谓"第一次干政的游行"，也是她们突破传统对于女子的种种限制，高扬人格独立旗帜，在女子解放道路上迅跑的开始。吕云章在文章中道：

> 于5月间，北京男学生罢课宣传游行请愿进行得有声有色之时，女学生却天天在校上课，从表面看来，好像一切都十分宁静，实则她们的内心，与男学生并无不同。她们所

以没有迅速采取和男校学生一致的行动,是因为受到许多条件的限制。比如:

(一)她们求学的机会非常难得,她们能读到中学,在当时已经是非常幸运了。她们必须把握时间,努力用功,方可不负宝贵的良机。不到万不得已,她们决不愿意参加罢课游行,以免妨碍学业。

(二)当时社会一般心理,总认为女孩子不应该抛头露面。一个十六七岁的姑娘,如果到街头和男孩子混在一起,无论有什么理由,都是说不过去的。所以一般家长对女学生的管束都是特别严格,除了上学之外,总是禁止她们单独外出。

(三)当时女师范已设有专科,行将改制高师,人才众多,声望亦高,所以其他各女校的活动,无不以女师的马首是瞻。而女师校长方还先生,为人温和保守,据说又新得政府授给的嘉禾勋章,自极不愿学生有与政府敌对的行动。是故于五四运动发生以来,就一面命教职员对学生严加约束,一面通知各家长决不允许学生有罢课行为,学生如果违犯,即请家长领回,宁肯将学校解散,校址交还政府,绝不让女师为学生运动的场合。

(四)当时北京15所女校中,除女师附中等三校外,其余如培华、慕贞、度志、燕京等12校都是教会所办。一般教会学校的主持者,一向多是尽量避免学生参加校外种种活动。

由于以上种种原因,学校当局与学生家长有意无意之间,形成一配合,再加上女生本身的困难,自然使她们的活动,大受拘束。①

吕文还指出,自此盛大的团体行动之后,不仅各女校一向的藩篱无形中打破,男校的活动,女校也开始一并参加。女高师等诸女校开始请胡适之、蒋梦麟等诸先生讲演,社交开始公开,男女交朋友也已不再被视为特殊,妇女界的思想与社会风气都大为转变。换言之,自"第一次干政的游行"后,以女高师为代表的校园女性,才真正意义上融入波澜壮阔的五四运动,并以"女子也是国民一分子,对于国家的事情,不能说是援助,乃是应尽的天职"②的昂扬姿态,在此后的学生爱国运动中,崭露头角,成为京城女学界的楚翘和五四妇女解放运动的中坚。

(二)举办"北京平民职业女学校"

"提倡社会服务,发扬爱国精神",是五四时期"北京女学界联合会"的宗旨。所谓北京女学界联合会,是五四这一历史变革时代很有影响的女学生团体。它们联络协和大学、协和女医学校、协和看护妇学校、培华女校、中央女校、贝满女校、培远女校、培德女校、笃志女校、第一女子中学等女校,至 1922 年初,会员已达 697 人。陶玄、钱中慧、胡学恒、孙继绪、卫学兰、孙淑贞、孙桂丹、杨秀芳、钱用和都曾担任过该会主席,谢冰心、缪伯英、庐隐也是其会员。1919 年 6 月 4 日,该会所属女校学生参加了五四以来在女学界影响最大的一次爱国请愿。该会以"提倡社会服务,振发爱国精神"为宗旨,筹建北京平民职业女校。是年 8

---

① 吕云章:《五四运动中的北京女学生》,《五四爱国运动北京资料选录——五四爱国运动》,中国社会科学出版社 1997 年版,第 574 页。

② 陶玄:《北京平民职业女学校纪略》,《北京女学界联合会汇刊》,1922 年版。

月,山东发生"马良祸鲁"惨案,该会联合天津、山东、北京各界团体共同行动,向北洋政府请愿,要求惩办祸首,释放被捕学生。随后积极投身"福州惨案""珲春惨案"的声援运动中。五四后的一段时间里,由于社会的舆论和家庭的阻力及学校的防范,该会只有8校仍在联系中,活动也渐零落。1921年底至次年初,华盛顿会议签订了旨在瓜分中国的《九国公约》。消息传来,该会再次活跃起来,联系各校团体共2万名学生举行示威游行,又一次掀起反帝浪潮。

五四运动的爆发、女子的国民责任意识及其群体意识的进一步增强,是"北京女学界联合会"面世的重要背景。诚如该会主席钱用和①撰述该会"缘起"时道:

> 当五四发难,全国震惊,北京的学生,轰轰烈烈为空前绝后的大运动;以为这种义举,必能伸张公理,警醒当局。哪知我千百热诚学生,反因此被捕,新华门的学生呼声,至今尚在耳鼓,谁无兄弟?如手如足,恻隐同情的感想,岂有不从呼声中发生吗?当时报纸的宣传,实地的所见,无处不是引人激奋兴起的。但各女校只有单独讨论援助方法——或送面包或派代表慰问——尚无一个共同进行的机会。恰巧有位陈杨玉洁女士,发出组织妇女救亡会的意见书,联络各女校,开会讨论。以为各校学生的义举是表示爱国精神的先导,女子也是国民一分子,对于国家的事情,不能说是

---

① 钱用和(1897—1990),又名禄园,字韵荷,江苏常熟人。1923年毕业于北京女子高等师范学校,受聘为江苏省立第三女子师范学校校长。1925年赴美留学,先入芝加哥大学,后转哥伦比亚大学。1929年回国,受聘于上海暨南大学。1931年担任国民革命军遗族女校校务主任,本年末,任宋美龄私人秘书,此后一直追随宋美龄左右。

援助，乃是应尽的天职，国家到这种地步，所以女子也有救济的责任，所以要想组织妇女救亡会。但妇女的范围很大，社会妇女的知识程度，爱国思想，相差既远，未能齐一，办事反生困难。并且救亡的意义也很失当，虽是五四运动，却并不是为亡国，不过争回国权的关系罢了。所以议决组织"北京女学界联合会"，定"提倡社会服务发扬爱国精神"为宗旨。[①]

图 4-2　北京女学界联合会全体会员摄影[②]

无论从组织规模，还是从社会参与，以及社会影响等方面来说，既已出现社会的近代女性团体尚无出其右。而在该会所有的活动中，北京女高师的学生始终扮演着重要角色，既是主要的组织者、领导者，还是积极践行者、作为者。具体情况，详见表 4-2：

<hr>

① 陶玄：《北京平民职业女学校纪略》，《北京女学界联合会汇刊》，1922 年版。
② 《北京女学界联合会汇刊》，1922 年版。

表 4-2 "北京女学界联合会"基本情况(1919—1922) ①

时 间	主 席	大 事 记
第一期	陶 玄 (女高师) 钱中慧	八年五月,出版《女界钟》二号。六月四日,因北大被围,本会十五校午后实行大请愿,六日,派代表赴津报告一切 七月,1.议决筹办平民学校,2.议决平民职业女学校章程,3.举定筹备员六人筹办平民职业女学校 八月,1.加入各界联合会,2.因山东马良摧残教育,各界联合会实行代表请愿旋被捕入警所,本会代表孙雅平、佟蕙瑷亦被捕。3.派代表赴津报告一切。4.实行大请愿露宿三日夜旋被捕天安门内本会会员宫亚英受重伤送仁民医院医治次日转送国立医院。5.被捕代表释放开慰劳大会。6.开游艺会筹募平民职业学校开办费。 十月,平民职业学校开学。
第二期	胡学恒(女高师) 孙继绪(女高师) 卫学兰	1.全世界妇女参政会本会未加入。 2.欢迎陆征祥公使请山东问题直接交涉拒绝到底。 3.开五四纪念会。
第三期	孙淑君	1.各界临时联席会议讨论开国民大会。2.有本会发起组织女学界联合会学生联合会联席会。3.与学生联合会开临时联系会三次讨论珲春案。4.举行大演讲三天。5.举行大示威运动。
第四期	孙桂丹(女高师) 杨秀芳	1.致函河南督军请恢复河南学生原状。2.为平民职业学校筹款开音乐跳舞会。3.(缺损)。4.(缺损)。5.开五四纪念会。
第五期	钱用和(女高师)	1.为英日同盟集会借款南洋华校注册国立八校罢课事派代表联络各省学生会并上书总统。2.加入各团体太平洋会议国民外交会推定本会出席代表。3.与学生会为山东问题直接交涉事派代表赴外交部质问。4.派代表与各团体代表为武昌高等师范款事见教育部。5.为维持社会经济流通中交票事行通俗讲演。

备注:职员推举,分一年二期

---

① 《北京女学界联合会汇刊》,1922年版。

两年之后,该会自我总结:"发扬爱国精神的宗旨,随时进行;对于提倡社会服务的计划,就难顾到,不易实现。"①其所谓"服务社会的计划",主要指由该会举办的"北京平民职业女校"等事宜。也就是说,与"发扬爱国精神"方面的情况相较,该会对于"社会服务"方面的情况,颇有遗憾与感慨。其实并不尽然,若换个角度看的话,"北京平民职业女校"的举办,对于举办者而言,既是对于五四时期平民教育运动的响应,同时也是五四知识女性将"立学立业立人格"的思想诉求推而广之,以期改造女性与社会的有益尝试。无论结果怎样,对于女高师学生进一步认知社会、女性及其作为先进女性代表的历史使命而言,都有着积极的意义。

所谓五四平民教育运动,是指以平民为教育对象、以扫盲教育为主要手段进行的社会改良运动。有论者指出,其源头可溯至梁启超的"新民说",与近代史上"实业救国""教育救国"论一脉相承②。最为重要的是,该运动在五四的兴起,是一些具有强烈社会责任感的知识分子提倡并积极付诸实践的结果。五四前后,蔡元培、陈独秀、李大钊等都曾不遗余力地对此加以提倡并实践;北大、北高师,以及全国各重要城市,在北京的影响下,也都积极开展过类似运动。虽然随着五四运动的发展和马克思主义在中国的传播,倡导者的思想存在一定的差异;但是,从教育入手,提高整个民族的知识文化水平,进而改造"积贫积弱"的社会,实现民族振兴的思想内核,基本一致。因为这一"共识"的达成,平民教育运动迅速掀起,且声势浩大,影响深远。蔡元培,五

---

① 《北京女学界联合会汇刊》,1922 年版。
② 祝彦:《论 20 世纪 20 年代的平民教育运动》,《党史研究与教学》,2005 年第 2 期。

四平民教育运动最早的倡导与实践者,受西方各国特别是法国"平民大学"的启发,主张教育平等,人人都有受教育的权利。其在五四前,就在北大创办了校役夜班,并支持平民教育讲演团的成立。1920年1月18日,他又在北大开设了平民夜校,招收住在北大附近的工人和城市小资产阶级的子弟400余人入学;并在平民夜校开学日发表演说指出:"'平民'的意思,是'人人都是平等的',从前只有大学生可受大学的教育,旁人都不能够,这便算不得平等。现在大学生分其权利,开办这个平民夜校,于是平民也能到大学去受教育了。"[①]人人平等的观念,是蔡元培民主思想的精华,也是其提倡办平民教育的理论基石。在运动中,影响较大的学生社团是邓中夏发起与领导的"北京平民教育团",他们认为"共和国家以平民教育为基础",主要用"露天演讲、刊布出版物"等方法来补助学校教育之不及者,以达到"教育之平等",进一步再改造社会的目的。而在运动中,坚持时间最长的学校是北高师,即由1919年到1924年下半年,才基本停止活动。作为社会的一种思潮及其运动的平民教育,其意义是多方面的:其一,通过怀有爱国主义热情、不满黑暗社会、具有反帝反封建精神的知识分子的宣传与推动,唤起全社会对平民文化教育的重视,为此后平民教育进一步深入发展提供了经验方向;其二,向大众普及科学文化知识,马克思主义也因此得以进一步传播,从而唤起了大众的阶级意识与斗争精神,为日后的国民革命奠定了群众基础;其三,一批有觉悟的知识分子得以成长,为中国共产党的成立锻炼了干部。

与同时期的平民教育活动比较,"北京平民职业女校"具有

---

① 蔡元培:《在平民夜校开学日的演说》,《北京大学日刊》,1920年1月14日。

三方面的特点：

一是它的发起人是"联合会"，而不像北大、北高师等以各自学校为单位发起组织的。《北京平民职业女学校简章》写道："北京女学界联合会组织学校维持会管理本校及所属厂店等一切重大事项"①；再就是，北京女高师的学生，是该项活动的主要负责人与具体实施者。且不说成立于1919年6月的"联合会"设立在女高师，单是"平民女校"设立的筹备小组成员，即胡学恒、胡侠、钱中慧、李靖一、王宗瑶、孙雅平、陶玄等7人，就有5人来自女高师。历任校长陶玄②、吕云章等，皆为女高师学生自治会的主要干部。

二是它的立学"缘起"与其他各地方平民教育运动的方向基本一致，但兼有鲜明的五四"妇女解放运动"色彩。关于这一点，陶玄在有关立学的"缘起"中阐述得颇为详致：

> 自五四运动以来，人人都知道"国家兴亡匹夫有责"这一句话。在这国家正当危急存亡一发千钧的时候，所以大家盛倡"爱国运动"来宏济艰难。我们以为中国穷弱的病症，要用外表内补兼治的方法，才能起死回生呢。那些运动是救国的一剂猛药，只可在危急的时候使用，病状缓和了，还是用调养的药才好。这平民职业女学校就是我们对于贫弱的病症下的一剂调养药。

---

① 《北京平民职业女学校简章》，《北京女学界联合会汇刊》1922年版。

② 陶玄（1898—1972），浙江绍兴人，1917年考入北京女子师范学校国文专修科，积极参加五四运动，在女高师《孔雀东南飞》剧饰演"刘兄"一角，担任北京女学界联合会会长等职，被北洋政府逮捕入狱，经各界营救获释，参与管理李大钊遗属生计。毕生服务教育，终身未嫁。拒绝去台湾，定居南京，曾任民革南京市委委员，江苏省政协委员。

据我们诊中国的脉象，就是一种虚弱症。得这种病的原因，固然很多，可是一大半起于中国女界。中国古时有句话说："女子无才便是德"。又把女子当作不识不知的一件玩物，与幼孩一样看待，所以"妇孺"二字，成为一种相联的名词。试问中国四万万人，一半是男子，一半是女子，现在把这一半女子，硬要派他作木偶，中国的知识界生活界不是得了半身不遂的病吗？女子既同孺子一样，要人抚育，男子的负担更大了。"八口之家嗷嗷待哺"已将男子的心血绞尽了。倘若女子虚荣心大的，还要坐汽车，吃大餐，弄得男子没法子只好做些卖国伤民的勾当，来奉养他。我们中国政治的不良，学术不发达，就是在这个大原因了。所以我们以为治疗中国的法子，当从女子身上医起。一则使女子自重，雪妇孺并称的耻辱；一则使女子自立，尊男女平等的权利。女子不以衣食遗累男子，男子亦不以玩物看待女子；这半身不遂的老病，或者可以日有起色。我想这种意思，一般社会断没有反对的，所以先办这女子职业教育，想在短期间，叫女子走自谋生活的路，再慢慢的想法子，添成高深的技术；这就是职业女校的起源。如说为什么添"平民"二字在上头？因为贵族子女，还不致直接受生活的影响；平民的女子，要没了依赖，这生活不可缺的衣食住三项，叫他如何办法？[1]

从振发爱国主义精神出发，期于对女性谋生技能的传授，谋得人格的独立，进而担负起国民的责任，达成改造社会疗救民族的目的，是其立学的基本动因与指向。因此，它的立学宗旨也锁

---

[1]　陶玄：《北京平民职业女学校纪略》，《北京女学界联合会会刊》，1922年版。

定为："以授以女子普通知识及应用技能养成健全之国民。"①因此，在训练中，"自校长教员以及学生等，均以勤慎为主，并多输入以女子谋独立生活之重要及平日不可忽视之理。平日训练，放任严格兼施，但重劝勉，使学生自悟其过而自新，不加以强迫"②。

三是重技艺、重实习，实行"半工半读"。"北京平民职业女学校"的"平民"二字，除具有"人人平等"之意外，还兼指与"贵族"相对应的"平民"意义，诚如上述"缘起"中所言。也就是说，家境贫寒女子是该学校重点服务的对象，并且把适于谋生的工艺技能传授作为教学活动的主要内容，如：织巾、织带、织袜、缝纫、刺绣等；另辅之于粗浅的文化知识，如珠算、国文、书法等，如此"编制"，被称为"半工半读主义"。对此，当时的发起组织者如是道："我们办这个学校之先，定一个'半工半读'的主义；因为女子不晓得书算，徒然手艺精熟，难保不受人欺骗。这书是断断不能不读的，所以我们订了一个'知识科'，分国文、珠算、书法三门，使学生认识粗浅的文字。晓得简便的算法，将来有了技艺，就可以此应用，不再仰仗别人了。论技艺更是本学校最注重的。当初调查女子可学的专门类本属不少，因为经济的关系，不能一时完备；所以急其所急，先就技能科内分立织巾、织带、织袜、缝纫、刺绣五门。其他门类，再设法补立。"③由此可见，所谓"半工半读主义"，实则是一种强调女子通过一定的专业训练，掌握一

---

① 《北京平民职业女学校简章》(民国十一年二月改订)，《北京平民职业女学校联合会刊》，1922年版。

② 欧淑贞：《北京平民职业女校民国十一年经过情形报告书》，《北京平民职业女学校联合会刊》，1922年版。

③ 陶玄：《北京平民职业女学校纪略》，《北京女学界联合会会刊》，1922年版。

定的生产技能,从事一定的职业活动,获得相应的经济独立,从而实现不仰仗人的独立生活。如此"主义"的确定,实际上也是五四时期有关"妇女解放"思潮的一种反映。强调女性经济独立之于妇女解放的意义,是五四时期的一个重要命题。鲁迅在《娜拉走后怎样》一文中指出:"为娜拉计,钱——高雅的说罢,就是经济,是最要紧的了。"①李大钊强调:"妇女在社会的地位随着经济状况变动","经济问题一旦解决,什么政治问题、法律问题、宗教问题、女子解放问题、工人问题都可以解决"②。至于如何获得经济独立的问题,众说纷纭,但"女子若有了独立性的职业,便有了独立的经济。经济既能独立,虽不说社交公开,自然会社交公开,虽不说婚姻自由,自然会婚姻自由"③"女子无职业,权力不能均,义务不能平"④等观点比较盛行;胡适也发表过类似感慨:"美国妇女的社会事业,不但可以表示个人'自立'精神,并且可以表示美国女界扩张女权的实行方法。"⑤可以说,将女子在教育上、政治上、法律上平等权利的获得,当成是争取女子经济独立的重要保证,并把女子获得职业看成是女子实行经济独立的必要手段;而女子的经济独立,又是其伸张一切权利基本保证,为不少人所认同。简言之,在当时大多数人看来,职业对于女子来说,意味着经济的独立,以及权利的伸张与保证。正因为这样,"平民职业女学校"的组织者们积极主张:"不但使一般妇女有独立的技能,就算罢了;并且要使她们有应用的地方"。主张筹办工

---

① 《鲁迅全集》,第一卷,人民文学出版社 1981 年版,第 161 页。
② 李大钊:《再论问题与主义》,《每周评论》,1919 年(35)。
③ 陈问涛:《提倡独立性的女子职业》,《妇女杂志》,1927 年第 7 卷第 8 号。
④ 张菊姝:《论男女之分》,《妇女杂志》,1915 年第 1 卷第 11 号。
⑤ 胡适:《美国的妇人》,《新青年》,1919 年第 5 卷第 3 号。

厂、商店等等,以克服此前职业教育中的"只管目前学校的情形,
不顾学生后来的位置",导致"学生毕业以后,富的学着这点手艺
作为消遣,并无用处；贫的没有力办机器用具,学着这些手艺仍
难生活,毫无益处"[①]的弊端。

图 4-3　北京女子工读互助团在劳动

应该说,在五四平民教育运动中,以女高师学生为代表的校
园知识女性,有所抱负、有所追求、有所成就。但是,在经费短
缺、生源稀少、管理层流动性大等问题的压力下,最终以草草收
场告终。有关史料显示,"北京平民职业女校"的经费完全由"北
京女学界联合会"负责筹措,主要靠社会募捐与有限的技艺课产
品的出售,维持日常秩序,已捉襟见肘,更遑论扩大教室、添置设
备、开设工厂与商店。再是,受到社会旧传统旧势力的影响,生
源越来越少,由第一年的 60 人,到来年的 28 人,即便如此,这些
好不容易入学的贫民子弟,还"常为家庭琐事牵制为请假之由；
虽经劝诫,亦无法挽回",女高师学生因此感叹道："足见家庭之
专制,及不透彻职业之重要也。盖我国之女子智识浅陋,衣食多
仰给于人,即或有时觉悟,终不明职业为生活之必要,故虽来校

---

① 陶玄：《北京平民职业女学校纪略》,《北京女学界联合会会刊》,1922 年版。

学习,亦不过胜处家庭闲居耳。"①此外,社会动荡,局势不稳,学校校长前后几易其人。然而,各界文化时人对平民女学校的创办给予了极大的鼓励。学校的开办仪式上,"中西男女各界来宾参列者二百余名";第一次毕业会,卫燕平先生、邓芝园先生、熊知白先生、陈斛玄先生、李翼庭先生演讲,到会参观者三百余人。

(三)组织"北京女权运动同盟"

北京女权运动同盟是北京妇女争解放的群众团体。1922年8月,北京女子高等师范学校学生周敏、陶玄、孙继绪、张天珏等人在李大钊的热心帮助下,发起成立女权运动同盟,创办《女权运动号》刊物。8月23日,召开女权运动同盟成立大会,到会会员和中外来宾达五六百人。大会发表宣言说:"我们要求达到我们的目的,非获得政权不可,所以我们对于参政运动特别重视。我们以为政权不在手中,一切关于我们切身的利害问题仰赖男子的恩惠与慈悲,不惟无望,抑且可耻。"表达了妇女求解放,要求参政的愿望和决心。大会还邀请了王世杰、陈启修、李大钊等有名望的学者教授作演讲。1923年9月,天坛宪法起草之际,她们向国会正式提出请愿书,要求在宪法上规定男女平等,恢复妇女的一切权利,要求明确规定男女平等的条文,同时还向交通部提出邮电各机关任用女职员及交通大学开放女禁的要求,并派代表分赴各地接洽组织支会事宜。浙江、上海、南京、山东、直隶、湖北等地,均予响应,女权运动同盟,声势一时,并在争取妇女的合法权利,以及推动妇女的解放运动中做了许多有益的

---

① 欧淑贞:《北京平民职业女校民国十一年经过情形报告书》,《北京平民职业女学校联合会刊》,1922年版。

工作。

从其"扩张女权取得法律上男女平等"的宗旨看,北京女权运动同盟的成立,实际上是五四运动中进一步觉醒的知识女性,要求人权平等范围进一步具体与扩大,即:进一步扩张与保障女子在法律上、教育上、职业上的权利及其地位的平等,而不仅以参与政治为目的。在该会的相关活动中,以下两方面比较突出:

其一,有关"女子权利"的诉求更为广泛与具体,并在充分体现"中产级妇女"要求的同时,对"底层劳动妇女"的相关利益也予兼涉。中国女子参政的要求,起于辛亥革命之后,一些进步知识女性深信,妇女参政是解决妇女问题的先导,欲弭社会革命之惨剧,必先求社会之平等;欲求社会之平等,必先求男女之平权;欲求男女之平权,非先与女子以参政权不可。她们从义务与权利的关系论证了女子应该享有参政权,认为女子既然与男子同时有纳税的义务,就应当与男子一样有参政权利,因为权利与义务应是统一的,没有只尽义务不享权利的道理。辛亥革命后的妇女参政运动,就是这一认识的具体实践。但是,当曾经在辛亥革命中出生入死的妇女认为自己在推翻清王朝的斗争中作出贡献,理应享受政治上的平等权利,而组织了女子参政团体,发起了女子参政运动的时候,1912年3月,中华民国临时政府颁布了《临时约法》,对于妇女的权利没有作任何规定。女子参政同志会联合其他妇女团体成立女子参政同盟会,上书孙中山,要求修改《临时约法》中的第五条,将"中华民国人民一律平等,无种族阶级宗教之别"改为"中华民国人民一律平等"去掉后面的解释,或者改为"中华民国人民一律平等,无种族阶级宗教男女之别",结果遭到拒绝。更有甚的是,同盟会改组成国民党,党纲中原同盟会政纲有关主张男女平权的条文被删除,女子参政同盟会也被内务部勒令解散,历时一年多的女子参政运动就此告终。此后,护法政府南下,广东女界遂又继起力争,情况稍加改善。

五四之后,有关情形发生了大的转机。陈东原道:"'五四'以后,女子既有了受到同等教育的机会,顿时女界中好像产生了一些人才。她们对于这事,自然是秣马厉兵,跃跃欲试。民国十年以后,政权分崩的现象,渐渐显现,联省自治的呼声很高,国人都想用良好的政治来解决国是。所以一班学者,高唱其好政府主义。这空气传染到大学里边的女生,她们便觉得她们应当舒展起来的机会到了,所以第二次的参政运动以起。"①不同的是,所谓二次参政运动,女子对于权利的伸张,不再仅限于狭义女子参政的要求,而是觉悟到当反抗一切女子的压迫及不平等待遇,争回一切女子应有的权利。此次运动完全是以国会做对象,主要目的在于宪法上取得男女一切平等,即:(1)参政权;(2)财产与承继权;(3)职业与工资平等权;(4)婚姻自由权;(5)教育平等权;(6)制定保护女工法;(7)禁止公娼、禁止买卖婢女,禁止缠足。上海、北京,天津各处女权运动同盟会积极响应:上书国会请愿、要求北京清华学校考送女生出洋、致书总邮务司招考女生、代丝厂女工呼吁致书丝茧总公所(要求三条,每日工作时间不得过8小时、14岁以下之男女幼童不得工作、每星期须有一日之休息)、推举代表参加万国女子参政协会,天津女权运动同盟曾出特刊至第三期。经不懈努力,终促使国民党第二次全国代表大会通过的《妇女运动决议案》中增加规定"女子有财产继承权",为继承法草案打下了基础。

其二,在"天赋人权"的旗帜下,女性的"个体觉醒"。自金天

---

① 陈东原:《中国妇女生活史》,上海书店1984年版,第461页。

翻的《女界钟》——中国第一部提倡女权的著作问世，其将"女权"具体化为"入学、交友、营业、掌握财产、出入自由、婚姻自由之权利"说盛行，对此后兴起的女权运动产生了重大的影响。同样在"天下兴亡，匹妇亦有责"的旗帜下，辛亥革命时期的知识女性，较之维新时期的女性，妇女的权利意识得到了前所未有的增强。她们高举"天赋人权"思想武器，强烈要求取得女子教育权、婚姻自由权、经济独立权、政治参与权等，并且把争女权与尽国民义务、谋民族独立联系在一起。认为女子只有掌握了一定的文化知识，才能具国民之资格，履正当之义务，去野蛮之习俗，养完全之人格，享平等之权利；也正是基于这一思想，她们在 20 世纪初掀起了兴办女学热潮。她们视"平男女之权，夫妇之怨，自婚姻自由始也"，故要提倡"自由择婚"。她们认识到，妇女经济不独立是失去人格独立的关键，是女子受压迫的一个重要原因；以为经济独立了，女子才能克服对男子的依赖，实现男女平等第一步，所以也积极鼓吹女子的经济独立。对于参政，她们尤为看重，视之为一切平等之先导，故掀起了"参政"风波。总之，天赋人权，男女平等，是辛亥革命时期知识女性组织开展有关妇女解放运动思想武器，是其一切相关行动的指归与出发点。

随着新文化运动的不断深入，妇女解放运动及其妇女解放思想的不断发展，以女高师学生为代表的五四校园女性，其思想成长的过程中，除承袭"天赋人权"思想的影响外，更多的是受到五四时期极为活跃的"个体觉醒"论和"阶级解放"论等有关妇女解放思想的影响。前者以胡适、周作人等为代表，看重并提倡女性的个体自觉，主张通过思想改造、知识更新来实现女性的"个人觉醒"，进而达到真正的妇女解放之目的。对此，梁启超道："女权运动的真意义，是要女子有痛彻的自觉……这一着办得

新教育·新女性——北京女高师研究(1919—1924)

到，那么，竞业参政，都不成问题。"①后者以陈独秀、李大钊为代表，对妇女的整体解放更为关注，主张妇女在"阶级"的解放中获得解放，"以为妇人问题的彻底解决的方法，一方面要合妇人全体的力量，去打破那男子专断的社会制度；一方面还要合全世界无产阶级妇人的力量，去打破那有产阶级（包括男女）专断的社会制度"②。强调只有通过阶级斗争，实现了社会主义，才能使所有的妇女问题有一个"根本的解决"。

从"北京女权运动同盟"的具体诉求来看，显然它与"阶级解放"论有一定的距离，尽管在该组织的重要文献中有相关表述，即："我们进行的步骤是，第一步要与革命的民主主义结合起来，对抗封建军阀。第二步要与革命的社会主义结合起来，对抗帝国主义资本主义。"③对于此次女子参政运动，1924年的《中国共产党妇女部关于中国妇女运动的报告》批评道："中国女权运动以及参政运动的迷信政治，以为女子得到政权，便能解决女子自身的一切问题，实则因伊等对政治观念薄弱，眼光窄狭，思想不能彻底，遂至不能明了世界大势。殊不知中国已被帝国主义之侵略成为半殖民地之政体，不求根本改造，徒重逐末的空想，其运动之无补事实，可以断言。但在中国幼稚的妇女运动之时，此本为应有的过程，并且也颇适用于封建政治宗法社会的中国妇女，因为有了这种运动，才有使中国妇女开步走的可能，并一部分有活动生气的女子，已不易得，故此本党同志不可不特别注意

① 汪丹：《女性潮汐》，天津人民出版社1998年版，第256页。
② 李大钊：《战后之妇人的问题》，《新青年》，1919年第6卷第2号。
③ 谈社英主编：《中国妇女运动通史》，《民国丛书》(18)，上海书店出版社1992年版，第122页。

306

于女权运动，参加其中与之合作，以尽指导宣传及唤醒之责。"①
与此相映成趣的是，鼓吹"好人政府"的时人们，对此次女子参政
运动则迭声叫好②。

五四时期在中国妇女发展史上是一个重要的历史时期：首
先，女子教育的发展，培养和造就了一批有文化、有知识的校园
女青年群体，她们富有新知识、新思想、新视界；其次，新文化运
动中对妇女问题广泛而深入的讨论，使她们得以鲜明的主体自
觉姿态迥别于传统；再是，风起云涌的社会运动中的历练，进一
步铸就了她们坚定的自信、自尊与自强的人格精神。女高师学
生就是在这样的历史际遇中经风雨见世面，从而成长并崛起的。

附：《女权运动同盟会宣言》

中国的农业经济，确立在几千年前。这几千年间，人民
的生活基础，全建设在农业经济上面；所以政治是封建的政
治，伦理是封建的伦理。在这种政治经济伦理之下，大多数
人民自然在阶级制度下面，受了种种压迫的痛苦；同时半数
的女子，于普通阶级的压迫以外，更加上一层半数男子阶级
的压迫，呻吟憔悴，以至于今日。

到了 19 世纪后半期，世界的资本主义势力，压迫到中
国头上，累次的反抗，归失败了。国人才渐渐起来，作改革
政治的运动。辛亥革命，才由封建政治下的改良运动，转入
民主主义的革命运动。这在政治史上，固然算是一个新纪
元；可是辛亥以来的 11 年间，仍然是封建军阀与民主革命

---

① 全国妇联妇运史研究室：《中国共产党妇女部关于中国妇女运动的报告》，
《中国妇女运动史料》(1921—1927)，北京出版社，1986 年版。
② 陈东原：《中国妇女生活史》，上海书店出版社 1984 年版，第 420—423 页。

派奋战苦斗的时期。直到现在，封建军阀尚未推翻，民主主义尚未建立。在这个时期，我们人民的势力，更没有别的可走的道路。

我们妇女界在这人民革命的时代，应该参加这种革命运动。这不但是我们的义务，而且是我们的权利。同时更不要忽略了我们的特殊责任，就是女权运动。一切反抗强权的运动，都是革命的运动。我们的女权运动，亦是一种革命的运动。在我们切身的利害上，更为重要。

我们不相信不打破男女两性的阶级，真正的民主主义能够存在，我们不相信社会上一半是压迫人的一半是被压迫的人间，会有真正的自由平等的幸福。一个社会，专许男子有活动的机会，把那一半妇女排除在一切生活——除了家庭生活——以外，那个社会怎能不是专制的社会？怎能有充满着民主主义的精神的社会？政治上"人民"的意义当然包着两性在内。限于男子的民主政治，决不是纯正的民主政治。"人民"的名词，不是男子的专称，乃是包括男女的人民全体的总称。只有人民全体都有权参与政治的民主主义，才是真正的民主主义。社会上一切阶级的差别，都易泯灭，都有两性的自然差异，是带有永久性的。若不把随着这个永久性自然差异发生的阶级差别，铲除净尽，这种阶级的压迫，将随永久的差异而存在。所以我们对于两性间的民主主义的要求，比什么都迫切！我们对于两性间民主主义的革命运动所负的责任，亦比什么都重大。

我们认为教育上的平等，为一切平等的渊源。我们固然可以结合团体，作种种反抗男子专制的运动。但是教育的机会与智识的程度，倘不能与男子并驾齐驱，一任男子长此据有特殊的位置，我们仍将屈服于智识的下面，永远没有抬头的一天。

我们认为职业上的平等，是取得经济独立的一条路径。并是暂时救济无产阶级姊妹们生活上苦痛的一个方法。经济上不能独立，仍然脱不出男权专制的家庭绊锁。即仍然不能在社会上做一个独立的人。但是我们要谋经济上的独立，势不能不出来工作。假使同一的工作，不能得男子同等的薪酬，或是营私牟利的资本家，以低廉工银，雇用我们去做不宜我们的工作，这种解放后的悲剧，我们不能不先加以预防。

我们认为政治上法律上的要求，在中国今日更是要紧，我们不但要把那些蔑视女子人权的法律，根本推翻；并且要求立定保障女权的新法律。不但要在私法上去要求男女平等的财产权、行为权、亲权、继承权及离婚权，并且要在宪法上要求参政权，在刑法上要求"同意年龄""蓄妾者以重婚罪论""禁止买卖婢女"等种种新规定。

我们要求达到我们的目的，非获得政权不可。所以我们对于参政运动特别重视。我们以为政权不在手中，一切关于我们的切身利益问题，仰赖男子的恩惠与慈悲，不惟无望，抑且可耻。我们取得政权的方法，自然要和革命民主派同动作。先从封建的军阀手中将政权收回，归于平民的掌握。同时要平民阶级的男子，了解全体人民中包括有我们妇女在内。

我们进行的步骤是，第一步要与革命的民主主义结合起来，对抗封建军阀。第二步要与革命的社会主义结合起来，对抗帝国主义资本主义。同时要平民阶级的男子，注意我们,尊重我们在政治上社会上的地位。这是我们唯一的使命。我们提出下列的纲领,作我们女权运动的标的。依种种手段,向此标的继续作奋斗!

1.全国教育机关,一概为女子开放。

2.女子与男子平等的享有宪法上人民应享的权利。

3.私法上的夫妻关系、亲子关系、承继权、财产权、行为权等一依男女平等的原则,大加修正。

4.制定男女平等的婚姻法。

5.刑法上加入"同意年龄""及纳妾者以重婚罪论"的规定。

6.禁止公娼,禁止买卖婢女,禁止妇女缠足。

7.依"同工同酬"及"保护母性"的原则,制定保护女工法。①

---

① 谈社英编著:《中国妇女运动通史》),《民国丛书》(18),上海书店出版社1992年版,第120—122页。

第五章 "言说"自我的开始：
女高师校园"书写"

　　自建制始,女高师就被冠以"全国最高的女子教育机关",这不仅意味着,教会大学之外,其于当时实乃中国唯一的女子最高学府,同时也意味着其还肩负着全国女学模范的使命。诚如许寿裳所说:"本校是全国最高的女子教育机关,对于全国女学,固然负有领袖的责任,即对于全国社会,也带有造成女子文化中心的使命。"①女高师学生,生长于新旧交替社会转型之时,她们的初等教育完成于共和与复辟的较量中及"贤妻良母"与"超贤妻良母"主义的声辩中。不满既有状况,不甘传统习俗束缚,不愿重蹈"旧式"女子命运的覆辙,期于求取新知、求获人格独立的新生,可谓她们共同的心声和追求。适得其会,位于新文化运动腹地北京、毗邻北大并与《新青年》同人有着密切联系的女高师,为来自全国各地女学精英独立人格的培养与个性发展的历练,提供了充分必要的可能及条件。科学的教育理念、民主的管理制

---

　　① 《校长许季黻先生的训词》,《北京女子高等师范周刊》,1922年10月10日第1期。

度、先进的学科设置、一流的师资力量以及新思潮的涌动不息和社会民众运动的波澜壮阔,不仅使女高师在急剧动荡的社会情势下有所发展、有所建树,更孕育了一种努力学术、人格独立、改造社会的校园文化精神。如此精神氤氲下,一代深刻五四时代精神烙印,以"人"之觉醒及其鲜明的"女性意识"迥质于以往的"知识女性"脱颖而出。尽管随着五四运动的落潮,"革命"与"救亡"的话语因着阶级与民族矛盾的加剧而日渐凸显;但并不意味着有关五四"女性"话语就此消亡,它不仅通过女高师校园"书写"的形式得以宣扬,而且融入于日益紧迫的民族独立的社会革命之中,推动着女性的发展。因此,女高师的意义难为教育史所囿,女高师校园"书写"也难为"文学"所拘。透过其"书写",考量其"话语",故而显得可能及必要。

一 "书写"的发生及其发展

这里所讨论的"校园'书写'",指的是活跃于当时校园内外文艺园地女高师学生的文学创作活动。女高师成立于1919年4月,是中国历史上第一所国立女子高等学府,除教会大学外,也是当时唯一的女子高等学府,全国各地女学精华大多都云集于此。因"大学女禁"的开放,北大、北高师、武昌高师及中山大学等,随之先后面向女学生,但是女高师所有女生人数,仍占国内接受高等教育女生总数的1/3。在五四文学革命的感召下和《新青年》同人的激励下,女高师的"校园书写"极其活跃,尽领五四女性写作之风骚。中国现代文学史册有关五四女作家的词条中,有半数以上来自女高师;有着女高师教育背景的庐隐、苏雪林、冯沅君、石评梅、陆晶清等皆跻身其列。

庐隐①　　冯沅君②　　苏雪林③　　石评梅④　　陆晶清⑤

千百年中国的历史文化长河中,女性创作源远流长,从我国

---

① 庐隐(1898—1934),原名黄淑仪,又名黄英,福建省闽侯县南屿乡人。笔名庐隐,有隐去庐山真面目的意思。五四时期著名的作家,与冰心、林徽因齐称"福州三大才女"。2003 年美国哥伦比亚大学出版的《女作家在现代中国》(*Writing Women in Modern China*)之中,与萧红、苏雪林和石评梅等人并列为 18 个重要的现代中国女作家。

② 冯沅君(1900—1974),河南唐河人,现代著名女作家,中国古典文学史家,大学一级教授。原名冯恭兰,改名淑兰,字德馥,笔名淦女士、沅君、易安、大琦、吴仪等。自幼学习四书五经、古典文学及诗词,与著名哲学家冯友兰和地质学家冯景兰为同胞兄妹,丈夫是著名学者陆侃如。先后在金陵女子大学、复旦大学、中山大学、武汉大学、山东大学任教。

③ 苏雪林(1897—1999),原名苏小梅,乳名瑞奴、小妹,学名小梅,字雪林,笔名瑞奴、瑞庐、小妹、绿漪、灵芬、老梅等。入北京高等女子师范,改为苏梅。由法回国后,又以字为名,即苏雪林。籍贯安徽太平县岭下村,出生于浙江瑞安县丞衙门里。先后在沪江大学、国立安徽大学、武汉大学任教。后到台湾师范大学、成功大学任教。笔耕不辍,被喻为文坛的常青树。

④ 石评梅(1902—1928),中国近现代女作家。原名汝壁,山西平定人。因爱慕梅花之俏丽坚贞,自取笔名石评梅。曾用笔名评梅女士、波微、漱雪、冰华、心珠、梦黛、林娜等。1919 年在北京女子高等师范学校就读时即热心于文学创作,与挚友陆晶清先后编辑《京报副刊·妇女周刊》《世界日报副刊·蔷薇周刊》,1928 年 9 月 30 日因病逝世。

⑤ 陆晶清(1907—1993),原名陆秀珍,笔名小鹿、娜君、梅影。云南昆明人。1922 年秋入北京女子高等师范文科班学习,开始了写作生涯,所写诗文发表在《晨报副刊》《文学旬刊》《语丝》等刊物上,还参加主编《蔷薇周刊》。

第一部诗歌总集《诗经》中的女子诗作,到汉末的蔡文姬,唐代的薛涛,宋代的李清照、朱淑贞,明清时期的方维仪、陈端生等,可谓是生生不息。然而,在女德女才截然对立的封建礼教社会里,女性书写受歧视,被压制、被扭曲,诚如朱淑贞诗云:"女子弄文诚可罪,那堪咏月又吟风。磨穿铁砚非吾事,绣折金针却有功!"[①]如此文化传统背景下浩繁巨制的古代史册里,寥若晨星的女性书写,多以"闺阁文学"貌示人,故而成为正统文学的"附属",其文学的品格不可避免地表现为一种"依附性"。五四女性写作,不仅走出了传统女性"闺阁书写"的狭小圈子,步入时代潮流之中;而且和男性作家一起,为中国新文学的开拓和建设,作出了自己的努力和探索。她们以卓然可观的创作实绩向世人宣告:富有女性主体意识的女性文学,在中国现代文坛勃然兴起;中国文学为性别垄断的历史从此被改写。如此意义的女性作家,集中于同一历史时期的同一所学校,绝无仅有。如此现象本身,足以揭示女高师在五四时期有关现代"女子文化"建设中的地位及影响。对于女高师"校园书写"发生及发展问题的溯源,其意义也就不啻于"书写"一隅。

(一)社团、宗旨及其会刊

女师"文艺研究会",成立于 1919 年 3 月,即女高师筹建获部准时;建立于斯,与女高师的筹建及正兴起的新文化运动有着密切的联系。其成员最初由该校"国文部"学生组成,随活动的开展和影响的扩大,一些爱好文学的理科学生也陆续加入。因

---

① 朱淑贞:《短肠集·自责》,转引张衍芸《春花秋叶——中国五四女作家》,人民文学出版社 2002 年版,第 3 页。

"国文系"学生皆为该会天然成员,而国文专业为女高师招生最众者,所以"文艺会"是自治会外女高师最大的学生社团组织,又兼借着文学革命思潮和《新青年》同人的"推波助澜",该会可谓占尽"天时",其起点及其势头皆颇为强劲。作为中国女性文学史上第一个建立在现代学缘关系基础上的文学团体,同时又是中国现代文学史上少有的一个专门由女性成员组成的文艺性社团,其"问世"本身就有着"不同凡响"的意味。

该会也历经了由"亦新亦旧"而"渐入佳境"的过程,其宗旨的演变,便是这一问题的集中反映。新文化运动之前的主流文化语境对女性的创作行为多有限制,即便为着陶冶"女学生"的"贞静"之品性,五四前的女子学校教育中,则更多以强调"琴棋书画"等传统门类艺术的演习与熏陶为主。"初级师范时期",图画、音乐等必修都有着"兼养成尚美之心性""感发其心志,涵养其德性"①的明确要求。为了激发师范女生演练"艺术"情趣,加强"艺术"涵养,女校当局十分重视有关切磋与交流,为此专门组建了学生艺术社团"怡怡社",定时活动。与此同时,每年定期举办的学生成绩展示会,也以学生书法、绘画、手工作品内容居多。

"国文"课,一直是女高师的重要课目之一,"近世文、古文、文字源流、文法要略、中国文学史、作文、教授法"②为该课目基本组成,"解普遍之言语及文字"与"能以文字自达其意"③为其基本

---

① 《文艺会缘起》,《北京女子师范学校十周年纪念册》,1918年。

② 璩鑫圭等编《中国近代教育史资料汇编——实业教育 师范教育》,上海教育出版社1994年版,第765页。

③]璩鑫圭等编《中国近代教育史资料汇编——实业教育 师范教育》,上海教育出版社1994年版,第765页。

图 5-1　北京师范学校十周年纪念成绩展览会展室摄影①

图 5-2　北京女子师范学校"怡怡社"活动摄影②

①　《北京女子师范学校十周年纪念册》,1918 年。
②　《北京女子师范学校:教育一斑》,1917 年。

要求,"期于涵养趣味,有裨身心"①则为其根本目的;或者说,早期的女子教育,对于有关"文学"课目的重视,着力于一般知识层面的了解与一般语言应用能力的培养,诸如"图画""音乐"等科目的开设一样,其旨也在"涵养趣味,有裨身心"。由于五四运动前夕的女高师仍处在较为传统的封闭状态,时掌女师的方还先生又是博文好古之人;所以,尽管当时由《新青年》同人所推动的文学革命已如火如荼地展开,鲁迅的《狂人日记》以别样的风格和胡适的"新诗"——《尝试》及其周作人的"人的文学"思想的提出,已彰显出"白话文学"实绩与影响力,并为越来越多的校园青年所关注与追随;但该会仍未能够脱离类似"国文"等课目"旨趣"的窠臼。有关"文艺会"缘起的文字,曾如此道:"昔尼父教人以博文,姬公自名以多艺,故五事以词章居次,四科以文学要终,文艺之尚,由来远矣。然而学如沧海,每兴蠡测之嗟;智等掣瓶,惟恃绠修之助。同人远维畜德,近愧蒙亨,爰创斯会刊,以期孟晋诸君,或具鸣凤之笔,或擅雕龙之文,或精究九流,或深娴六法,尚愿交相助,各献所长。他日册籍刊行,文艺毕载,庶几收效于兑泽,敢云流誉于上京。"②该会"章程"更简洁扼要:"本会本着德育美育二主义定宗旨如左:(1)提倡纯洁道德;(2)发挥高尚思想;(3)商榷古今学说;(4)陶冶优美情操;(5)涵养审美兴趣;(6)助长美术技能。"③

上述"宗旨",显然与《新青年》所张扬的"人的文学"意趣有着一定的相通处。实际上,在该"宗旨"指导下所编辑出版的第一期会刊,即《北京女子高等师范文艺会刊》第一期的内容状貌,

---

① 《北京女子师范学校十周年纪念册》,1918年。
② 《文艺会缘起》,《北京女子师范学校十周年纪念册》,1918年。
③ 《本会新订章程》,《北京女子高等师范文艺会刊》,1922年第4期。

呈现出亦新亦旧的斑驳状:一方面,所有文章均为文言体式,所有文艺作品或格律诗或文言骈散文体,论说也类八股文式,如冯淑兰的《论文章贵本于经术》,还有引起《新青年》同人质疑的《卫西琴先生演讲女子教育之初步》;另一方面,又不乏《论今日女子之责任》《改革文章管见》《家庭改良之研究》《蔡元培先生演讲权利义务》《陈中凡先生演讲学术进步之途径》这样颇有新锐之旨的篇目。五四运动的爆发,对于女高师而言,不仅仅是校园传统"封闭"状态的打破,更是一种社会政治的、思想文化的、人格精神的全新意义的"解放"。思想偏于"保守"的校长离职和有着《新青年》及其"北大"背景教授的加入和引导,女高师发生了深刻的变化。此后编辑出版的文艺会刊的性质及面貌也发生了改变,即不再仅仅是文艺会研究会同人组织的一种杂志,同时还是成立伊始的"学生自治会商量学术,发表思想底机关";并自本期始:"各篇文字,不论文体、语体,改用教育部国语统一会所规定底标点符号,断章别句。"①对学生自治尤为热切并关怀的蔡元培先生,特为第二期文艺会刊题写了封面。当然,任何事物的发展都有一个自然"演进"的过程,不可一蹴而就,女高师文艺会刊的情形也不例外。该会刊第二期"编辑例略"中言:"本刊同人发表底意见和所用底文体,各不相同,甚至于彼此矛盾,也是不可免底现象。本会为尊重各会员思想自由,言论自由起见,概不敢以个人私意,妄加增损。即同属一人意见,第一期和第二期中,也难免有前后歧义的地方,读者正可借此看他们思想底变迁,援后证前,以彼驳此,那就可以不必。"②所喜的是,有关"矛盾"及其

---

① 《编辑例略》,《北京女子高等师范文艺会刊》,1922年第4期。
② 《编辑例略》,《北京女子高等师范文艺会刊》,1922年第4期。

"歧义",随着新思潮的广为传布与女高师社会参与的深入,而有所消解、有所趋同。文艺会刊所关注的话题及其立场,与新文化运动联系日趋紧密,白话语体的文章与白话文学的篇幅也日渐增加。

四年之后,即1922年,"文艺研究会"更名为"北京女子高等师范文艺研究会",其"德育美育"之主义,为纯粹的"以研究文艺为宗旨"所替代。如此"改变"表明,女高师的"校园书写",虽然语体风格上仍有文白兼杂现象,但在文学观念上确发生了"质"的改变,即挣脱传统的"文以载道"的束缚,而自觉融入于五四文学革命所力倡的现代书写之中,该"变更",也因此揭示了现代女性书写发生之际的内在基质。遗憾的是,宗旨变更之后的会刊,在发展中遭遇了十分棘手的困难:一是因教育部积欠,学校经费无着,编辑好的文稿无法交付承印,刊印完毕的会刊也无法交流投递。二是许寿裳到任之后,筹办《北京女子高等师范周刊》以备教职员与学生发表研究心得和校情校务公开公布之需,应该说是有益之举,但无形中,对于《会刊》造成了一定人力与财力的压力。三是女权运动再度勃兴,越来越多的女高师学生投身其中,而执著"书写"者则更多地活跃于校园之外的主流"文坛"。女高师文艺会于惨淡之中努力经营,以1924年会刊第六期的出版而告终。放眼20世纪20年代的动荡时局,校园文学社团及其刊物,能维持如此之久,并连续出版刊物的并不常有,而见诸全国最高女子学府,其蕴含的丰富与深刻,不言而喻。"它的存在,对于激活女高师学生从事文学创作的自觉意识,并通过各种

历史机缘汇入新文学的创作阵营提供了可能。"①下诸图分别为
该会刊封面及部分目录扉页影印：

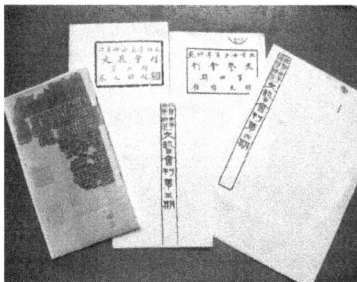

图 5-3 《北京女子高等师范
文艺会刊》封面②

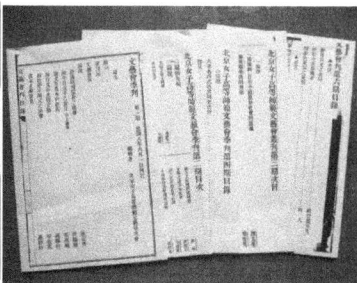

图 5-4 《北京女子高等师范
文艺会刊》目录扉页③

（二）语体、文体的转变

女高师文艺会刊，内分图画、通论、专著、艺术、讲演、文苑、
记载等部门。6 年之中，辑刊 6 期。下诸表分别显示了该会刊第
1 期至第 6 期有关"言论"发表和新旧体文学作品数量变化情况。
女高师校园书写初始状貌及其内在理路，由此可寻踪一二。

表 5-1 《北京女子高等师范文艺会刊》"言论"文篇情况④

期 刊	出版时间	学校教育	女子问题	思想学术	语文艺术	古史博物	自然科学	合计
第 1 期	1919 年	5	2	3	11	7	1	29
第 2 期	1920 年	8	5	8	8	6	6	41
第 3 期	1921 年	5	5	3	8	4	0	25

---

① 王翠艳：《女高师校园文学活动与现代女性文学的发生》，《中国现代文学研究丛刊》，2005 年第 5 期。

② 《北京女子高等师范文艺会刊》（第 1、2、3、4、6 期）封面影印复印件。

③ 《北京女子高等师范文艺会刊》（第 1、2、3、4、6 期）目录扉页影印复印件。

④ 《北京女子高等师范学校文艺会刊》（第 1—6 期）学生"言论"文章情况统计。

续表

期刊	出版时间	学校教育	女子问题	思想学术	语文艺术	古史博物	自然科学	合计
第 4 期	1922 年	0	1	0	5	0	0	6
第 5 期	1923 年	0	3	1	6	0	0	10
第 6 期	1924 年	0	0	1	2	2	0	5
总计	历时六年	18	16	16	49	19	7	116

表 5-2 《北京女子高等师范文艺会刊》文学作品文体情况[①]

期刊	出版时间	旧诗词	骈散古文	文言小说	新诗	白话小说	散文
第 1 期	1919 年	51	14	0	0	0	0
第 2 期	1920 年	71	7	1	0	0	0
第 3 期	1921 年	64	7	1	0	2	0
第 4 期	1922 年	98	0	1	10	0	0
第 5 期	1923 年	43	0	0	6	1	0
第 6 期	1924 年	33	0	0	19	3	1

　　若以"文学与艺术的总称"来定义"文艺"的话,女高师的文艺会刊不尽纯粹;以如此丰富的部门组成,定位于校园文化期刊似乎更为合适。当然,如此编辑面貌,对于后来研究者来说,异常珍贵。表 5-1 所显示的是有关会刊"言论"情况,发表者均为女高师学生,通过相关数据的解读,女高师的思想状貌轮廓分明:(1)新文化思潮激荡下的女师校园极其活跃,即使处于五四运动尚未爆发的较为封闭的状态中,各色新进思想已传播并涌动于校园。该表 1919 年的相关数据本身就是一种说明。(2)言论所涉领域颇广,与同时期北大学生社团新潮社的《新潮》杂志相类;

---

　　① 《北京女子高等师范学校文艺会刊》(第 1—6 期)学生创作"文体"情况统计。

而其聚焦之处更与《新青年》同人所推动的新文化运动紧密相连。(3)学科背景浓、师范意识强，对女性文化身份问题关注深入。上述特点表明，随着现代女子教育的发展和新文化运动的深入，女高师学生思想活跃、视界宽阔。无论是议事论政纵横古今还是阐发精微学理，皆从容不羁、意气直陈，充分彰显出了五四知识女性智慧与独立的精神气质。与此同时，也反映了现代女性的觉醒与艰苦卓绝而又波澜壮阔的社会改造运动紧密相连，与来自"他们"中思想先驱的引导密切相关，由此也衍生出了"塑造"与被"塑造"及"雄化"等说辞。表 5-2 所显示的有关女高师学生创作文体之新旧数量变化的情况则表明，《北京女子高等师范文艺会刊》仍是一份具有明显的新旧过渡特征的刊物。第 1 期所载作品，非"格律"即"骈散"，皆属"旧文体"范畴。此后若干期，新诗、白话小说、散文虽渐次刊出，但其数量依然弱于格律诗、骈、文言小说等旧式文体。

有关会刊中，旧体（语体、文体）"一头重"的现象，为女高师学生的艺术积累所致，与其出身背景和长期的学习训练不无关联。有关统计资料显示，女高师学生 75％以上来自教育界和政界家庭，自幼深受传统文化濡染，其中不少人接受现代学校训练之前，对古籍多有涉猎，吟诗作文不在少数，冯沅君、苏雪林、石评梅、陆晶清等都有类似回忆经历。进入学堂学校，她们所接受的训练多以"国学"为主。即使跻身女高师后，其"国文"学科仍以"国学"为要目。长时间的耳濡目染以及严格的规范训练，女高师的学生们对于既有书写形式业已谙熟，并应用自如，即使百家争鸣思潮竞流的五四之时，她们也多以思想解放的"先锋"姿态引领"女界"，并深得《新青年》同人的指引和学校的鼓励，但在有关"书写"问题上，还是一度遭遇"瓶颈"，尤其是起始阶段。庐隐与苏雪林有关"书写"最初的不同感受,可谓对于女高师校园"书写"之初的"阵痛"揭示。

庐隐,本名黄英,出生于前清知县家庭,因自幼亲情匮乏、性情执拗,见疏于家人,并被送往教会学校开蒙,后经过抗争考入北京女子师范学校,毕业先后任教于安徽、河南等地,因国文底子弱而受过不少"旧学"压力,几度辞席。有感社会压抑及其学力不足,庐隐经过努力争取得以"旁听"女高师。即使曾经前"校友",只因酷爱阅读通俗文艺、不擅典故而惶惶不安于"旧学生"中。不想适逢女高师推崇新知、培植白话,其信心大增,精神焕然,"书写"一发不可遏制,成为女高师校园书写的重要成就者和代表人。其在自传"大学时代"一节中,对于这段特殊的心历有过十分细致的披露:

当我进学校时,看见那些旧学生趾高气扬的神气,简直吓倒了,并且我们这一班的同学,又是由各省师范毕业生,或小学教员里选拔出来的,中文都很有根底,所以我更觉得自惭形秽了。记得第一次上作文课时,先生出了一个题目是"《礼记—内则》中的时而后言论"。什么《礼记》,我简直连看都不曾看过。因为我在中学时代所读的只是一些唐宋八大家的古文选,"四书五经"中也只读了《诗经》同《孟子》。这个题目已经弄得我莫名其妙,想问问同学吧,又怕被她们笑了去,所以只好自己悄悄跑到图书馆去,找出《礼记》原文,看了,又细细的读了注解,心里才有点明白,花了一天的功夫,才把这篇文章作好,勉勉强强写了一千多字。然而再也不敢交到先生那里去,怕先生骂我不通,因此我打听一个旧学生,我说:"国文教员他喜欢哪一类的文章?"

"嘿,"那位旧学生装腔作势的说道,"你不知道,我们这位先生读书万卷,渊博得很呢,所以我们做起文章来,每句都是有典故的,他就喜欢言之有物的文章。"

嗳约!她的一大串话,真是把我吓矮了半截。什么典故,我满肚搜罗,也搜不出几个典故来,而况每一句都要用典故,这我哪里作得出来。我当时虽然这么想,但我嘴里到底不好意思说出真话来,只唯唯落落的离开那旧学生,我又跑到自修室里,把自己的文章拿出来看了一遍,数来数去,通篇仅仅用了两个典故,我想再加上几个吧,但是可怜贫穷的脑子,到底想不起来。……唉,事到如今,我只后悔小时不曾多记几个典故了。

同学们的文章都交了卷,我还只挨着不交,但是丑媳妇终须见太婆,不交不行,还是老着脸皮交了。自从交卷以后,我是一直提心吊胆,不知道先生看了我这无典故的文章,要怎样开发呢。

一天又一天的过去,作文的时节又到了。那位老先生抱着一叠改好的作文簿子,一本一本的发还我们,我的心怦怦的跳着接了卷子,打开来一看眉批上面写了一个"选"字,我不知道什么意思,暂且不管,掀开最后的评语一看,只见上面批写着"立意用语别具心裁,非好学深思者不办",这一个改语在现在看起来,也就平常得很。而那时节,却大大不然,我竟喜欢得手舞足蹈起来,同学们见了我的样子,也都围了上来,要看我的文章。我究竟不好意思,连忙收了起来。正在这时候,只听那位先生说:"你们都坐好,……前些时候我们不是打算出一本《文艺观摩录》吗:有许多文章可以选进去,所以凡是上有'选'字的,请你们另纸誊清,将来收集齐了,就可以付印。"我听了这话,心里更觉得高兴,想不到我的文章也有被选的资格。从此以后,我的气焰日高,再不肯受她们的愚弄。而且那些旧学生,反倒很看重我们,——这个学期的插班生,只有我同苏雪林两人,第一学期我们是旁听生,在年假大考以后,因为我们的成绩列于最优等,所以立刻升作正班生。①

此时的苏雪林,虽与庐隐同为女高师首届文科国文部的"旁听生",但其就读女高师之前,已因"国学"功底扎实并能诗擅画而被誉为"才女","才名不仅洋溢宜城,甚至传到京沪,寓居两处的皖人提到'苏小梅',无人不知,提到后来所改的'苏雪林'反而茫然不识何人"②,并因学业优秀而为母校安徽女师所留任。因女高师招生名额已满,故以"旁听生"加入女高师的国文部,与庐隐同学。自谓"小冬烘"的苏雪林,对于庐隐的亢奋地"书写"状态,曾频频称道:

> 我们进女高师的时候正当五四运动发生的那一年。时事所趋,我们都抛开了之乎者也,做起白话文来。庐隐与新文学发生关系比较我早。她先在《京报副刊》投稿,后来上海《小说月报》也有她的文字。"庐隐"的笔名便在这时候采用的。她做小说也像窗课一般从不起草,一支自来水笔在纸上飕飕写去,两小时内可以写二三千字。……她的座位恰在我前面,每遇作文时,我们咿呀苦吟,或终日不能成一字。庐隐坐椅子上低着头,按着纸,笔不停的写下去,顷刻一篇脱稿。③

① 林伟民编选:《滨海故人庐隐》,人民文学出版社 2001 年版,第 195—196 页。
② 《苏雪林自传》,江苏文艺出版社 1996 年版,第 31 页。
③ 王国栋编《庐隐全集》(卷六),福建教育出版社 2015 年版,第 60 页。

　　昔日"才女"的上述状写,"赞佩"之意溢于言表,有关"书写"转型之"涩"沉潜其中。所幸的是,少时苏雪林,古典子集不释手的同时,在随家人流寓的日子,对古今小说也多有涉猎,更是林译小说的热心读者,甚至曾尝试依其笔法叙事描物。进入女高师后,对由周氏兄弟参与的《语丝》文刊,情有独钟,期期必览,以至于后来所撰散文小品,颇有《语丝》风韵。置身于新潮激荡的女高师校园,其"书写"的深厚潜质,自然厚积薄发,各"体"兼得,并于1920年10月与女高师同学周寅颐、张峥嵘、程俊英等应《益世报》邀请,主持该社的《女子周刊》,该刊于1922年2月终刊。虽然1921年9月,苏雪林赴法留学,但在此前几近一年的时间里,其以"每月写两三万字"的产量支撑着《女子周刊》的正常出版,其"新文学运动前十年的女作家的代表作者"的重要地位因此奠定。

　　关于校园"书写"之初,热衷"旧体"的问题,程俊英的相关回忆值得留意:

　　　　《新青年》中的《文学改良刍议》一文提出"八不主义",给我的影响尤大。我们过去一直作文言文或骈文,认为只有俗文学的明清小说才用白话写,是不登大雅之堂的。经他在课堂上的分析、鼓吹,我们从1918年起就不做堆砌词藻、空疏无物的古文了。但对新诗还有保留的意见,如胡老师《尝试集》中的"一对黄蝴蝶,双双飞上天;掉下一个,孤单怪可怜"。总觉得它的味道不如旧诗词含蓄隽永,所以仍跟着黄侃老师学旧诗。①

----

① 程俊英:《回忆女师大》,《档案与史学》,1997年第1期。

程俊英是女高师文科首届国文部"旧学生",与庐隐相厚,是女高师名噪一时的"四公子"之一。关于"四公子"名号的由来,程俊英曾回忆道:

> 我级同学约四十人,年龄相距甚远,长者已四十,次者三十余岁,有的已经抱孙。庐隐、世瑛、定秀和我四人年龄相仿,她们三人都是一八九九年生,二十一岁,我十九岁。陈定秀是苏州人,我们三人都是福州同乡。有抱负,有志气,有毅力,这是四人相同的,所以很快就成了好友。庐隐说:"我们四人不但志同道合,而且都懂得人生真谛①。我们四个人就像战国时代的四公子,我是孟尝君,他有狡兔三窟。我的三窟是:教师、作家、主妇。"从此,我们四人无论是上课、自修、寝室、外出,都形影不离。又自制一套衣裙,上面是浅灰布的罩衫,下面是黑绸裙,裙的中间横镶一道二寸宽的彩色缎花边。每逢假日,便穿它到中央公园或北海、陶然亭等地去玩。不仅班上的同学叫我们为"四公子",就连他校的人也这样称呼我们。②

对此,苏雪林在《赠本级同学》七古中"戏歌"道:"子昂翩翩号才子,目光点漆容颜美,圆如明珠走玉盘,清似芙蓉出秋水(程定秀)。亚洲侠少(庐隐本名侠隐,又名亚洲侠少)气更雄,巨刀直欲摩苍穹。夜雨春雷拙新笋,霜天秋准搏长风(庐隐)。横渠

---

① "庐隐说的'人生真谛',主要指反对封建包办婚姻,主张恋爱至上,婚姻自由。所谓抱负,现在看来也是非常狭隘,只想学得一技之长,自食其力,不甘寄人篱下,靠丈夫吃饭。但在当时来说,是知识界妇女共同追求的愿望。"朱杰人、戴从喜编《程俊英教授纪念文集》,华东师范大学出版社2004年版,第305页。

② 朱杰人、戴从喜编《程俊英教授纪念文集》,华东师范大学出版社2004年版,第305页。

(张峥漪)肃静伊川(程俊英)少,晦庵(朱学静)从容阳明(王世瑛)峭。闽水湘烟聚一堂,怪底文章尽清妙。"①程俊英的"回忆",实际上揭示了另一个方面的问题,白话文草创时期因"稚嫩"而"窘迫"的情境。如此现象,也是"书写"转型之际普遍存在的问题:政府一纸行政指令,"国语运动"大兴,然教材无以配套。如何教如何学成为当时学校教育的大问题。胡适曾专门著述讨论,女高师学生也频频探究。迫之无奈,鲁迅的《狂人日记》等篇目曾被列为小学教材读本,对此鲁迅曾加以激烈的反对。

图5 5　女高师"四公子"(右起):庐隐、王世瑛②、程俊英③、陈定秀④

---

①　朱杰人、戴从喜编:《程俊英教授纪念文集》,华东师范大学出版社2004年出版,第269页。
②　王世瑛(1897—1945),福建闽侯人。1917年考入北京女子师范学校国文专修科。五四时期积极参加学生游行,担任女高师学生自治会主席,是北京女学界联合会的重要组织者。
③　程俊英(1901—1993),福建闽侯人。1917年考入北京女子师范学校国文专修科(1919年改为女高师国文部)。五四运动期间积极参加学生运动,毕业后曾任上海女子大学教授,大夏大学教授兼中文系主任。新中国成立后,历任华东师范大学中文系副主任、古籍研究所副所长。
④　陈定秀(1897—1952),江苏苏州人。1917年考入北京女子师范学校国文专修科。读书期间积极参加五四运动。1922年毕业后回苏州任教,后任江苏省立苏州女子师范附属实验小学校长。20世纪40年代初,任教于上海工部局女中。

(三)进入文学中心"社区"

与 20 世纪 20 年代初期北大和清华学校校园文艺社团及出版物蓬勃发展的情形相比,女高师文艺研究会积 6 年之力辑刊 6 期,不可同日而语;但因着女高师学生得时代风气之先,在新式教育中率先获得了"言说"的能力,从而得以进入社会文坛中心。庐隐、冯沅君、苏雪林、石评梅、陆晶清、王世瑛、隋廷玫、吕云章脱颖而出,成为五四文坛最早女性书写的重要组成部分。"校园书写"的意义及内涵,也因此而拓展。

1921 年 1 月 4 日,文学研究会成立大会留影。前排左一为郭梦良,左三为庐隐

图 5-6 文学研究会①成员于北京中央公园今雨轩(前左三庐隐)

---

① 文学研究会是新文学运动中成立最早、影响和贡献最大的文学社团之一,由周作人、郑振铎、沈雁冰、郭绍虞、朱希祖、瞿世英、蒋百里、孙伏园、耿济之、王统照、叶绍钧、许地山等十二人发起,其宗旨是"研究介绍世界文学,整理中国旧文学,创造新文学"。

　　随着五四运动之后校园空间的逐渐开放，女高师学生获得了更多参与社会活动的机会，与当时北京著名的新文学社团建立了联系。其中，庐隐、王世瑛、隋廷玫加入了文学研究会；冯沅君与"创造社"保持着密切联系，其小说代表作大多发表在创造社机关刊物上；吕云章是20世纪20年代中期北平著名诗社"海音社"的成员。鉴于20世纪20年代绝大多数文学杂志都是同人刊物的情况，女高师学生对于上述社团的参与行为，无疑为尚处于边缘状态的女高师校园创作进入主流中心提供了必要条件。在迄今已经发现的文艺研究会172名会员中，女性会员有4—5人，其中的3位来自女高师。在当时男女社交范围的有限性及女性知识分子数量很少的情况下，女高师学生以其得天独厚的优势及实力，成为20世纪20年代文学社团活动中的女性成员的主体力量。尽管她们与这些社团的结缘几多偶然，但对于她们"书写"的热望有莫大的鼓励。庐隐曾在自传中说，在正式发表作品之前，曾试笔短篇小说一篇并恭请国文教师指教，遭到否定，几近弃绝写作。因不甘而另作《一个著作家》，为文学研究会机关刊物《小说月报》刊用，感觉"金榜题名"般喜悦："从此我对于创作的兴趣浓厚了，对于创作的执行力也增加了。"[①]此后，庐隐在课堂上整天埋头写她的新文艺，并将她的大多数作品交与《小说月报》和《时事新报－文学旬刊》发表，并被茅盾称之为"很注意题材的社会意义"。与此同时，苏雪林携女高师同学应邀主持《益世报－女子周刊》，于1920年10月30日至1922年2月20日，每期4版。为支撑《女子周刊》的正常出版，苏雪林曾

---

　　① 《庐隐自传》，林伟民编选《海滨故人庐隐》，人民文学出版社2001年版，第195－196页。

经每月写两三万字。不久，陆晶清、石评梅主持《京报－妇女周刊》。

图 5-7 《益世报－女子周刊》《京报－妇女周刊》

女高师校园"书写"的发生及其发展，得益于新文化运动的催萌、校园文化的培植以及社会文学社团和刊物的支持与欢迎。种种关怀期待之下，女高师学生的文学"书写"，迅速突破狭小的校园空间而社会化。

二 "书写"的内容及其特质

由现代社会变革、民主主义和社会主义思潮推动下的包括女高师校园书写在内的五四女性书写，其本质既非中国传统女性文学的延续，又不同于西方女性文学和女权主义文学。作为五四新文学的重要组成部分，其透过人生的思考自觉地承担起思想启蒙的社会使命；而作为女性书写，其观察世界和解释世界的独特视角，又呈现出自身独特的品格。广泛地关注五四的社会现实，忠实抒写觉醒女性的独特情怀，使其相关"书写"拥有着无法替代的思想与艺术方面的价值。

(一)以"觉醒"姿态关注世间

著名女作家冰心曾宣言自己是被五四运动"震"上文坛的，女高师校园书写的发生，也如出一辙。略有不同的是，女高师书写者大多来自较为传统的封建保守家庭，离乡求学，大多经历过一番曲折，甚至艰苦的抗争；对于封建男权势力与周遭黑暗，大都有充分的体验，心中有着天然的反封建要求。适逢五四新文化运动的兴起，又适逢女高师得天独厚的历史机缘，"妇女解放意识"自然萌生发展。故从一开始，女高师的校园书写便以崭新的现代意识，观察社会思考生活，抱社会不平释心中块垒，充分表达了参与社会关心政治的热情。

庐隐书写伊始，即"在自身以外的广大社会生活中找题材"，反映了较为广阔的社会生活层面。她以为：对于"社会悲剧，应用热烈的同情、沉痛的语言描写出来，使身受痛苦的人，一方面得到绝大的慰藉，一方面引起其自觉心，努力奋斗，从黑暗中得到光明——增加生趣，方不负创作家的责任"[①]。《海滨故人》是庐隐的第一个短篇小说集，收入了其写于 1921—1924 年的 14 篇作品，作为"文学研究会"丛书，1925 年 7 月由商务印书馆出版。其中的主要篇目皆取材于"自身以外的广大的社会生活"。《一个著作家》，书写了一位著作家的不幸，即：虽然是"思想宏富的著作家"，但生活孤凄穷困，最终因恋人被包办婚姻迫害致死而"狂"而自杀身亡；《一封信》中天真活泼的小女孩，被豪强以抵债为由强行霸占折磨致死；《两个小学生》，冒雨参加爱国请愿受伤；《灵魂可以卖吗？》写纱厂女工身心痛苦；《月下的回忆》揭露

---

① 庐隐：《创作的我见》，《小说月报》第 12 期第 7 号，1921 年 7 月。

了日本帝国主义在大连施行"奴化"教育的罪行;《余泪》描写修道院女教士宣传基督教义,呼吁宽恕敌人却被子弹夺取生命;《房东》写难民的生活,等等。作品涉及城乡不同的生活,触及社会种种矛盾,反映了众多的社会问题,反帝反封建的主题十分鲜明。和当时多数"问题小说"一样,作者的深刻同情与严肃思考贯注于书写之中,有着明显的启蒙主义色彩,充分体现了文学研究会"为人生的艺术"的文学主张。虽然在以后的文学著述活动中,庐隐的创作个性有所发展、有所变化,但题材的"社会意义"仍不失为其创作基调。

苏雪林,切实地说,其于"学术"的兴味甚于"书写",若不是女高师"书写"盛行极致,如不是主持《女子周刊》,情形将会是怎样很难预说。其曾自言:"我自开始写文章时,便不想做一个文学家,若说我薄文学而不为呢,也未尝不可以。我是喜欢学术的,只想在学术上有所成就。为了不大瞧得起文学,故亦不肯在上面努力……我写学术文章的兴趣比写文艺性的文章,兴趣不知浓厚多少倍,也不知迅速多少倍。"[1]其至认为自己的小说写作:"比不上家学渊源,胸罗万卷的冯沅君,又抵不上锋芒发露,活跃于文坛的黄英(庐隐)。"[2]集小说家、文学批评家和文学研究者于一身,是苏雪林最终在现代中国女性文学界的定位,这般特征在女高师时期已见端倪。尽管如此,为着《女子周刊》的主持,苏雪林颇费心思,"书写"甚丰,对广阔的社会生活也投入了深切的关注。其著述于《女子周刊》的作品主要有三大类:一是反映现实黑暗和底层平民生活的苦痛,其中反映"武人之祸"者居多,

---

① 庐隐:《创作的我见》,《小说月报》第12期第7号,1921年7月。
② 苏雪林:《我的生活——关于我的荣与辱》,台湾传记文学出版社1971年版。

如:诗歌《京汉火车中所见》、杂论《火山与军阀》、小说《一个女医生》及其反映陷入卖女救夫穷困境地的《两难》。二是表现旧礼教对于女性生活的戕害。如:写守节四十年如愿获得旌表时陷入疯癫并痛悔不及发誓要"毁坏了这牌坊"的《节孝坊》和写因相约私奔恋人遇害途中而从容赴死的故事,等等。三是反映儿童成长心路历程与女子求学的艰难历程等。相形之下,苏雪林在女高师时期的有关书写风格较为多元斑斓,但其袒露人生苦相、抨击封建礼教,提倡新道德、倡导新文化的"书写"姿态,彼此相类。

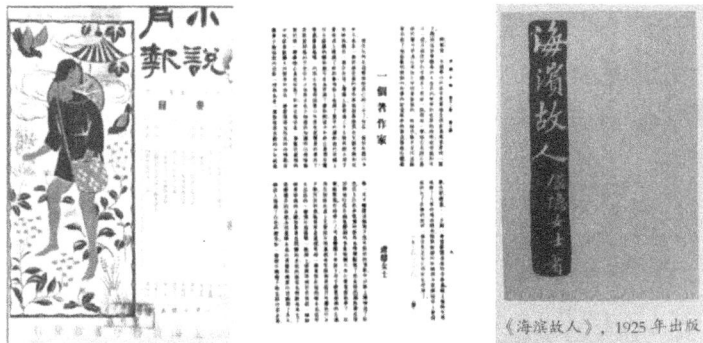

图 5-8　庐隐刊于《小说月报》[①]的第 1 篇小说和第 1 本小说集封面

　　冯沅君的小说创作继庐隐、苏雪林之后,且以浓厚而鲜明的五四反叛精神著称。1923 年始,其先后在《创造周报》《创造周刊》发表短篇小说《隔绝》《隔绝之后》《旅行》《慈母》,后结集为《卷葹》,表现当时年轻人对于封建婚姻制度的反抗及其对爱情与自由意志的热烈追求是该小说集的主题。该小说集一经出

　　① 《小说月报》,近现代文学期刊。1910 年 7 月创刊于上海,商务印书馆主办印行。五四运动前为鸳鸯蝴蝶派刊物。1921 年该刊第 12 卷第 1 号起由沈雁冰主编,全面革新内容,成为文学研究会代用机关刊物,是第一个大型新文学刊物。

版,因其"崭新的趣味,兴奋了一代的年轻人"①,在社会上引起很大返响。鲁迅先生曾将其中小说《旅行》《慈母》编入《中国新文学大系小说二集》。"婚姻自主,恋爱自由"的命题,事关人格独立个性解放,是五四新文化运动的重要思想范畴,也是自我意识觉醒的青年反抗封建压迫的重要突破口,故备受世人特别是广大学生青年的关注。据《小说月报》的统计,单 1921 年 4 月至 6 月,小说发表 120 余篇,其中描写男女恋爱的占了 98%,如此情况,充分反映了古老的婚姻爱情问题,进入五四后受到了前所未有的关注及拷问。在五四众多情爱文学中,冯沅君的《卷施》,不仅以其"不自由,毋宁死"的果决,向千百年来的"父母之命,媒妁之言"的礼教文化及婚姻制度抗议并挑战;更以"公然与恋人"偕行,"完成爱的使命",冲破"发乎情,止乎礼"的古训,显示反封建的勇气与真诚;最不一般是,作者笔下的爱情尽管"大胆"和"露骨的真率",但并没失去纯洁、庄重、健康、美好的内质。他们爱情的表现"也只限于相偎依时的微笑、喁喁的细语、甜蜜热烈的接吻",两个爱的灵魂的贴近,激起的是"心房的颤动和滴在襟上的热泪"。毋庸置疑,他们"爱情里确实有一种高尚品质,因为它不只停留在性欲上,而是显示出一种本身的高尚优美的心灵,要求以生动活泼,勇敢和牺牲和另一个人达到统一"②。冯沅君正是以其"大胆""热烈""纯洁"的笔致,表达了"一般",也超越了"一般"。

---

① 《沈从文选集》第十一卷,四川人民出版社 1983 年版,第 161 页。
② [德]黑格尔著,朱光潜译:《美学》第二卷,人民文学出版社 1979 年版,第332 页。

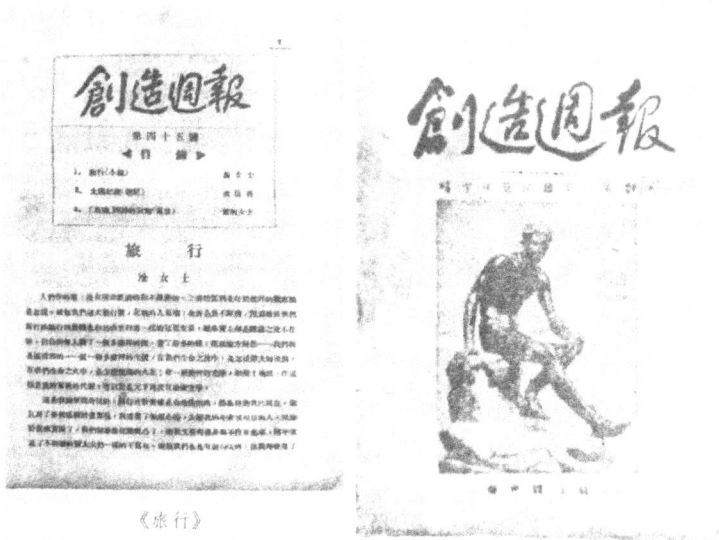

《旅行》

图 5-9　淦女士(冯沅君)《旅行》刊于《创造周报》[①]

　　石评梅,1920 年由太原女师毕业投考北京女高师,因拟报考的国文系是年不招生而改考了体育系,成为女高师体育科的学生。受五四精神激励,她积极参与校内外进步青年的活动,是北大马克思学说研究会首批会员。她"书写"兴味素浓,对新文学的诸多领域皆有涉足,十分活跃于五四时期的北京文坛。由于个人的不幸遭遇,其书写带有浓厚的感伤色彩,经过痛苦挣扎之后,对社会及人生渐有更为深刻的认识,并"从她个人的悲海里跳出来,站在喜马拉雅山的最高峰,下观人世的种种色色,以悲

---

　　① 《创造周报》是创造社的系列刊物之一,1923 年 5 月 13 日创刊,泰东图书局出版,郭沫若、郁达夫、成仿吾编辑。是以文艺批评和翻译为主要内容的一份文学期刊。《创造周报》于 1924 年 5 月停刊,共出 52 期。

哀她个人的情,扩大为悲悯一切众生的同情"[①]。六幕剧《这是谁之罪》,是她在女高师的最早作品,写一对从美国留学归来的恋人由于封建家庭横加干涉而被迫分手以致悲剧。该剧着意于揭露封建家庭及其传统礼法罪恶的一面。小说《董二嫂》则是对底层劳动女性悲苦境遇的揭露,表达了著者的同情。其后期的相关书写,则更为直接地反映现实社会斗争生活,如:《血尸》《痛哭和珍》《深夜絮语》等为追怀"三一八"烈士抨击军阀暴政之作;《断头台畔》则为李大钊遇难而哭泣而抗争;《红鬃马》《匹马嘶风录》则是讴歌革命志士之作。

诸如此类,表明女高师的书写者们,在五四精神的感召下,以觉醒主体的姿态,自觉地担负起关注、唤醒世人的责任和使命,自觉地与深广的社会意识发生普遍联系,自觉地以自己的精神产品影响社会、影响人生,参与社会历史进程。如此书写特征,显示了时代所赋予她们的新的素质与人生姿态,及其与传统闺阁书写截然不同的审美旨趣与精神力度。

(二)"女性意识"独树一帜

要明确地表述究竟何为"女性意识",也许难用一个简单明白的定义来界定。"女性意识"不同于女性的一种感悟,但又有类似特征,也不同于女性对人生或世界的一种看法或观点,但又似乎有相似的内涵或底蕴。从不同的论述著作中,有一点是可以肯定的:"女性意识"是指女性的自我意识,它力求紧紧围绕着一个中心,即立足于女性的"此在"去感知、体验人生与世界,传

---

① 庐隐:《石评梅略传》,《庐隐全集》(卷二),福建教育出版社 2015 年版,第426页。

达女性的欲望与追求,肯定女性的经验与价值。还有一点可以肯定,如此意义内涵的女性意识,只有当女性的主体性得以一定意义的确立,才有滋生发展的可能,具有鲜明的现代性特征。显然,如此意识萌发或觉醒,对于以男性为中心的传统社会及其文化而言,意味着协同女性"重构"的必然与必需①。

"女性意识",在文学书写的意义上,大体可分为两个层面:一是以女性的眼光洞悉自我,确定自身本质、生命意义以及在社会中的地位与价值;二是从女性立场出发审视外部世界,并对它加以富于女性生命特色的理解和把握②。"女人写女人",自古不乏其人其作,但在两千多年的封建社会里,为封建纲常礼教文化控制下的中国妇女,少有属于自己的思想和立场,往往只是在男性中心意识支配下的思维和行动。反映到文学书写上,真正属于女性自己的声音非常微弱,才女们的精神大都处于被扭曲状态,缺少作为独立"人"的质感,更遑论"主体"精神。依附的文化身份,制约了古来女性的精神生活,其文学创作不可避免地闺阁化,其存在不过为一种男性文学的附庸。同样是"女人写女人",作为五四女性书写重要组成的女高师的校园书写则截然不同。有论者将五四女性书写中的女性意识归纳为若干方面,即:重返社会公共生活领域、母女亲情、童心世界、女性友谊、性爱意识等③。若把如此划分是否恰当、是否有更为精当的归纳等问题搁置一边,不难发现,在女高师的校园书写中,有关女性意识的诸

① 陈小兰编译:《女权主义面面观》,《文艺理论研究》,1991年第1期。
② 乔以钢:《中国女性与文学——桥以钢自选集》,南开大学出版社2004年版,第158页。
③ 李玲《中国现代文学的性别意识》,人民文学出版社2002年版,第121—221页。

种要义皆一一蕴含其中。

重返社会公共生活领域,即恩格斯有关"妇女解放的第一个先决条件就是一切女性重新回到公共的劳动中去"[①]说,它深刻地揭示了女性由与男子平等的人而沦为男性附属的根源,指出了介入公共社会、参与社会活动才是传统女性素质及其命运发生根本性逆转所在。关于这一点,经历近代风云及五四洗礼的女高师学生有着强烈的共鸣,庐隐就曾一再宣称将以"服务、家庭、著作"为人生三大要义,并努力践行。当发现男权意识根深蒂固的现实世界,不但根本没有可供女子充分施展才能的空间,而且争得婚恋自主的女子仍不得不回归"家门"的时候,便极度地黯然与忧戚,如此情绪弥漫于其代表作《海滨故人》之中。石评梅则"一想到中国妇女界的消沉",便觉得重担在身,"我们懦弱的肩上,不得不负一种先觉觉人的精神,指导奋斗的责任"。她在书信体散文《露沙》中热忱地向友人倡议道:"露沙呵!我愿你为了大多数的同胞努力创造未来的光荣,不要为了私情而抛弃一切。"[②]忧伤及呼告式的书写,反映了书写者为女性摆脱家庭及其传统的束缚重返社会公共领域的艰难曲折而急切与焦虑。

母女亲情,主要指五四女性书写所表现出来的一种独有"女儿心结":一方面对于来自母亲的庇护满怀感激并依恋,又因以母亲境遇观照自身而生悲悯;另一方面,则因母亲秉承父亲旨意调教、控制儿女而生矛盾。母女亲情的"剪不断,理还乱",表现了书写者对于封建父权无奈与怯惧的复杂情怀。这点在冯沅君

---

① 恩格斯:《家庭、私有制和国家的起源》,《马克思恩格斯选集》第四卷上册,人民出版社 1972 年版,第 71 页。

② 傅光明主编:《中国现代文学名著丛书——庐隐卷》,太白文艺出版社 1997年版,第 81 页。

的《卷施》中刻画得淋漓尽致,深得鲁迅先生的赞许:"实在是五四之后,将毅然和传统战斗,而又怕和传统战斗,遂不得不复活其'缠绵悱恻之情'的青年们的真实的写照。"[1]更有论者直陈:冯沅君的小说的历史价值,便是塑造了五四女儿们那种无所适从的徘徊犹疑的心理形象。她们对家庭的反叛是勇敢的,然而并不是决绝的。她们迈出了这一步,然而又频频回首,徘徊于家门内外。[2]"母女亲情"意识,在石评梅、庐隐和苏雪林的相关书写中,都能找到。特别是庐隐,其现实生活中的母女关系一直不谐,被母亲疏离的情形直到考入女子师范才有所改善;然而,在书写之中所幻化"母亲"的形象仍然温婉可亲、不失慈爱。

童心世界,即书写者对不曾遭遇现实尘埃侵染的纯净美好童年世界的回味,及其青春女性成熟过程中天然母性心理的滋长而对儿童成长的关注与关爱。这一方面,在五四女性书写者中以冰心最为显著,女高师中以苏雪林的有关书写为代表。当其主持《女子周刊》时发表的《放鸽》,就是写七岁女童出于爱护生命放走老师用来制作标本的鸽子,因此被校长施以处罚而招致同学哂笑的事。文章重点放在女孩放鸽时的心理交战与被处罚时的羞愤难当,儿童"嫩稚纯洁"的心灵世界刻画得栩栩如生,书写者的关怀溢于言表。此后,"童心世界"仍在苏雪林的相关书写中占有相当篇幅。在"祖宗崇拜"的传统社会里,表现儿童生活,赞美童真的书写内容并不多见。关注儿童、发现儿童、"儿童本位",是五四时期"人之发现""女性之发现"后的又一重要命

---

[1] 鲁迅:《现代小说导论(二)》,《中国新文学大系导论集》,上海良友复兴图书印刷公司1940年版。

[2] 刘思谦:《"娜拉"言说——中国现代女作家纪程》,上海文艺出版社1993年版,第38页。

题,《新青年》同人大多为之呐喊过。女性意识中的"童心"展示,寄寓了现代第一代女性书写者对封建女性角色限定的反抗、对社会现实的批判和对现代人性建设的探索。

女性情谊,女性之间的相互情谊,即同性情谊。这种情谊,在具体的书写中有三种表现情态:青年女子之间的真挚友谊;女性同性恋;受男权伤害的女性之间的相互同情。这三种情态在女高师书写者庐隐、石评梅、陆晶清的笔下都有表现,也是五四女性书写中的重要主题。如此恣意书写,在传统文学中绝无仅有。尽管"同性情谊"之于男子,即男性之间的知己之感、侠义之情、君臣之遇等,为千古吟诵;但是,因"莫窥外壁,莫出外庭"的礼教禁忌,旧日女子的目光被圈定在四壁之内,回避一切人伦之外的同性交往,"同性情谊"无从发生也无从论及,大量诉诸笔端只是对于异性的思念或幽怨;即便有着莺莺、红娘主仆式同性情谊,也无以与同为主仆关系君臣之交那般深刻;人伦关系中的同性友善不乏存在,因很大程度上受制于礼教,平等的交往与友情难以发生;因此,女性情谊的相关书写,较少见于传统文本。"女性情谊"凸显于女高师书写者笔下,揭示了在"女性的发现"社会思潮导引下,觉醒了的女性一方面对社会及异性仍持有某种芥蒂,另一方面则以同性结盟的姿态反叛传统对于女性角色的限定。

性爱意识,在这里它包含着三个方面基本内容,即:对性爱权利的确认,对异性对象的审视和对爱情中灵与肉关系的思考。在"不孝有三,无后为大"的传统父权社会,女性存在的意义更多地在于传宗接代;故而,"三从四德"的片面道德、片面义务充斥其意识。"仅有那一点夫妇之爱,并不是主观的爱好,而是客观的义务；不是婚姻的基础，而是婚姻的附加物"[①]，是妻子对"个别的具体的男子的忠贞驯服"[②]。如此观念格局，由来已久，直至五四新文化运动的兴起，才得以打破。以人道观念、个性思想为基础的现代性爱意识，才开始成为五四女性主体性觉醒的一个重要内容。该意识，虽然在女高师书写者的笔下皆有所覆盖，但对于其中"性爱权利的确认"方面，则表达得尤为急切，由此反映了书写者对于传统的"父母之命，媒妁之言"礼教文化的极度抗拒，"我是我自己的""不自由毋宁死"，成为一时捍卫"性爱权利"的最流行的话语；当然，这也与书写者特定的青春激情有着密切关联。值得细究的是，书写者在"性爱意识"另外层面上所呈现出来的些许模糊及游离，即在婚恋问题上她们只顾及强调自由自主，而对婚恋对象要求则极为抽象与含糊，常常是"精神相通"一句带过；再就是在灵与肉的问题上，书写者对于所谓"冰雪友谊"的推崇，多多少少有着某种传统禁忌的烙印。如此这般，说明了现代第一代女性书写者们把更多注意力投放在联合同道异性共同反抗来自外部的压力的问题上；也反映了现代女性意识确立之艰难。对于如此意义"性爱意识"的阐发，女高师书写者中，以冯沅君的《卷葹》和庐隐的《海滨故人》为最。

基于对自身命运的切身感受和性别的认同，女高师校园的书写者对于女性及其生存状态，对于女性在现代社会中角色形象等表现出特别的关注，在书写的题材方面，呈现出重视反映女性生活、感情和命运的倾向。尽管在五四反封建的旗帜下，女性

① 恩格斯：《家庭、私有制和国家的起源》，《马克思恩格斯选集》，第四卷上册，人民出版社1972年版，第72页。
② 舒芜：《关于女性意识和政治、社会意识的思考》，《串味读书》，辽宁教育出版社1995年版，第155页。

命运的话题为社会普遍关注,其中不乏男性思想家、文学家,以及社会各界人士;相形之下,女高师的书写者们,对此表现得更为专注与深入。她们既书写现实社会里的耳闻目睹,更书写自身群体中的你我她。如此书写,不仅扩大了妇女问题的题材,更主要地将一般男性作家不易觉察的某些女性生活层面、女性情感活动,加以真切、细腻的表达,在丰富现代文学的题材、人物形象与创作风格的同时,作为与男性同等的而又无以为其所代言的——由女性生命过程中的独特感受与经验所形诸的女性意识,得以进一步展示与确认;其意义,不仅在于其开启了中国现当代女性文学许多崭新的母题,对于现代女性主体意识的建构,也不乏积极意义。

总之,女高师校园书写,在主体意识的自觉建构方面,表现出可贵的人的自觉,具有明确的男女平等观念,反对压迫妇女的不平等秩序;并在积极地建构女性与男性同等的主体性的同时,对于女性主体意识也有所发掘。正是这种建构与发掘,引领着现代女性发展,其"书写"意义之隽永正在于此。

结　语

　　在五四新文化运动推动下，作为新教育重要组成部分的女子教育获得了充分发展，一代镌刻五四精神烙印的"新女性"应运而生。由于种种历史际遇，北京女高师的"来龙去脉"，不仅揭示近代国立女子教育的发展轨迹；而且对于五四时期的女子教育及其对一代新女性成长的影响，也不乏揭示意义。论从史出，据现有材料的梳理与分析，其有关情况小结如下：

　　1.作为近代"新教育"重要组成部分的女子教育的勃兴与发展，是女高师及其一代"新女性"脱颖而出的重要背景。

　　在"一切国家的生产和消费都成了世界性的了，……过去那种地方的和民族的自给自足和闭关自守状态，被各民族的各方面的相互往来和各方面的相互依赖所代替了——民族的片面性和局限性日益成为不可能"①的时代背景之下，女子"走出闺阁"，走出"中世纪"，已成为一种不可遏制的历史潮流。中国的女子教育由传统的"闺阁教育"向"现代学校教育"转变，也成为时代

---

　　①　马克思、恩格斯(中共中央马恩列斯恩著作编译局译)：《共产党宣言》，人民文学出版社 2000 年版，第 82 页。

的必然。尽管早先晚清女子教育的发生，为多种因素使然，但其中最为迫切与重要的是在东西文化激烈碰撞背景之下关乎国家与民族前途和命运的政治诉求。然而，由于女子走出"闺阁"，和男子一样接受学校教育训练的本身，就蕴含着与中国传统文化极度异质的思想内核，潜隐着对数千年来封建纲常文化及其制度的挑战和颠覆的因子，所以一度为在风雨飘摇中的封建帝国所固斥，最初只能是在胆识志士的奋发作为之下于民间生息，直至一定规模、呼声日隆、成效显著之后，才为急于自赎的晚清政府所正视并被竭力规矩其彀中。可以说，中国近代女子教育的发生经历了一个自下而上和自上而下的推进过程。政治性、民间性使中国女子近代教育的发生与西方女子教育相区别。后者虽然也发生在男子教育之后，但促其生发的条件，主要来自社会"经济"发展的需要，并及时得到各个方面的鼓励，尤其是来自政府力量的支持。无论怎样，女子接受学校教育的合法意义毕竟起始于此，中国女子为几千年封建"闺训"闭锁的命运，因此有了松动和解禁的可能，中国早期知识女性群中的不少成员，正滥觞于此。值得庆幸的是，随着民国的建立，女子教育获得相对宽松的制度空间，有了基本保证；尽管这种"保证"因各政治派别势力的起伏消长而造成过种种"困顿"，但较之于晚清，在如此"保证"之下，辛亥革命之后的女子教育毕竟有了"质"变的可能，其教育宗旨与学科建设及其课程设置等方面，皆有了很大的变化。不仅为初等女子教育的普及提供了一定数额的具备一定现代文化知识的女教员，而且为女子教育向更高层次发展提供了必要准备，是女子教育向现代转型的重要过渡。新文化运动的兴起及五四运动的爆发，无疑为女子教育最终突破封建思想禁锢，获得进一步更大的发展，提供了充分必要的支持。女高师的面世及其相关制度的改革,便是在这一背景下实施完成的。在"男女平等,教育平权"的教育宗旨和以"自动与社会化"为原则的训育要求引导下,一批富于五四精神特质的知识女性应运而生。

2.五四时期的"北大"因素,是女高师得以成为"女子文化中心"的关键,对于新一代知识女性成长有着重要而深刻的影响。

如果说1919年4月教育部有关成立"北京女子高等师范"的一纸批文,标志着国立最高女子教育机关诞生,女子教育教会独大的局面从此终结的话;那么,五四时期"北大"因素持续、深入的作用及影响,则是女高师充溢时代气息、充满生机活力的重要支撑资源。这里的所谓"北大"因素,主要有两方面内容:一是蔡元培治下的"北大",所力倡的富含科学与民主思想意蕴的"兼容并包"的办学宗旨,及其为现代大学制度的建立而厉行改革的精神与举措。对于北京女高师教育改革发生过重要影响者,不外乎陈中凡和许寿裳。无论从个人因素还是从其有关女子教育理念和在女高师的教育实践来看,陈、许二人及其所作所为,皆与蔡元培及其治下的"北大"渊源深厚。前者毕业于北大哲学门,深得蔡校长的器重,一度留任北大,因同人举荐受聘于女高师。任职期间,其所积极致力的文科革新对于女高师的发展有着极大的促进作用,而其有关改革的思路及其举措,皆渊源于"北大"。后者与蔡元培有着更为密切的联系,师门渊源、乡梓情谊、同道相随等,说许寿裳为蔡元培的志同道合的追随者一点也不夸张。其在女高师力推的系列改革事项,与蔡元培在北大的有关亲力亲为,亦步亦趋。陈中凡与许寿裳的教改活动,无疑有着深刻的"北大"烙印,由于这种影响,潜沉着诸如"教育平权""个性发展"等时代精神的因子,对于北京女高师的现代内涵及品质有着极大的丰富与提升,为女高师学生的充分发展提供了一种迥别以往的有益空间。二是来自《新青年》同人关怀。严格意义上说，随着 1920 年夏回迁上海，《新青年》同人刊物性质已发生改变，五四运动落潮之后，其力量更是分道扬镳，诚如鲁迅《彷徨》自述中所言："后来《新青年》的团体散了，有的高升，有的退隐，有的前进，我又经验了一回同一战阵中的伙伴还是会这么变化。"①尽管如此，对于女子教育及女子解放问题，曾经意气相通的《新青年》同人的关切情怀与批判精神仍贯彻一气：从蔡元培立学立业立人格的教诲，到胡适对旧家庭旧文化的质问，到李大钊马克思主义女权思想的传布，到周作人鼓励女学子"表达自己，知道自己"，到鲁迅对出走"娜拉"命运的思考，直至对镇压学生爱国运动段祺瑞政府的同声谴责，等等。位于新文化运动腹地，毗邻"北大"，亲聆五四知识精英的教导，如此历史机缘，使得北京女高师无论是在女子学校教育意义层面，还是在女子觉醒与解放意义的层面，皆得风气之先，引领时代潮流。

3."人格独立的生活"，是作为五四一代知识女性的女高师学生迥异于传统之所在。

五四时期对中国妇女发展史而言，是一个非常重要的历史时期。于此期间，在五四科学与民主的精神导引下，女子学校教育获得极大的发展，更多的富有新知识、新视界的知识女性由此走向社会。至此，中国女性经由传统纲常文化意蕴的"无才是德"角色，一变为具有维新意味的"相夫教子"的"贤妻良母"之后，羽化而为具有现代女子解放色彩的"独立人格"的"新女性"。在《新青年》所推动的事关社会改造的"妇女问题"大讨论中，女高师学生对于伦理问题、道德问题、贞操问题、男女社交公开问

---

① 《鲁迅全集》，第四卷，人民文学出版社 1981 年版，第 455 页。

题、婚姻家庭问题、女子教育问题、妇女经济独立问题、职业问题、儿童公育问题、人口问题等,均有较为深入的思考,对传统道德文化对于女性的不公与束缚及其损害则有更为深入的体认与批判。她们以平等观、进化论为理论武器,立论既有历史深度,又不乏理性色彩,充分展现了五四校园女性独特的思辨风采。尤为可贵的是,经历五四风雨洗礼,她们有着十分凸显的社会担当意识和女性自觉意识。她们一方面认为,女子和男子都是人类的一部分,都有作为人所应该承担的责任;另一方面又认为,"男女根本的性的关系不一样,历史的地位关系不一样,因而所造就的性格也渐渐地差异到现在来"①。"女子应该要成为一个'人',却不应该成为一'男人'。"②改造家庭、为女界谋幸福,是现代女子应自觉担负起来的责任。故此,她们在"中国有史以来女子第一次的干政游行"、"平民职业女校"和"女权运动同盟"等社会运动中,异常积极踊跃,充分展示了在五四运动的鼓舞下新一代知识女性的风貌与力量。

4. 女高师校园"书写",是中国现代女性"言说"自我的开始,彰显了在五四运动洗礼下新一代知识女性的精神特质。

著名女作家冰心曾宣言自己是被五四运动"震"上文坛的,女高师校园书写的发生,也如出一辙。略有不同的是,女高师书写者大多来自较为传统的封建保守家庭,离乡求学,大多经历过一番曲折,甚至艰苦的抗争,对于封建男权势力与周遭黑暗,大都有充分的体验,心中有着天然的反封建要求。适逢女子教育的蓬勃发展,更适逢思想的、文学的、政治的五四运动的狂飙突

---

① 高晓岚:《女性与文化的关系》,《北京女子高等师范文艺会刊》,1921年第3期。
② 王世瑛:《现在中国女子的责任》,《北京女学界联合会汇刊》,1922年第4期。

进,还适逢得天独厚的"北大"机缘等,在先进"他们"的导引与鼓励下,女高师的学生们继"认识"自我、"发现"自我之后,迫不及待地"揭露遭遇""倾诉苦难""表达自我";或者说,就书写的具体状态而言,初展文学才情的女高师的写手们与世界女性写作的初始情形相类,即多以身边事实为写作素材,创作"带有自传性质"①。以"实录形态"面世,就文学技巧言,不甚高明;然就解读"写手"意义言,则不失为"材料"的价值。"人"的觉醒与"女性意识"的觉醒,是女高师校园书写的基调与特质。尽管如此,书写意蕴的形成,与诸多"他们"的影响与作用渊源深厚,如波伏娃所言"她们是被她们所处的环境塑造出来的"②;但是在具体的书写过程中,女高师的书写者们更多的是以积极姿态回应着、参与着,并不是单纯的被动的接受体。她们一面以平等主体姿态,透过人生的思考自觉地承担起思想启蒙的社会使命;一面竭力回避男权社会的价值标准,注重描写女性独特的经历和心路历程,表现女性自我感受中最为本质的东西。人格独立个性张扬,不仅是女高师学生迥然于传统女性根本所在,而且也是后来中国女性发展所遵循的方向及其动力源泉。因此,凡是论及 20 世纪中国女性的命题,尤其是有关知识女性方面的内容,都会或深或浅地溯源至此。广泛地关注社会现实,忠实抒写觉醒女性的独特情怀,使女高师的校园"书写"成为五四女性写作的重要组成部分,拥有无法替代的思想与艺术方面的价值;其意义,不仅在于其开启了中国 20 世纪文学许多崭新的母题,对于现代女性主

---

　　①　[英]弗吉尼亚·伍尔芙(瞿世境译):《论小说与小说家》,上海译文出版社2000 年版,第 56 页。

　　②　[法]西蒙·波伏娃(陶铁柱译):《第二性》,《女人是什么》,中国书籍出版社1998 年版。

体意识的建构,也不乏积极意义。总之,北京女高师校园书写,在主体意识的自觉建构方面,表现出可贵的人的自觉,具有明确的男女平等观念,并在积极地建构女性与男性同等的主体性的同时,对于女性意识也有所发掘。正是这种建构与发掘,引领着现代女性发展,其"书写"意义之隽永正在于此。

综上所述,近代女子教育的勃兴,可谓东西文化剧烈碰撞之际为着救亡与启蒙的政治诉求,而对中国女性实施改造并由此促其命运发生根本变化的社会改革运动;五四新文化运动则进一步通过思想的力量,将如此意义内涵的社会运动举至更为阔大的发展空间。在立学立业立人格的时代精神感召下,以主体自觉为特征迥然于传统的一代"五四"新知识女性的成长,以及继辛亥革命女性之后,引领中国女性的解放与发展。尚需面对并有待进一步思考的问题是:

(1)教育与女性自觉。教育对于现代女性自觉及发展确实有着巨大的作用和影响,但也有其所不能及处。就五四时期而言,一些接受了新式学校教育的知识女性,甚至还是女权运动的响应支持者,最终仍难逃旧家庭困厄的事例并不鲜见。立学立业立人格固然重要,然而若缺失鲁迅于《娜拉走后怎样》中指出的"韧性的战斗",仍将功亏一篑。

(2)女权主义和"爱伦·凯"主义。两种主义既有联系又有区别,前者侧重于强调"社会或男女平等的政治方向",是五四时期妇女解放运动的主调,经女权运动同盟者的推波助澜,横溢四方;后者强调在肯定女性特点的基础上声张女权的实施与保护,许寿裳的女子教育思想,显然深受该"主义"的影响,而不被当时"女权主义"所看好。广义上说,二者皆为西方女权运动的思想结晶,具体思想的阐发者,因立论背景针对问题有所不同而结论也有所不同。李小江认为："爱伦·凯的立场不同于一般的女权主义，也不同于传统男性中心社会的评价，她不是从社会或男女平等的政治方向，而是从女性内部以及女人个体的成长去考察妇女运动的结果。……身为中产阶级，她能公允地评价劳工运动和社会主义妇女运动；身为女性，她以广阔的人类关怀始终体现出对于男性的宽容；身为女权主义者，在伸张平等权利的同时坚持客观认识性别差异——这都使得她的观点能够超越时代的局限，也超越了女权主义的局限，给一个世纪后的我们留下了继续对话的空间。"[①]在五四妇女解放运动的声浪中，诉之"社会或男女平等的政治方向"的声音最为嘹亮，固然有其历史的必然；但同样不容规避的是，在如此社会思潮主导之下的"新女性"，极其"韧性的战斗"了一生一世，其结果似乎陷入了更深的困惑。对此，著名五四女性文论者刘思谦，直面其"娜拉"式母亲一生的奋争与遭际后，曾直道而：觉醒后的女性为双重的焦虑所困扰，即："生命的焦虑和语言的焦虑"[②]。比照之下，女高师校园书写中所体现出来的"女性意识"，难能可贵。

（3）女性主体建构过程中的塑造与被塑造。"在未来时代中国女性的集体记忆中，19－20世纪之交我们民族经历的历史和文化变迁一定是一个百思不厌、回味无穷的瞬间：两千多年始终蜷伏于历史地心的缄默的女性在这一瞬间被喷出、挤出地表，第一次踏上了我们历史那黄色而浑浊的地平线。"[③]孟悦与戴锦华

[①]　李小江：《女人读书——女性/性别研究代表作导读》，江苏人民出版社 2006 年版，第 81－89 页。

[②]　荒林主编：《女性生存笔述》，刘思谦《抗拒失语（代序）》，山西人民出版社 2002 年版，第 4 页。

[③]　孟悦、戴锦华：《浮出历史地表——现代妇女文学研究》，中国人民大学出版社 2004 年版，第 1 页。

的这段文字,将中国女性命运终于出现逆转的情形状写得极其生动;同时,它还十分形象地指出了中国女性得以浮出历史"地表",结束千百年来的"缄默",主要源于女性自身之外"他们"的力量。中国女性的觉醒与发展与先进的"他们"努力有着水乳般的联系,是确凿的历史事实,诚如前文所示。虽然在有关主体意识的建构中,女性也以从未有过的积极主动的姿态参与着实践着,但毕竟是在"他们"导引下的亦步亦趋,纵然其中不乏女性"自己的声音",而以"他们"为中心的情势或格局从未根本性移动,以致当下"倾听自己和应答自己内心真实的声音,让自己的感觉、经验、思想进入语言"的"抗拒失语"①呼声迭起;由此而来,女高师校园书写中浓郁的"自我言说"倾向,显得弥足珍贵、耐人寻味。

显然,对于这些问题,本书暂未加以深入探究,就此提出:一是该书本身蕴含了诸多潜在的思考;二是进一步揭示、探问中国女性浮出历史表层"瞬间"的意义。

---

① 荒林主编:《女性生存笔述》,刘思谦《抗拒失语(代序)》,山西人民出版社2002年版,第3页。

图表索引

参考文献

一　史料文献

《京报》(1919－1926)。

《晨报》(1916－1926)。

《申报》(1919－1927)，影印本。

《益世报》(北平 1919－1922)。

《教育杂志》。

《中华教育界》。

《新青年》。

《新潮》。

《妇女周刊》。

《现代评论》。

《语丝》。

《东杂志》。

《北京女子师范学校一览》(1918 年)。

《北京女子师范学校十周年纪念册》(1917 年)。

《北京女子师范学校:教育一斑》(图片集)。

《北京女子高等师范文艺会刊》(1919—1924)。

《北京女子高等师范周刊》(1922—1924)。

《北京女学界联合会汇刊》(1922年)。

《国立北京师大学校女子第一部一览》(1927年)。

《北京女子师范大学概略》(1927年)。

璩鑫圭等编:《中国近代教育史资料汇编》,上海教育出版社1991
年版。

舒新城编:《中国近代教育史资料》,人民教育出版社1981年版。

朱有瓛主编:《中国近代学制史料》,1987—1993年版。

陈元晖、陈学恂主编:《中国近代教育史资料汇编》,上海教育出
版社2007年版。

宋荐戈:《中华近世通鉴》(教育传卷),中国广播出版社2000
年版。

中华全国妇联妇女运动历史研究室编:《中国妇女女运动历史资
料(1840—1918)》,人民出版社1991年版。

中华全国妇联妇女运动历史研究室编:《中国妇女女运动历史资
料(1921—1927)》,人民出版社1986年版。

北京大学校史办编辑:《北京大学史料》(1912—1936),北京大学
出版社1993年版。

梅生编:《中国妇女问题讨论集》,新文化书社1932年版。

北京大学记事(1898—1997),北京大学出版社1998年版。

《鲁迅全集》,人民文学出版社1981年版。

《李大钊文集》,人民出版社1984年版。

《独秀文存》,安徽人民出版社1987年版。

姜义华主编:《胡适学术文集——新文化运动》,中华书局1993

年版。

高平叔编:《蔡元培教育论集》,湖南教育出版社 1987 年版。

袁进编:《学界泰斗——名人笔下的蔡元培,蔡元培笔下的名
人》,东方出版社 1999 年版。

河北省委党史研究室:《李大钊史事探微》,河北人民出版社 2016
年版。

陈子善、张铁荣编:《周作人集外文》(上、下),海南国际新闻出版
中心 1995 年版。

张菊香、张铁荣编著《周作人年谱(1885－1967)》,天津人民出版
社 2000 年版。

倪墨炎、陈九英编:《许寿裳文集》(上下),百家出版社 2003
年版。

苏雪林:《苏学林自传》,江苏文艺出版社 1996 年版。

苏雪林:《浮生十记》,江苏文艺出版社 2005 年版。

严蓉仙:《冯沅君传》,人民文学出版社 2008 年版。

王国栋编:《庐隐全集》,福建教育出版社 2015 年版。

朱杰人、戴从喜编:《程俊英教授纪念文集》,华东师范大学出版
社 2005 年版。

杨扬编:《石评梅文集》(散文),书目文献出版社 1983 年版。

文瑾主编:《石评梅全集》,中国书籍出版社 2014 年版。

傅光明主编:《中国现当代文学名著丛书——庐隐卷》,太白文艺
出版社 1997 年版。

中国社会科学院近代史所编:《五四运动回忆录》(上下册),中国
社会科学出版社 1991 年版。

陈漱渝主编:《现代贤儒——鲁迅的挚友许寿裳》,台海出版社
1998 年版。

吴新雷编:《学林清辉——文学史家陈中凡》,南京大学出版社2003年版。

许广平:《十年携手共艰辛——许广平以鲁迅》,河北教育出版社2001年版

孙伏园、许钦文等:《鲁迅先生二三事——前期弟子忆鲁迅》,河北教育出版社2001年版。

许寿裳:《挚友的怀念——许寿裳忆鲁迅》,河北教育出版社2001年版。

二 研究著述

(一)论著类

毛礼锐、沈冠群主编:《中国教育通史》(四、五),山东教育出版社1988年版。

何国华:《民国时期的教育》,广东人民出版社1996年版。

程谪凡:《中国现代女子教育史》,上海中华书局1936年版。

庄俞等编:《三十年来中国教育史》,商务印书馆1931年版。

杜学元:《中国女子教育通史》,贵州教育出版社1995年版。

阎广芬:《中国女子与女子教育》,河北大学出版社1996年版。

滕大春主编:《外国教育通史》第5卷,山东教育出版社1993年版。

朱　峰:《基督教与近代中国女子高等教育——金陵大学与华南女大比较研究》,福建教育出版社2002年版。

陈东原:《中国妇女生活史》,商务印书馆1937年版。

刘巨才:《中国近代妇女运动史》,中国妇女出版社1989年版。

刘王立明:《中国妇女运动》,商务印书馆1933年版。

谈社英:《中国妇女运动通史》,妇女共鸣社1936年版。

孙培青、李国均主编:《中国教育思想史》(三),华东师范大学出版社1995年版。

瞿葆奎主编:《教育与人的发展》,人民教育出版社1989年版。

乔素玲:《教育与女性——近代中国女子教育与知识女性觉醒(1840—1921)》,天津古籍出版社2005年版。

萧超然:《北京大学与近代中国》,中国社会科学出版社2005年版。

杨东平:《艰难的日出—中国现代教育的20世纪》,文汇出版社2003年版。

刘捷、谢维和《栅栏内外——中国高等师范教育百年省思》,北京师范大学出版社2002年版。

北京师范大学校史办编:《北师大校史》,北京师范大学出版社1982年版。

王淑芳、王晓明主编:《北师大逸事》,辽海出版社1998年版。

罗苏文:《女性与近代中国社会》,上海人民出版社1996年版。

何晓夏、史静寰:《教会学校与中国教育近代化》,广东教育出版社1996年版。

吕美姬:《走出中世纪——近代中国妇女的生活变迁》,广东人民出版社1996年版。

王东杰:《国家与学术的地方互动——四川大学国立化进程(1925—1939)》,生活·读书·新知三联书店,2005年版。

刘琅、桂苓主编:《大学的精神》,中国友谊出版社2004年版。

龚书铎:《中国近代文化探索》(增订本),北京师范大学出版社1997年版。

桑　兵:《晚清学堂学生与社会变迁》,生活・读书・新知三联书店 1995 年版。

桑　兵:《清末新知识界的社团与活动》,生活・读书・新知三联书店 1995 年版。

罗志田:《权势社会转移:近代中国德思想、社会与学术》,湖北人民出版社 1999 年版。

金以林:《近代中国大学研究:1895－1949》,中央文献出版社 2000 年版。

周策纵:《五四运动史》,岳麓书社 1999 年版。

陈平原:《触摸历史与进入五四》,北京大学出版社 2005 年版。

陈平原:《中国大学十讲》,复旦大学出版社 2002 年版。

舒　芜:《周作人的功过是非》,辽宁教育出版社,2000 年

钱理群:《周作人传》,北京十月文艺出版社 1990 年版。

张晓唯:《蔡元培评传》,百花出版社 1993 年版。

萧夏林编:《为了忘却的纪念——北大校长蔡元培》,经济日报出版社 1998 年版。

张晓唯:《蔡元培与胡适(1917－1937——中国文化人与自由主义)》,中国人民大学出版社 2003 年版。

姜义华:《理性缺位的启蒙》,上海三联书店 2000 年版。

章　清:《胡适评传》,百花出版社 1992 年版。

章　清:《"胡适派学人群"与现代中国自由主义》,上海古籍出版社 2004 年版。

陈明远:《文化人的经济生活》,文汇出版社 2005 年版。

朱志敏:《李大钊传》,山东人民出版社 1998 年版。

常道德、余家菊:《学校风潮的研究》,教育杂志社商务印书馆 1926 年版。

许纪霖:《20世纪中国知识分子史论》,新星出版社2005年版。

顾明远:《鲁迅的教育思想与实践》,人民教育出版社2000年版。

林贤治:《人间鲁迅》(上下),安徽教育出版社2004年版。

韩石山:《少不读鲁迅 老不读胡适》,中国友谊出版公司2005
年版。

李小江:《女性/性别的学术问题》,山东人民出版社2005年版。

李小江:《关于女人的问答》,江苏人民出版社1997年版。

王 政、陈雁主编:《百年中国女权思潮研究》,复旦大学出版社
2005年版。

鲍晓兰主编:《西方女性主义研究评介》,生活·读书·新知三联
书店1995年版。

王政主编:《社会性别研究选译》,生活·读书·新知三联书店
1998年版。

李银河:《女性权利的崛起》,中国社会科学出版社1997年版。

荒 林:《中国女性主义》,广西师范大学出版社2004年版。

刘宁元:《中国妇女史研究类编》,北京师范大学出版社1999
年版。

夏晓虹:《晚清女性与近代中国》,北京大学出版社2004年版。

夏晓虹:《晚清文人的妇女观》,作家出版社1995年版。

郑必俊、陶洁主编:《中国女性的过去、现在与未来》,北京大学出
版社2005年版。

白 凯:《中国的妇女与财产:960－1949年》,上海书店出版社
2003年版。

孟悦、戴锦华:《浮出历史地表》,中国人民大学出版社2004
年版。

刘思谦:《"娜拉"言说——中国现代女作家心路纪程》,上海文艺

出版社 1993 年版。

张衍云:《春花秋叶——中国五四女作家》,人民文学出版社 2002 年版。

李 玲:《中国现代文学的性别意识》,人民文学出版社 2002 年版。

徐 岱:《边缘叙事——20 世纪中国女性小说个案批评》,学林出版社 2002 年版。

乔以刚:《中国女性与文学》,南开大学出版社 2004 年版。

石 楠:《另类才女——苏雪林》,东方出版社 2004 年版。

柯 兴:《风流才女——石评梅传》,华艺出版社 1995 年版。

薛海燕:《近代女性文学研究》,中国社会科学出版社 2004 年版。

谭正璧:《中国女性文学史》,百花文艺出版社 2001 年版。

阎纯德:《二十世纪中国著名女作家传》,北京语言文化大学出版社 2000 年版。

肖 巍:《女主义性伦理学》,四川人民出版社 2000 年版。

王 跃:《变迁中的心态——五四时期社会心理变迁》,湖南教育出版社 2000 年版。

中共中央编译局编:《五四时期期刊介绍》,生活·读书·新知三联书店 1978 年版。

丁守和主编:《辛亥革命时期期刊介绍》,人民出版社 1982—1983 年版。

刘慧英编:《遭遇解放——1890—1930 年代的中国女性》,中央编译出版社 2005 年版。

闵家胤主编:《阳刚与阴柔的变奏——两性关系和社会模式》,中国社会科学出版社 1995 年版。

元 青:《杜威与中国》,人民出版社 2001 年版。

［美］杜威（胡适口译）：《杜威五大演讲》，安徽教育出版社 2005
　　年版。

［美］明恩溥（秦跃译）：《中国人的素质》，学林出版社 2002 年版。

［美］魏定熙（金安平、张毅译）：《北京大学与中国政治文化》，北
　　京大学出版社 1998 年版。

［法］西蒙娜-波伏娃（陶铁柱译）：《第二性》，中国图书出版社
　　1997 年版。

［英］马丽-沃斯通克拉夫（王臻译）：《女权辩护》，商务印书馆
　　1996 年版。

［美］凯特-米利特（钟良明译）：《性政治》，社会科学文献出版社，
　　1999 年

［日］山川丽（高大伦、范勇译）：《中国女性史》，三秦出版社 1987
　　年版。

［英］弗吉尼亚·伍尔芙（瞿世境译）：《论小说与小说家》，上海译
　　文出版社 2000 年版。

（二）论文类

王秀美：《中国近代社会转型与女子教育发展》，《北京大学学报》
　　2001 年第 3 期。

阎广芬：《简论西方女学对中国近代女子教育的影响》，《河北大
　　学学报》2000 年第 3 期。

顾晓红：《论晚清女学的新特质》，《淮阴师范学院学报》2002 年第
　　5 期。

舒叶和：《晚清政府与近代女子教育的发展》，《湘潭大学社会科
　　学学报》2003 年第 5 期。

俞宏标：《晚清女子教育多边关系探略》，《浙江学刊》2000 年第

4 期。

乔素玲:《中国近代女学地域分布探悉》,《中国历史地理论丛》
　　2003 年第 6 期。

刘　阳:《清末民初女子教育发展嬗变》,《鄂州大学学报》2002 年
　　第 4 期。

林吉玲:《近代女子教育观念的更新及其实践》,《学术论坛》2001
　　年第 3 期。

谷忠玉、郭齐家:《中国近代女子学校教育的兴起及其社会影
　　响》,《教育研究》2002 年第 11 期。

韩新路:《简述近代女子教育思想的形成》,《中华女子学院学报》
　　2001 年第 6 期。

张国艳:《中国近代女学的思想论争》,《兰州学刊》2003 年第
　　3 期。

包树芳:《北洋政府时期的女子教育》,《丽水师范专科学校学报》
　　2003 年第 3 期。

刘书林等:《略论李大钊与妇女解放》,《清华大学学报》2003 年
　　3 期。

吴双全:《纪念李大钊诞辰 115 周年全国学术讨论会综述》,《党
　　史研究与教学》2005 年第 3 期。

李　日:《章士钊与李大钊关系略论》,《社会科学研究》2004 年第
　　5 期。

张富良:《李大钊的妇女解放理论与实践》,《北京社会科学》2003
　　年 1 期。

熊吕茂等:《李大钊与毛泽东的妇女解放思想之比较》,《湖南第
　　一师范学院学报》2006 年第 3 期。

吕美颐:《论中国近代妇女运动对社会变迁的推动作用》,《郑州

大学学报》1999 年第 4 期。

李木义:《辛亥革命与五四时期妇女解放运动比较研究》,《湖北大学学报》1998 年第 6 期。

韩　廉:《对戊戌妇女运动局限的历史审视》,《妇女研究论丛》2001 年第 1 期。

郭秀文:《五四时期中国妇女解放思潮》,《学术研究》1999 年第 6 期。

潘　敏:《评近代女权主义运动观》,《妇女研究论丛》2001 年第 4 期。

蒋美华:《略论辛亥革命时知识妇女群的解放心态》,《江海学刊》1998 年第 6 期。

畅引婷:《中国近代知识女性自我解放意识的觉醒》,《妇女研究论丛》1998 年第 3 期。

汪秀美:《中国近代社会转型与女子教育》,《北京大学学报》2001 年第 3 期。

何黎萍:《中国近代妇女教育平等权的演进》,《妇女研究》(人大复印资料)2001 年第 2 期。

张海梅:《论五四前后的女子教育》,《历史档案》2001 年第 2 期。

蒋美华:《论五四时期女性教育角色的变迁》,《郑州大学学报》2001 年第 2 期。

阎广芬:《近代女子教育思想的发展历程》,《浙江大学学报》1999 年第 3 期。

董　青:《教会在华兴办女学之沿革》,《妇女研究》(人大复印资料)2003 年第 1 期。

阎广芬:《简论西方女学对中国近代女子教育影响》,《河北大学学报》2000 年第 3 期。

夏晓虹：《晚清女性——新教育与旧道德》，《北京大学学报》2003年第3期。

何黎萍：《近代中国争取妇女职业平等及职业平等权的斗争历程》，《近代史研究》1998年。

李子云、陈惠芬：《谁决定了时代美女？——关于百年中国女性形象之变迁》，妇女研究(人大复印资料)2001年第6期。

祝　彦：《评20世纪20年代的平民教育运动》，《党史研究与教学》2005年第2期。

蒋美华：《五四时期女性角色变迁述评》，《学术论坛》2005年第12期。

宋少鹏：《民族主义与女权主义——民族国家观念的建构与女性个体国民身份的确立》，《妇女研究论丛》2005年第6期。

陈文联：《五四时期先进分子女性观的演变》，《江西社会科学》2004年第11期。

崔兰平：《两性平等和谐基础上的妇女发展》，《妇女研究论丛》2005年第1期。

王如青：《阶级的解放与"个体的觉醒"——五四时期知识分子两种妇女解放观刍议》，《河北大学学报》2000年第10期。

张素薇：《"五四"前后的知识女性》，《长春工业大学学报》2005年第3期。

沈传亮：《五四时期知识女性的政治参与与研究》，《党史研究与教学》2004年第3期。

陈文联：《20世纪初知识女性的女权思想》，《船山学刊》2001年第2期。

首版后记

为近代中国纷繁缭乱的文化思潮及其"五四"有关"妇人问题"的申论所蛊惑，亦为探知"中国女性浮出历史地表瞬间"的真实状态，一时游出现当代文学地界，厕身于近代史林。晃晃悠悠、忙忙碌碌、紧紧张张，终形就如此轮廓。如果说，曾因学科交叉的讨论前景积极乐观过的话；那么，随着调研活动的展开，学科边界、史学要求、史料搜集等问题接踵而至，惶惑、不安、焦虑一度难以排遣。三上北图，数下浙图，几经上图，反复梳理，数易大纲，……此番学术历练与心得，无疑将驱策我继续努力前行。感谢复旦大学历史学博士后流动站所给予的学研空间与良多惠示！尤要感谢章清教授，作为联系导师所给予的指迷拔塞和宽容鼓励！感谢流动站秘书赵红老师，无论大事小情总是慰勉有加！感谢本书所涉史料馆藏处的工作人员，反反复复，点点滴滴，甘甜酸苦，不尽言表！此外，还要感谢给予我种种关怀与支持的各方亲友。

何玲华

2007 年 6 月

艱難的學術跨越:
評何玲華撰寫的『新
教育·新女性 -北京
女高師研究(1919
-1924)』(中國社會
科學出版社, 2007)

侯傑·齊薇
(中國 南開大)

I

20世紀初, 中國社會發生了劇烈的變革, 隨著女子教育的發展, 新女性群體數量不斷增加. 如何看待新式女子教育與新女性群體形成的關係問題? 越來越引起海內外學者的研究興趣. 近年來學術界對於這個議題的研究呈逐漸上升趨勢, 且多採取個案研究的方式, 透過某個具體的學校及其學生群體, 探討女性主體意識覺醒以及與五四新文化運動時期婦女解放運動等深層次問題. 可惜的是, 對於在近代中國女子教育史上發揮過重要作用的北京女高師的研究顯得較爲薄弱, 已有成果僅限於『20世紀中國婦女運動史』(中國婦女出版社2008年版)等通史類著作和五四時期女作家、相關作品的研究. 何玲華撰寫的『新教育新女性 -北京女高師研究(1919-1924)』一書則在一定程度上改變了這一狀況.

北京女高師的前身爲1908年清政府設立的京師女子師範學堂, 1912年改稱爲北京女子師範學校, 1919年升格爲北京女子高等師範學校簡稱爲"女高師", 1924年改爲北京女子師範大學. 北京女高師的發展演變正體現了中國近代女子高等教育的發展軌跡. 作爲當時唯一的國立女子師範大學, 它吸納了教會學校之外近1/3的在國內接受高等教育的女性. (參見何玲華:『蔡元培與女高師』『高校理論戰線』2007年第9期). 因此, 值得關注. 書中主要以北京女高師爲研究物件, 通過個案研究來呈現新女性如何形成, 又如何通過自我的言說參與社會互動的. 爲方便各位學者瞭解該書, 特將主要章節目列在下面:

通觀全書，該書的結構比較完整，研究方法也比較精巧，在資料的發掘和使用上也有獨到之處，並提出一些新穎的觀點.

II

首先, 在整體結構安排上, 作者匠心獨運. 該書第一章考察了北京女高師的歷史演進過程, 旨在闡明作爲全國最高女子教育機構的生成、發展. 第二章通過評析陳中凡、許壽裳效仿北京大學進行教育改革的擧措, 揭示北京女高師與北京大學之間的聯繫, 展現富於變革性質的制度環境. 第三章, 集中探討蔡元培、胡適、李大釗、周樹人和周作人兄弟與北京女高師的教師生涯, 特別是新思潮的傳播, 發掘五四知識精英對於女學生所産生的深刻影響. 第四章借助于對女高師學生在五四運動時期的思想討論及社會參與, 展現校園"新女性"的精神風貌. 第五章透過女高師校園"書寫"的變化, 呈現女高師校園書寫的變化及所折射出的五四時期新女性獨居的精神特質. 應該說, 這樣的結構安排, 旣有宏觀整體設想, 又有微觀具體描述, 使全書能夠比較深入地探討相關問題. 値得肯定的是, 作者將這兩者進行了比較巧妙的結合.

其一, 教育宗旨和使命的變化. 女高師的前身女子師範學堂創辦於清朝末年, 以"啓發知識、保存禮教" [1]爲宗旨. 到了民國建立, 這種傳統的教育宗旨顯然與時代發展、變化不相適應, 加之大批回國的知識份子擔任女高師教

師一職, 使女高師告別了傳統的"賢妻良母"時代, 進入"超賢妻良母"時代. 作者通過對比兩個時期的教學科目、教職人員名單, 直觀地反映了這一變化. 這成爲新女性出現條件之一.

其二, 社會環境的變化. 晚淸時期政治的風雨飄搖到五四時期社會風潮的風起雲湧, 讓身在學校的學生們間接地感受到社會的巨大變革. 儘管門禁森嚴, "有兩道門, 前邊一道是鐵門, 平時鎖起來. 家長在簿上蓋章, 派人來接, 我們才可以出去"(第213頁), 但是自由平等的思潮還是通過種種途徑影響到學生們. 作者通過對女高師課程的設置、女高師校政管理的考察, 向讀者展現了女高師學生生活的場景, 同時也揭示出近代新女性形成的條件.

俗話說, "巧婦難爲無米之炊". 在發掘和使用材料上, 作者也花費了很大功夫. 作者先後深入北京的國家圖書館、北京大學圖書館、北京師範大學圖書館和檔案館, 上海的上海圖書館、復旦大學圖書館, 杭州的浙江圖書館等, 搜集、整理並使用了北京女高師的原始檔案文獻、自編刊物等珍貴資料, 結合報刊資料和史料彙編、回憶錄、紀念文集、傳記等, 從而有效地保證了全書的寫作.

III

---

1) 璩鑫圭, 『中國近代教育史資料編 -實業教育 師范教育』(上海教育出版社, 1994), p.574.

衆所周知， 近代婦女解放是伴隨著國家民族解放的，而最先提倡婦女解放的不是女性自身，而是男性社會精英和知識份子， 女性是作爲"被解放"者出現. 然而隨著女子教育的不斷發展，特別是女子高等教育的壯大使一部分女性接受新式教育，發出追求自由、解放的呼聲.

本書以個案研究的形式不僅梳理了蔡元培、胡適、李大釗、周氏兄弟對北京女高師發展的貢獻，而且闡明這些在五四運動時期具有自由民主色彩的男性知識份子通過任教于女高師、或者支持女高師的學生運動影響著女學生. 作者通過這些知識份子對學生運動的態度，集中展示了作爲教師的男性知識份子與女學生之間的性別互動關係. 在李超事件中，除了周氏兄弟任教時間略晚沒有參與以外，其餘幾位聞名遐邇的男性知識份子都在這一事件中表明自己的態度. 李超是廣西人，家境很好，父母沒有兒子，承繼一侄子. 死後財產都歸繼子，李超分文未得. 她爲求學，先後到過很多地方，後升學到北京，在北京女高師國文部求學，繼兄拒付任何費用. 1919年8月，李超貧病交加而死. 在李超追悼會上，蔡元培發表演講，特別強調"教育問題的解決"， 主張推行"義務教育"，體現一代教育家關心女子教育與社會發展的胸懷. 胡適在追悼會前，專門爲李超作傳，其筆鋒直指封建

宗法家庭制度與女性卑微的社會地位，由此擴展到對女子自身解放之路與社會改良的思考. 毋庸諱言，這篇傳記對於女高師學生的影響是巨大的. 曾在北京女高師讀書的蘇雪林曾在自傳中寫道："當胡先生文出， 女子要求繼承遺產權者相繼不絶，憲法爲之修改，效力果然大極， 謂勝過'漢高祖本紀'，'項羽本紀'，絶非誇誕之辭"(蘇雪林，『蘇雪林自傳』,江蘇文藝出版社,1996年版,第37頁). 李超的同學代表也紛紛發表演說，表達對李超的懷念與對舊社會制度的批判(第196-197頁).

在這場以"李超之死"爲主題的討論中， 李超顯然以"他者"的身份出現的，成爲男性知識份子在表達自己對社會問題關注時的一個"被言說的物件". 遺憾的是，作者在梳理大量的史料之後並沒有注意到李超這位女學生的自我言說，不能不說是一個小小的遺憾. 實際上，學術界最近的研究成果可以吸收和借鑒，如李凈昉：「性別視野中的女學生之死-以五四時期李超爲中心」(『婦女研究論叢』2007年第5期)和侯傑、王小蕾：「五四時期轟動京城的新女性之死-李超研究」(『燕趙文化』2008年第1-2期)等.

令人欣喜的是， 作者注意到男性知識份子怎樣憑藉自己的思想和學識影響女學生，以及女學生聽課時的內心的感受，並且應用大量的女學生的自述史料來豐富相關研究. 該書爲讀者展現了

"授課←→聽講"之間的互動關係，再現了上課的歷史情景．然而在闡述中，作者卻忽略了對於女老師與女學生，男老師與女老師以及男老師與男老師之間的性別關係及其互動．雖然作者曾經提及某些男性知識份子在任教中曾對自己的領導是"女性"有過疑慮，最終還是接受女高師的聘請，但作者僅是提及缺乏深入的性別分析．這也說明婦女史的一些研究課題，　迫切需要加入性別視角，以便在更深層次展開討論和分析．

IV

該書依據大量歷史資料，得出一些值得關注的觀點和看法．例如作者提出，"北京女高師學生，正是五四時期走在時代最前列、最具獨立意識和自立能力、最早自覺參與正常社會活動的女性"．(第245頁)為此，作者從女子獨立人格的培育和女性的自我言說等方面展開了論說．不論是對傳統婦德質疑，還是女性自我權利意識的表達，乃至男女平等的提倡，學生們的言論和行動，成爲作者立論的堅實基礎．像錢用和在「貞女平議」、孫繼緒在「節烈問題」等文章中對束縛女性的貞節觀念"弊端重重，慘無人理"(孫繼緒：「節烈問題」，『北京女子高等師範文藝會刊』1920年第2期)的批判，某種程度上表達了新

女性的思想觀念及其認識水準．

女性的自我言說是展現女性主體意識最重要的資源之一．作者從紛繁的歷史資料中尋覓到這些爲數不多的女性自我言說，作爲極具研究價值的資料，確實難能可貴．借助作者引述的這些出自女學生之手的文章，讀者可以觸摸到思想和情感的脈動，彰顯著鮮明的女性意識：或是傾訴母女親情，或是揭秘童心世界，或是表現女性情誼，還有宣洩性愛意識．不僅如此，女性言說的空間正不斷擴大：從剛開始出現的校刊，到京城一帶的報紙媒體，體現了媒體空間對女性自我言說的接納．而女學生也借著這些平臺實現了身份的轉變，成爲新女性，並讓更多的人關注女性的命運，從而推動了女權運動的發展．

作者不僅對女性言說的題材、展示平臺以及內容進行了分析，而且與男性書寫加以對比，得出這樣的結論：這些女性自我言說"不僅在於開啓了中國現當代女性文學許多嶄新的母題，對於現代女性主體意識的建構，也不乏積極意義"(第303頁)．然而，需要提醒作者注意的是：這些女性自我言說是否受到男性知識份子的影響，女性本身的真正表達究竟有多少？也可能主流話語本身就是男女兩性相互影響、共同商構而成的，所謂的女性自我言說和男性言說，都是某種"再表達"．

如果能夠具有這樣的學術警覺，再適當應用"差異"理論，作者對於"第一

392 中國史研究 第68輯 (2010. 10)

次幹政遊行”、“舉辦北京平民職業女
學校”、“組織北京女權運動同盟”等女
高師學生們主辦社會實踐活動的認識,
可能會更加豐富, 結論更加令人信服.

近代是女性對權利產生群體認識並
試圖參加社會權利結構變動的時代, 她
們扮演著被拯救與自我拯救的雙重角
色. 作者以個案研究的方式呈現了男性
知識份子在北京女高師培養新女性的
努力與嘗試, 遺憾的是缺乏女性個案分
析. 換言之, 關於女性個體的研究在整
部書中所占比例相對較少. 這說明學術
跨越是十分艱難的, 抑或研究者已經意
識到, 但缺乏各方面的條件支持, 很難
實現, 抑或作者尚未沒有察覺出. 奇妙
的是, 歷史的魅力就在於吸引著分處海
內外的人們樂此不疲地探究下去, 在學
術道路上跋涉, 彼此扶持, 實現新跨越.

주제어 : 하령화, 신교육, 신여성, 북
 경여고사
關鍵詞 : 何玲華, 新教育, 新女性, 北
 京女高師
Keywords : Linghua He, New
 Education, New Woman, Beijing
 Female High Normal College

(원고접수: 2010년 9월 15일, 심사
완료, 게재확정: 10월 23일)

跋

　　斗转星移,时光荏苒。《新教育·新女性:北京女高师研究
(1919－1924)》初版已 15 个年头。鉴于 10 余年来相关史料的
不断发掘以及相关研究的不断推进,兹对本书稿酌以修订:一是
在"历史沿革"一章中分别对"历任校长"和"女性师资"情况加以
了相关梳理并增补;二是在"新思潮的传布"一章中对"胡适、李
大钊与女高师"部分进行了增修:前者主要就与"胡适《晨报》启
事"直接关联的"呜呼苏梅事件"加以了具体梳理与解读;后者则
是对"李大钊以热烈的现实情怀引导学生"的内容加以了更进一
步的充实;三是各章节都有相关历史图片及其相关注释的增补。
此外,相关书评见添于附录。

　　几度春秋,几多甘苦,几番承蒙,致敬所有!

何玲华

2021 年 5 月

作者简介：

何玲华，女，广东德庆人。浙江工业大学人文学院中文系教授，复旦大学文学博士、历史学博士后，主要从事中国现当代文学及思想文化研究。

内容提要：

本书以《新教育·新女性：北京女高师研究（1919－1924）》为题，通过大量相关史料的梳理，以个案研究的形式，对五四时期的女子教育与女性成长问题进行了较为集中、深入的考察，并由此认为：近代女子教育的勃兴与发展，是北京女高师及其一代"新女性"脱颖而出的重要背景；五四时期《新青年》同人及"北大"因素，是北京女高师得以成为全国"女子文化中心"的关键；"独立人格的生活"，是作为"五四"一代新女性的女高师学生迥异于传统之所在；为文学革命所感召所激励的女高师"校园书写"，其内容及书写本身，彰显了新一代知识女性的精神风采。